현대백화점그룹

인적성검사

최신기출유형 + 모의고사 4회

SD에듀
㈜시대고시기획

2023 최신판 현대백화점그룹 인적성검사
최신기출유형 + 모의고사 4회

Always **with you**

사람의 인연은 길에서 우연하게 만나거나 함께 살아가는 것만을 의미하지는 않습니다.
책을 펴내는 출판사와 그 책을 읽는 독자의 만남도 소중한 인연입니다.
SD에듀는 항상 독자의 마음을 헤아리기 위해 노력하고 있습니다.
늘 독자와 함께하겠습니다.

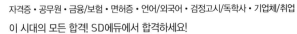

PREFACE

머리말

현대백화점그룹은 1971년 매출액 8천 4백만 원 규모의 회사에서 출발하여 어려운 시기를 슬기롭게 극복하고, 2016년 말 기준 15조 원의 매출액과 9천억 원의 경상이익을 달성하며, 자산 기준 23위, 순이익 기준 14위의 대규모 그룹으로 성장하였다.

현대백화점그룹은 대한민국 대표 고품격 백화점으로 각 지역의 쇼핑 문화를 선도하고 있으며, 현대홈쇼핑, 한섬, 현대그린푸드, 현대리바트, 현대L&C, 현대렌탈케어, 현대드림투어, 현대HCN, 현대IT&E, 에버다임, 현대바이오랜드까지 종합생활문화기업으로 발돋움하고 있다. 또한 향후 'VISION 2030 달성'을 위해 노력하고 있다.

최근 현대백화점그룹은 인재 채용을 위해 면접 전형을 확대하고 있으나, 여전히 많은 계열사에서 여타의 대기업과 마찬가지로 서류와 면접 외에도 인적성검사 전형을 채택하고 있다. 적성검사를 통해 짧은 시간에 언어, 수리, 집중력, 공간과 시감각을 종합적으로 평가하고 있기 때문에 미리 문제 유형을 익혀 대비하지 않으면 시간이 부족해 문제를 다 풀지 못하는 경우가 발생한다.

이에 SD에듀에서는 현대백화점그룹에 입사하고자 하는 수험생들에게 좋은 길잡이가 되어주고자 다음과 같은 특징을 가진 본서를 출간하게 되었다.

도서의 특징

❶ 2022년 주요기업 기출복원문제를 수록하여 대기업 인적성검사의 최신 출제 경향을 파악할 수 있게 하였다.

❷ 각 영역의 세부 유형을 분석·연구하고, 학습전략을 제시하여 수험생이 체계적으로 공부할 수 있도록 하였다.

❸ 실제 시험과 유사한 최종점검 모의고사 2회분 및 온라인 모의고사 2회분을 제공하여 실전과 같은 연습이 가능하도록 하였다.

❹ 현대백화점그룹의 인재상과의 적합여부를 판별할 수 있는 인성검사를 분석·수록하였으며, 합격의 최종 관문인 면접 유형 및 실전 대책과 면접기출을 수록하여 단 한 권으로 현대백화점그룹 채용을 준비할 수 있도록 하였다.

끝으로 이 책으로 현대백화점그룹 입사를 준비하는 여러분 모두에게 합격의 기쁨이 있기를 진심으로 기원한다.

SD적성검사연구소 씀

현대백화점그룹 이야기

⬡ **미션**

> 고객을 행복하게, 세상을 풍요롭게

⬡ **비전**

> 고객에게 가장 신뢰받는 기업

⬡ **사업 목표상**

고객의 생활 가치를 높이는 회사	미래의 사업 가치를 창출하는 회사
사회적 가치에 기여하는 회사	회사와 직원이 함께 성장하는 회사

⬡ **사업 방향성**

> 고객의 생활과 함께 하면서 더 나은 가치를 제공
> **With your Life, Better your Life**

⬡ **실천 가치**

> 변화에 유연하게 대응하고 새로운 도전이 원활한 문화
> **열정 + 소통 + 창의 + 파트너십 + 안전 + 친환경**

⬡ 그룹개요

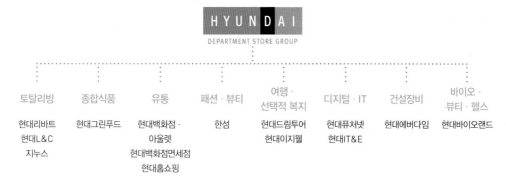

⬡ 인재상

그룹의 미래를 함께 만들어가는 인재

ACTION

열정과 자부심을 가지고 끊임없이 도전하는 사람

- 미션과 비전을 공감하고, 역할에 책임을 다함으로써 회사와 자신의 가치를 높인다.
- 진취적 목표를 세우고 실패에 대한 두려움 없이 자신 있게 도전한다.
- 새로운 시도에서 얻은 경험으로 자신의 경쟁력을 높이고 또 다른 도전 기회로 삼는다.

CHANGE

혁신적 사고와 학습을 통해 변화를 주도하는 사람

- 가치 있는 일에 집중할 수 있도록 비효율적인 업무 관행을 찾아 제거한다.
- 미래에 필요한 지식이나 스킬이 무엇일지 수시로 예측하고 질문하여 한발 앞서 대응한다.
- 최신의 정보와 디지털 환경변화를 빠르게 파악하여 업무에 적용한다.

DEVELOPMENT

소통하고 협업하며 함께 성장하는 사람

- 상호간 공감을 바탕으로 건설적인 피드백과 협업을 통해 문제를 해결한다.
- 의문이 생기지 않도록 끝까지 듣고 명료하게 말하며, 자신 있게 질문하고 친절히 답한다.
- 객관적이고 신뢰 가는 데이터를 기반으로 상대를 설득하고 의사결정하는 능력을 기른다.

신입사원 채용안내

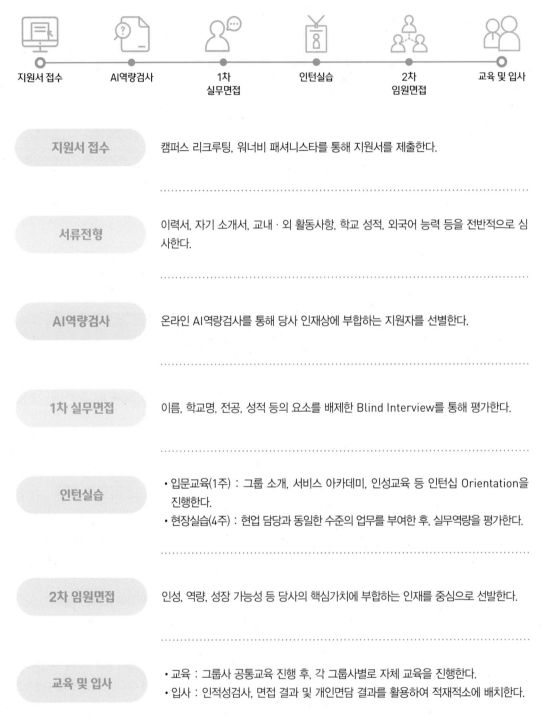

지원서 접수 — 지원서 접수 · AI역량검사 · 1차 실무면접 · 인턴실습 · 2차 임원면접 · 교육 및 입사

지원서 접수
캠퍼스 리크루팅, 워너비 패셔니스타를 통해 지원서를 제출한다.

서류전형
이력서, 자기 소개서, 교내·외 활동사항, 학교 성적, 외국어 능력 등을 전반적으로 심사한다.

AI역량검사
온라인 AI역량검사를 통해 당사 인재상에 부합하는 지원자를 선별한다.

1차 실무면접
이름, 학교명, 전공, 성적 등의 요소를 배제한 Blind Interview를 통해 평가한다.

인턴실습
- 입문교육(1주) : 그룹 소개, 서비스 아카데미, 인성교육 등 인턴십 Orientation을 진행한다.
- 현장실습(4주) : 현업 담당과 동일한 수준의 업무를 부여한 후, 실무역량을 평가한다.

2차 임원면접
인성, 역량, 성장 가능성 등 당사의 핵심가치에 부합하는 인재를 중심으로 선발한다.

교육 및 입사
- 교육 : 그룹사 공통교육 진행 후, 각 그룹사별로 자체 교육을 진행한다.
- 입사 : 인적성검사, 면접 결과 및 개인면담 결과를 활용하여 적재적소에 배치한다.

❖ 현대백화점그룹은 계열사별로 AI역량검사, 인적성검사 등 다양한 채용과정을 운영하고 있으므로 각 계열사의 채용공고를 참고하여 주시기 바랍니다.

현대백화점그룹 인적성검사 합격기

늘 실전처럼 연습할 수 있도록 도와준 책!

이 책으로 공부하면서 가장 좋았던 점은 문제를 푸는 매 순간 실전과 같이 느낄 수 있게 해주었던 것입니다. 모든 영역의 문제를 다 풀기에는 시간이 턱없이 부족한데, 이 책으로 공부하면서 시간이 오래 걸리는 문제 유형을 알 수 있게 되었습니다. 그리고 그런 문제들은 건너뛰고 시간 내 주어진 문제를 빨리 풀 수 있는 요령 등을 익힐 수 있었던 것이 큰 도움이 되었습니다.

가독성도 좋아 혼자서 공부하는 데 전혀 무리가 없었습니다. 충분히 정리가 잘 되어있고, 문제도 다양한 유형과 난이도로 구성되어 있어서 굳이 다른 책을 더 사서 공부할 필요를 전혀 못 느꼈습니다. 아무 것도 몰라 불안했던 시작이었지만 꼼꼼하게 정리된 SD에듀 도서 덕분에 인적성검사라는 커다란 관문을 무사히 통과할 수 있었던 것 같습니다.

이직 준비하시는 분들에게도 유용합니다.

경력직으로 현대백화점에 이직하게 되었습니다. SD에듀에는 인적성부터 면접까지 한 권으로 끝낼 수 있는 도서가 있어 책 한 권으로 채용을 대비했습니다. 책의 난이도가 실제 시험과 비슷해서 실전에서 좀 더 편하게 풀 수 있었고 특히 최종점검 모의고사가 실제로 시험을 보는 것 같은 기분이 들어 시험장에서 긴장을 덜 수 있었습니다. 현대백화점으로 이직 준비하시는 분들이시라면 너무 걱정하지 마시고 SD에듀의 현대백화점 도서를 학습하고 시험을 보시면 충분히 좋은 결과 있으실 것입니다.

❖ 본 독자 후기는 실제 SD에듀의 도서를 통해 공부하여 합격한 독자들께서 보내주신 후기를 재구성한 것입니다.

⬡ 필수 준비물

❶ **신분증** : 주민등록증, 외국인등록증, 여권, 운전면허증 중 하나
❷ **필기도구** : 컴퓨터용 사인펜, 수정테이프, 연필, 지우개, 볼펜 등

⬡ 유의사항

❶ 영역별로 시험이 진행되므로 한 과목이라도 과락이 생기지 않도록 한다.
❷ 정답을 시험지에 표시하고 답안지에 옮겨 적을 만큼 충분한 시간을 주는 시험이 아니므로 답안지에 바로바로 마킹한다.

⬡ 시험 진행

구분	제한시간	문항 수
언어이해	4분	30문제
언어추리	4분	25문제
수 계산	10분	15문제
자료해석	10분	10문제
수열추리	10분	20문제
시각적주의집중력	2분	20문제
형태 · 공간지각	4분	20문제
공간 · 상징추리	6분	20문제

⬡ 알아두면 좋은 Tip

❶ 각 교실의 시험 감독관과 방송에 의해 시험이 진행되므로 안내되는 지시 사항을 잘 준수한다.
❷ 수험장에 도착해서는 화장실에 사람이 몰릴 수 있으므로 미리미리 간다.
❸ 만일을 대비하여 여분의 필기구를 준비한다.
❹ 길게 진행되는 시험이 아니더라도 시험에 집중하는 만큼 빨리 피로해지므로, 초콜릿 등의 간단한 간식을 챙긴다.

합격을 위한 체크 리스트

시험 전 CHECK LIST
※ 최소 시험 이틀 전에 아래의 리스트를 확인하면 좋습니다.

- [ ] 수험표를 출력하고 자신의 수험번호를 확인하였는가?
- [ ] 수험표나 공지사항에 안내된 입실 시간 및 주의사항을 확인하였는가?
- [ ] 신분증을 준비하였는가?
- [ ] 컴퓨터용 사인펜을 준비하였는가?
- [ ] 여분의 필기구를 준비하였는가?
- [ ] 시험시간에 늦지 않도록 알람을 설정해 놓았는가?
- [ ] 시험 전에 섭취할 물이나 간식을 준비하였는가?
- [ ] 수험장 위치를 파악하고 교통편을 확인하였는가?
- [ ] 시험을 보는 날의 날씨를 확인하였는가?
- [ ] 시험장에서 볼 수 있는 자료집을 준비하였는가?
- [ ] 인성검사에 대비하여 지원한 회사의 인재상을 확인하였는가?
- [ ] 자신이 지원한 회사와 계열사를 정확히 인지하고 있는가?
- [ ] 자신이 취약한 영역을 두 번 이상 학습하였는가?
- [ ] 도서의 모의고사를 통해 자신의 실력을 확인하였는가?

시험 후 CHECK LIST
※ 시험 다음 날부터 아래의 리스트를 확인하며 면접 준비를 미리 하면 좋습니다.

- [ ] 인적성 시험 후기를 작성하였는가?
- [ ] 상하의와 구두를 포함한 면접복장이 준비되었는가?
- [ ] 지원한 직무의 직무분석을 하였는가?
- [ ] 단정한 헤어와 손톱 등 용모관리를 깔끔하게 하였는가?
- [ ] 자신의 자소서를 다시 한 번 읽어보았는가?
- [ ] 1분 자기소개를 준비하였는가?
- [ ] 도서 내의 면접 기출 질문을 확인하였는가?
- [ ] 자신이 지원한 직무의 최신 이슈를 정리하였는가?

주요 대기업 적중 문제

SK

수리 ▶ 응용수리

☑ 제한시간 30초

02 같은 헤어숍에 다니고 있는 A양과 B군은 일요일에 헤어숍에서 마주쳤다. 서로 마주친 이후 A양은 10일 간격으로 헤어숍에 방문했고, B군은 16일마다 헤어숍에 방문했다. 두 사람이 다시 헤어숍에서 만났을 때의 요일은 언제인가?

① 월요일　　　　　　　　　② 화요일
③ 수요일　　　　　　　　　④ 목요일
⑤ 금요일

언어 ▶ 일치·불일치

※ 다음 글의 내용과 일치하지 않는 것을 고르시오. [1~2]

01

1994년 미국의 한 과학자는 흥미로운 실험 결과를 발표하였다. 정상 유전자를 가진 쥐에게 콜레라 독소를 주입하자 심한 설사로 죽었다. 그러나 낭포성 섬유증 유전자를 한 개 가진 쥐에게 독소를 주입하자 설사 증상은 보였지만 그 정도는 반감했다. 낭포성 섬유증 유전자를 두 개 가진 쥐는 독소를 주입해도 전혀 증상을 보이지 않았다.
낭포성 섬유증 유전자를 가진 사람은 장과 폐로부터 염소 이온을 밖으로 퍼내는 작용을 정상적으로 하지 못한다. 반면 콜레라 독소는 장에서 염소 이온을 비롯한 염분을 과다하게 분비하게 하고, 이로 인해 물을 과다하게 배출시켜 설사를 일으킨다. 그 과학자는 이에 따라 1800년대 유럽을 강타했던 콜레라의 대유행에서 살아남은 사람은 낭포성 섬유증 유전자를 가졌을 것이라고 추측하였다.

① 장과 폐에서 염소 이온을 밖으로 퍼내는 작용을 하지 못하면 생명이 위험하다.
② 콜레라 독소는 장으로부터 염소 이온을 비롯한 염분을 과다하게 분비하게 한다.
③ 염소 이온을 과다하게 분비하게 하면 설사를 일으킨다.
④ 낭포성 섬유증 유전자는 콜레라 독소가 과도한 설사를 일으키는 것을 방지한다.
⑤ 낭포성 섬유증 유전자를 많이 보유할수록 콜레라 독소에 반응하지 않는다.

추리 ▶ 조건추리

☑ 제한시간 60초

08 한 마트에서는 4층짜리 매대에 과일들을 진열해 놓았다. 매대의 각 층에는 서로 다른 과일이 한 종류씩 진열되어 있을 때, 다음에 근거하여 바르게 추론한 것은?

- 정리된 과일은 사과, 귤, 감, 배의 네 종류이다.
- 사과 위에는 아무 과일도 존재하지 않는다.
- 배는 감보다 아래쪽에 올 수 없다.
- 귤은 감보다는 높이 위치해 있지만, 배보다 높이 있는 것은 아니다.

① 사과는 3층 매대에 있을 것이다.
② 귤이 사과 바로 아래층에 있을 것이다.
③ 배는 감 바로 위층에 있을 것이다.
④ 귤은 감과 배 사이에 있다.
⑤ 귤은 가장 아래층에 있을 것이다.

삼성

수리논리 ▶ 확률

06 S부서에는 팀원이 4명인 제조팀, 팀원이 2명인 영업팀, 팀원이 2명인 마케팅팀이 있다. 한 주에 3명씩 청소 당번을 뽑으려고 할 때, 이번 주 청소 당번이 세 팀에서 한 명씩 뽑힐 확률은?

① $\frac{1}{3}$ ② $\frac{1}{4}$

③ $\frac{2}{5}$ ④ $\frac{2}{7}$

⑤ $\frac{2}{9}$

추리 ▶ ① 조건추리

04 신발가게에서 일정 금액 이상 구매 한 고객에게 추첨을 통해 다양한 경품을 주는 이벤트를 하고 있다. 함께 쇼핑을 한 A ~ E는 이벤트에 응모했고 이 중 1명만 신발에 당첨되었다. 다음 A ~ E의 대화에서 한 명이 거짓말을 한다고 할 때, 신발 당첨자는?

A : C는 신발이 아닌 할인권에 당첨됐어.
B : D가 신발에 당첨됐고, 나는 커피 교환권에 당첨됐어.
C : A가 신발에 당첨됐어.
D : C의 말은 거짓이야.
E : 나는 꽝이야.

① A   ② B
③ C   ④ D
⑤ E

추리 ▶ ② 독해추론

10 다음 글의 내용이 참일 때 항상 거짓인 것을 고르면?

사회 구성원들이 경제적 이익을 추구하는 과정에서 불법 행위를 감행하기 쉬운 상황일수록 이를 억제하는 데에는 금전적 제재 수단이 효과적이다.

현행법상 불법 행위에 대한 금전적 제재 수단에는 민사적 수단인 손해 배상, 형사적 수단인 벌금, 행정적 수단인 과징금이 있으며, 이들은 각각 피해자의 구제, 가해자의 징벌, 법 위반 상태의 시정을 목적으로 한다. 예를 들어 기업들이 담합하여 제품 가격을 인상했다가 적발된 경우, 그 기업들은 피해자에게 손해 배상 소송을 제기당하거나 법원으로부터 벌금형을 선고받을 수 있고 행정 기관으로부터 과징금도 부과받을 수 있다. 이처럼 하나의 불법 행위에 대해 세 가지 금전적 제재가 내려질 수 있지만 제재의 목적이 서로 다르므로 중복 제재는 아니라는 것이 법원의 판단이다.

그런데 우리나라에서는 기업의 불법 행위에 대해 손해 배상 소송이 제기되거나 벌금이 부과되는 사례는 드물어서, 과징금 등 행정적 제재 수단이 억제 기능을 수행하는 경우가 많다. 이런 상황에서는 과징금 등 행정적 제재의 강도를 높임으로써 불법 행위의 억제력을 끌어올릴 수 있다. 그러나 적발 가능성이 매우 낮은 불법 행위의 경우에는 과징금을 올리는 방법만으로는 억제력을 유지하는 데 한계가 있다. 또한 피해자에게 귀속되는 손해 배상금과는 달리 벌금과 과징금은 국가에 귀속되므로 과징금을 올려도 피해자에게는 직접적인 도움이 되지 못한다.

① 금전적 제재수단은 불법 행위를 억제하기 위해서 사용된다.

LG

 2022년 적중

언어추리 ▶ 명제

01 다음 문장을 읽고, 올바르게 유추한 것은?

> • 한나는 장미를 좋아한다.
> • 노란색을 좋아하는 사람은 사과를 좋아하지 않는다.
> • 장미를 좋아하는 사람은 사과를 좋아한다.

① 사과를 좋아하지 않는 사람은 장미를 좋아한다.
② 노란색을 좋아하지 않는 사람은 사과를 좋아한다.
③ 장미를 좋아하는 사람은 노란색을 좋아한다.
④ 한나는 노란색을 좋아하지 않는다.
⑤ 사과를 좋아하는 사람은 장미를 싫어한다.

자료해석 ▶ 추론 분석

 2022년 적중

02 다음은 최근 5년 동안 아동의 비만율을 나타낸 자료이다. 이에 대한 설명으로 옳은 것을 〈보기〉에서 모두 고른 것은?

〈연도별 아동 비만율〉

(단위 : %)

구분	2017년	2018년	2019년	2020년	2021년
유아(만 6세 미만)	11	10.80	10.20	7.40	5.80
어린이(만 6세 이상 만 13세 미만)	9.80	11.90	14.50	18.20	19.70
청소년(만 13세 이상 만 19세 미만)	18	19.20	21.50	24.70	26.10

보기

ㄱ. 모든 아동의 비만율은 전년 대비 증가하고 있다.
ㄴ. 어린이 비만율은 유아 비만율보다 크고, 청소년 비만율보다 작다.
ㄷ. 2017년 대비 2021년 청소년 비만율의 증가율은 45%이다.
ㄹ. 2021년과 2019년의 비만율 차이가 가장 큰 아동은 어린이이다.

① ㄱ, ㄷ
② ㄱ, ㄹ
③ ㄴ, ㄷ
④ ㄴ, ㄹ
⑤ ㄷ, ㄹ

창의수리 ▶ 수추리

2022년 적중

01 다음 시계는 일정한 규칙을 갖는다. $2B - \dfrac{A}{20}$ 의 값은?(단, 분침은 시간이 아닌 숫자를 가리킨다)

① 25
② 20
③ 15
④ 10
⑤ 5

포스코

언어이해 》 주제찾기

Easy

02 다음 글의 주제로 가장 적절한 것은?

빅데이터는 스마트 팩토리 등 산업 현장 및 ICT 소프트웨어 설계 등에 주로 활용되어 왔다. 유통이나 물류 업계의 '콘텐츠가 대량으로 이동하는 현장'에서는 데이터가 발생하면, 이를 분석하고 활용하는 쪽으로 주로 사용됐다. 이제는 다양한 영역에서 빅데이터의 적용이 빨라지고 있다. 대표적인 사례가 금융권이다. 국내의 은행들은 현재 빅데이터 스타트업 회사를 상대로 대규모 투자에 나서고 있다. 뉴스와 포털 등 현존하는 데이터를 확보하여 금융 키워드 분석에 활용하기 위해서다. 의료업계도 마찬가지다. 정부는 바이오헬스 산업의 혁신전략을 통해 연구개발 투자를 2025년까지 4조 원 이상으로 확대하겠다고 밝혔으며, 빅데이터와 인공 지능 등을 연계한 다양한 로드맵을 준비하고 있다. 벌써 의료 현장에 빅데이터 전략을 구사하고 있는 병원도 다수이다. 국세청도 빅데이터에 관심이 많다. 빅데이터 플랫폼 인프라 구축을 끝내는 한편, 50명 규모의 빅데이터 센터를 가동하기 시작했다. 조세 행정에서 빅데이터를 통해 탈세를 예방·적발하는 등 다양한 쓰임새를 고민하고 있다.

① 빅데이터의 정의와 장·단점

자료해석

02 다음은 연도별 자원봉사 참여현황을 나타낸 자료이다. 자료에 대한 설명으로 〈보기〉 중 적절하지 않은 것을 모두 고르면?

〈연도별 자원봉사 참여현황〉

(단위 : 명)

구분	2017년	2018년	2019년	2020년	2021년
총 성인 인구수	41,649,010	42,038,921	43,011,143	43,362,250	43,624,033
자원봉사 참여 성인 인구수	2,667,575	2,874,958	2,252,287	2,124,110	1,383,916

보기

ㄱ. 자원봉사에 참여하는 성인 참여율은 2018년도가 가장 높다.
ㄴ. 2019년도의 성인 자원봉사 참여율은 2020년보다 높다.
ㄷ. 자원봉사 참여 증가율이 가장 높은 해는 2018년도이고 가장 낮은 해는 2020년이다.
ㄹ. 2017년부터 2020년까지의 자원봉사에 참여한 성인 인구수는 천만 명 이상이다.

① ㄱ, ㄴ   ② ㄱ, ㄷ

공간지각 》 전개도

※ 제시된 전개도를 접었을 때 나타나는 입체도형으로 옳은 것을 고르시오. [1~2]

01

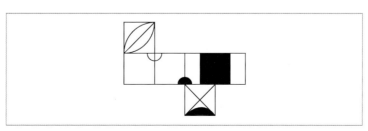

①   ②

도서 200% 활용하기

주요기업 기출복원문제로 출제 경향 파악

2022 | 주요기업 기출복원문제

※ 정답 및 해설은 기출복원문제 바로 뒤 p.21에 있습니다.

01 언어

01 다음 글에 대한 반론으로 가장 적절한 것은? | 삼성

어느 관현악단의 연주회장에서 연주가 한창 진행되는 도중에 휴대 전화의 벨 소리가 울려 음악의 잔잔한 흐름과 고요한 긴장이 깨져버렸다. 청중들은 객석 여기저기를 둘러보았다. 그런데 황급히 호주머니에서 휴대 전화를 꺼내 전원을 끄는 이는 다름 아닌 관현악단의 바이올린 주자였다. 연주는 계속되었지만 연주회의 분위기는 엉망이 되었고, 음악을 감상하던 많은 사람에게 찬물을 끼얹었다. 이와 같은 사고는 극단적인 사례이지만 공공장소의 소음이 심각한 사회 ○○○ ○○ 있다. ○○○○ 보여주고 있다.

소음 문제는 물질문명의 발달과 관련이 있다. 산업화가 진행됨에 따라 ○○○ ○○○○○○ 도구가 증가하고 있다. 그러한 도구들 덕분에 우리의 생활은 점점 편리○○○ ○○○○ 로 변해가고 있다. 그러나 그러한 이득은 개인과 그가 소유하고 있는 ○○○ ○○ 는 것으로 그 관계를 넘어서면 전혀 다른 문제가 된다. 제한된 공간 속○ ○○ ○○○ 따라, 개인과 개인, 도구와 도구, 그리고 자신의 도구와 타인과의 관계 ○○○○ 다. 소음 문제도 마찬가지이다. 개인의 차원에서는 편리와 효율을 제○○ ○○○ 에서는 불편과 비효율을 빚어내는 것이다. 그래서 많은 사회에서 개인○ ○○○○○ 하는 것을 방지하기 위하여 공공장소의 소음을 규제하고 있다.

① 사람들은 소음을 통해 자신의 권리를 침해받기도 한다.
② 문명이 발달함에 따라 소음 문제도 대두되고 있다.
③ 소음 문제는 보통 제한된 공간 속에서 개인적 도구가 과도하게 ○○
④ 옛장수의 가위 소리와 같이 소리는 단순한 물리적 존재가 아닌 ○ ○○○○ 수 있다.
⑤ 개인 차원에서 효율적인 도구들이 전체 차원에서는 문제가 될 ○ ○○○○

2022 | 주요기업 기출복원문제

01 언어

01	02	03	04	05	06	07					
④	⑤	②	④	③	④	①					

01 정답 ④

제시문은 소음의 규제에 대한 이야기를 하고 있다. 따라서 소리가 시공간적 다양성을 담아내는 문화 구성 요소라는 주장을 통해 단순 소음 규제에 반박할 수 있다.

오답분석
① 관현악단 연주 사례를 통해 알 수 있는 내용으로 반론으로 적절하지 않다.
②·③·⑤ 제시문에서 추론할 수 있는 것으로 반론으로 적절하지 않다.

02 정답 ⑤

마지막 문단에서 추론할 수 있다.

오답분석
① 자기 유도 방식은 유도 전력을 이용하지만, 무선 전력 전송을 하기 때문에 항상을 이용하지 않는다.
② 자기 유도 방식은 전력 전송율이 높으나 1차 코일에 해당하는 송신부와 2차 코일에 해당하는 수신부가 수 센티미터 이상 떨어지거나 송신부와 수신부의 중심이 일치하지 않게 되면 전력 전송 효율이 급격히 저하된다.
③ 자기 유도 방식의 2차 코일은 교류 전류 방식이다.
④ 자기 공명 방식에서 2차 코일은 공진 주파수를 전달 받는다. 1차 코일에서 공진 주파수를 만든다.

03 정답 ②

구비문학에서는 단일한 작품, 원본이라는 개념이 성립하기 어려우며, 선창자의 재간과 그때그때의 분위기에 따라 새롭게 변형되거나 창작되는 일이 흔하다. 다시 말해 정해진 틀이 있다기보다는 상황이나 분위기에 따라 바뀌는 것이 가능하다. 따라서 글의 제목으로 현편이나 때에 따라 변화될 수 있음을 뜻하는 말인 '유동성'을 사용한 '구비문학의 유동성'이 적절하다.

04 정답 ④

제시문은 정부가 제공하는 공공 데이터를 활용한 앱 개발에 대한 설명으로, 먼저 다양한 앱을 개발하려는 사람들을 통해 화제를 제시한 (라) 문단이 오는 것이 적절하며, 이러한 앱 개발에 있어 부딪히는 문제들을 제시한 (가) 문단이 그 뒤에 오는 것이 적절하다. 다음으로 이러한 문제들을 해결하기 위한 방법으로 공공 데이터를 제시하는 (나) 문단이 오고, 마지막으로 공공 데이터에 대한 추가 설명으로 공공 데이터를 위한 정부의 노력인 (다) 문단이 오는 것이 적절하다.

▶ 2022년 주요기업 기출복원문제를 복원하여 대기업 적성검사의 최신 출제 경향을 파악할 수 있도록 하였다. 또한, 이를 바탕으로 학습을 시작하기 전에 자신의 실력을 판단할 수 있도록 하였다.

이론점검, 대표유형, 유형점검으로 영역별 단계적 학습

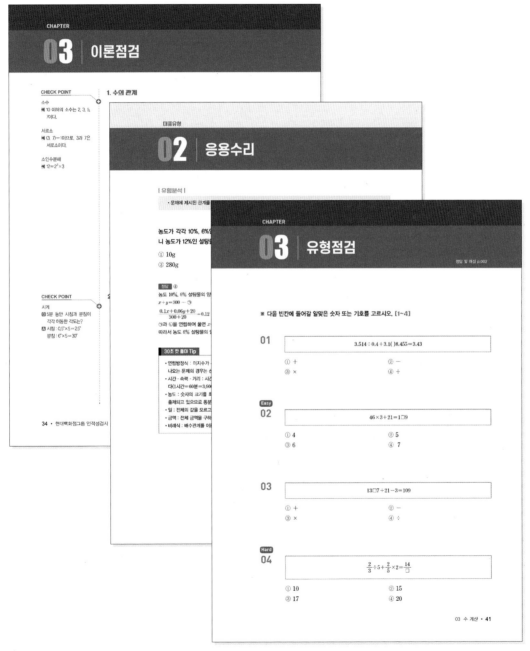

▶ 8개 영역별로 이론점검 및 대표유형, 유형점검을 수록하여 최근 출제 유형을 익히고 점검할 수 있도록 하였으며 이를 바탕으로 기본기를 튼튼히 준비할 수 있도록 하였다.

최종점검 모의고사 + OMR 답안지를 활용한 실전 연습

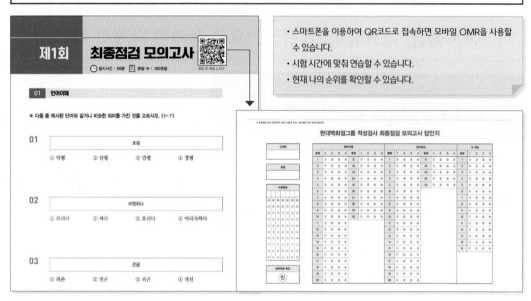

▶ 최종점검 모의고사 2회와 OMR 답안지를 수록하여 실제로 시험을 보는 것처럼 최종 마무리 연습을 할 수 있도록 하였다.

인성검사부터 면접까지 한 권으로 대비하기

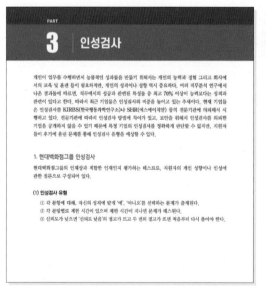

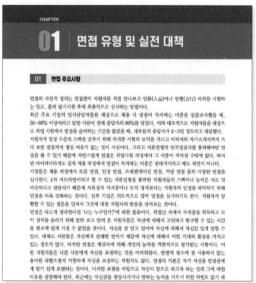

▶ 현대백화점그룹의 인성검사를 분석·수록하여 연습할 수 있게 하였고, 면접 주요사항과 유형을 파악한 뒤 면접 기출 질문을 통해 실제 면접에서 나오는 질문에 미리 대비할 수 있도록 하였다.

Easy & Hard로 난이도별 시간 분배 연습

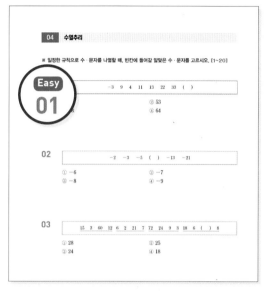

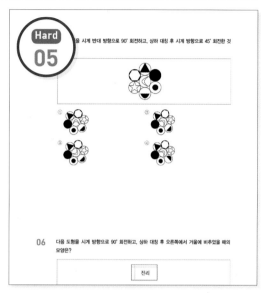

▶ 조금만 연습하면 시간을 절약할 수 있는 난이도가 낮은 문제와 함께, 다른 문제에서 절약한 시간을 투자해야 하는 고난도 문제를 각각 표시하였다. 이를 통해 일반적인 문제들과는 다르게 시간을 적절하게 분배하여 풀이하는 연습이 가능하도록 하였다.

상세한 설명 및 오답분석으로 풀이까지 완벽 마무리

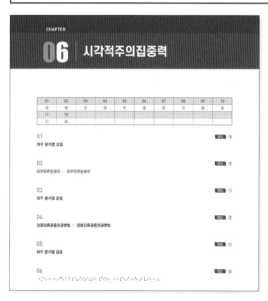

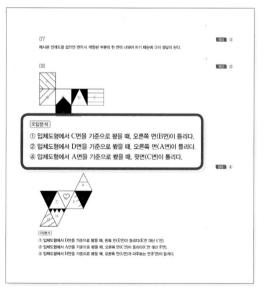

▶ 정답에 대한 자세한 해설은 물론 문제별로 오답분석을 수록하여 오답이 되는 이유를 올바르게 이해할 수 있도록 하였다.

학습플랜

1주 완성 학습플랜

본서에 수록된 전 영역을 단기간에 끝낼 수 있도록 구성한 학습 플랜이다. 한 번에 전 영역을 공부하지 않고, 한 영역을 집중적으로 공부할 수 있도록 하였다. 인성검사 및 적성검사에 대한 기초 학습은 되어 있으나, 학습 계획 세우기에 자신이 없는 분들이나 미리 시험에 대비하지 못해 단시간에 많은 분량을 봐야 하는 수험생에게 추천한다.

ONE WEEK STUDY PLAN

	1일 차 ☐	2일 차 ☐	3일 차 ☐
	_____월_____일	_____월_____일	_____월_____일
Start!			

4일 차 ☐	5일 차 ☐	6일 차 ☐	7일 차 ☐
_____월_____일	_____월_____일	_____월_____일	_____월_____일

STUDY CHECK BOX

구분	1일 차	2일 차	3일 차	4일 차	5일 차	6일 차	7일 차
기출복원문제							
PART 1							
최종점검 모의고사 1회							
최종점검 모의고사 2회							
다회독 1회							
다회독 2회							
다회독 3회							
오답분석							

스터디 체크박스 활용법

1주 완성 학습플랜에서 계획한 학습량을 어느 정도 실천하였는지 표시하여 자신의 학습량을 효율적으로 관리할 수 있다.

구분	1일 차	2일 차	3일 차	4일 차	5일 차	6일 차	7일 차
PART 1	언어이해	X	X	완료			

AI면접 소개

⬡ 소개

▶ AI면접전형은 '공정성'과 '객관적 평가'를 면접과정에 도입하기 위한 수단으로, 최근 채용과정에 AI 면접을 도입하는 기업들이 급속도로 증가하고 있다.

▶ AI기반의 평가는 서류전형 또는 면접전형에서 활용된다. 서류전형에서는 AI가 모든 지원자의 자기 소개서를 1차적으로 스크리닝 한 후, 통과된 자기소개서를 인사담당자가 다시 평가하는 방식으로 활용되고 있다. 또한 면접전형에서는 서류전형과 함께 또는, 면접 절차를 대신하여 AI면접의 활용을 통해 지원자의 전반적인 능력을 종합적으로 판단하여 채용에 도움을 준다.

⬡ AI면접 프로세스

서류전형 ▶ 필기시험 ▶ 1차 면접 (AI면접 포함) ▶ 2차 면접 ▶ 입사

⬡ AI면접 분석 종류

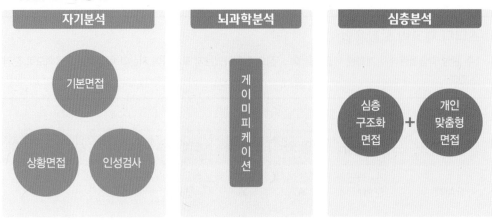

자기분석	뇌과학분석	심층분석
기본면접 / 상황면접 / 인성검사	게이미피케이션	심층 구조화 면접 + 개인 맞춤형 면접

AI면접 진행과정

AI면접 정의
뇌신경과학 기반의 인공지능 면접

소요시간
60분 내외(1인)

진행순서

① 웹캠 / 음성체크
② 안면등록
③ 기본질문
④ 탐색 질문
⑤ 상황질문
⑥ 뇌과학게임
⑦ 심층 / 구조화질문
⑧ 종합평가

▶ 뇌과학게임 : 게임 형식의 AI면접을 통해 지원자의 성과역량, 성장 가능성 분석
▶ 기본질문, 상황질문, 탐색질문을 통해 지원자의 강점, 약점을 분석하여 심층 / 구조화 질문 제시

| 기본적인 질문 및 상황질문 | 지원자의 특성을 분석하기 위한 질문 | 지원자의 강점 / 약점 실시간 분석 | 심층 / 구조화 질문 |

평가요소
종합 코멘트, 주요 및 세부역량 점수, 응답신뢰 가능성 등을 분석하여 종합평가 점수 도출

① 성과능력지수	스스로 성과를 내고 지속적으로 성장하기 위해 갖춰야 하는 성과 지향적 태도 및 실행력
② 조직적합지수	조직에 적응하고 구성원들과 시너를 내기 위해 갖춰야 하는 심리적 안정성
③ 관계역량지수	타인과의 관계를 좋게 유지하기 위해 갖춰야 하는 고객지향적 태도 및 감정 파악 능력
④ 호감지수	대면 상황에서 자신의 감정과 의사를 적절하게 전달할 수 있는 소통 능력

⬡ 면접 환경 점검

Windows 7 이상 OS에 최적화되어 있다. 웹카메라와 헤드셋(또는 이어폰과 마이크)은 필수 준비물이며, 크롬 브라우저도 미리 설치해 놓는 것이 좋다. 또한, 주변 정리정돈과 복장을 깔끔하게 해야 한다.

⬡ 이미지

AI면접은 동영상으로 녹화되므로 지원자의 표정이나 자세, 태도 등에서 나오는 전체적인 이미지가 상당히 중요하다. 특히, '상황 제시형 질문'에서는 실제로 대화하듯이 답변해야 하므로 표정과 제스처의 중요성은 더더욱 커진다. 그러므로 자연스럽고 부드러운 표정과 정확한 발음은 기본이자 필수요소이다.

▶ 시선 처리 : 눈동자가 위나 아래로 향하는 것은 피해야 한다. 대면면접의 경우 아이컨택(Eye Contact)이 가능하기 때문에 대화의 흐름상 눈동자가 자연스럽게 움직일 수 있지만, AI면접에서는 카메라를 보고 답변하기 때문에 다른 곳을 응시하거나, 시선이 분산되는 경우에는 불안감으로 눈빛이 흔들린다고 평가될 수 있다. 따라서 카메라 렌즈 혹은 모니터를 바라보면서 대화를 하듯이 면접을 진행하는 것이 가장 좋다. 시선 처리는 연습하는 과정에서 동영상 촬영을 하며 확인하는 것이 좋다.

▶ 입 모양 : 좋은 인상을 주기 위해서는 입꼬리가 올라가도록 미소를 짓는 것이 좋으며, 이때 입꼬리는 양쪽 꼬리가 동일하게 올라가야 한다. 그러나 입만 움직이게 되면 거짓된 웃음으로 보일 수 있기에 눈과 함께 미소 짓는 연습을 해야 한다. 자연스러운 미소 짓기는 쉽지 않기 때문에 매일 재미있는 사진이나 동영상, 아니면 최근 재미있었던 일 등을 떠올리면서 자연스러운 미소를 지을 수 있는 연습을 해야 한다.

▶ 발성 · 발음 : 답변을 할 때, 말을 더듬는다거나 '음…', '아…' 하는 소리는 마이너스 요인이다. 질문마다 답변을 생각할 시간을 함께 주지만, 지원자의 의견을 체계적으로 정리하지 못한 채 답변을 시작한다면 발생할 수 있는 상황이다. 생각할 시간이 주어진다는 것은 답변에 대한 기대치가 올라간다는 것을 의미하므로 주어진 시간 동안에 빠르게 답변구조를  구성하는 연습을 진행해야 하고, 말끝을 흐리는 습관이나 조사를 흐리는 습관을 교정해야 한다. 이때, 연습 과정을 녹음하여 체크하는 것이 효과가 좋고, 답변에 관한 부분 또한 명료하고 체계적으로 답변할 수 있도록 연습해야 한다.

⬡ 답변방식

AI면접 후기를 보다 보면, 대부분 비슷한 유형의 질문패턴이 진행되는 것을 알 수 있다. 따라서 대면면접 준비방식과 동일하게 질문 리스트를 만들고 연습하는 과정이 필요하다. 특히, AI면접은 질문이 광범위하기 때문에 출제 유형 위주의 연습이 이루어져야 한다.

▶ 유형별 답변방식 습득
- **기본 필수질문** : 지원자들에게 필수로 질문하는 유형으로 지원자만의 답변이 확실하게 구성되어 있어야 한다.
- **상황 제시형 질문** : AI면접에서 주어지는 상황은 크게 8가지 유형으로 분류된다. 각 유형별 효과적인 답변 구성 방식을 연습해야 한다.
- **심층 / 구조화 질문(개인 맞춤형 질문)** : 가치관에 따라 선택을 해야 하는 질문이 대다수를 이루는 유형으로, 여러 예시를 통해 유형을 익히고, 그에 맞는 답변을 연습해야 한다.

▶ 유성(有聲) 답변 연습 : AI면접을 연습할 때에는 같은 유형의 예시를 연습한다고 해도, 실제 면접에서의 세부 소재는 거의 다르다고 할 수 있다. 이 때문에 새로운 상황이 주어졌을 때, 유형을 빠르게 파악하고 답변의 구조를 구성하는 반복연습이 필요하며, 항상 목소리를 내어 답변하는 연습을 하는 것이 좋다.

▶ 면접에 필요한 연기 : 면접은 연기가 반이라고 할 수 있다. 물론 가식적이고 거짓된 모습을 보이라는 것이 아닌, 상황에 맞는 적절한 행동과 답변의 인상을 극대화 시킬 수 있는 연기를 얘기하는 것이다. 면접이 무난하게 흘러가면 무난하게 탈락할 확률이 높다. 때문에 하나의 답변에도 깊은 인상을 전달해 주어야 하고, 그런 것이 연기이다. 특히, AI면접에서는 답변 내용에 따른 표정변화가 필요하고, 답변에 연기를 더할 수 있는 부분까지 연습이 되어있다면, 면접 준비가 완벽히 되어있다고 말할 수 있다.

지원자의 외면적 요소 V4를 활용한 정서 및 성향, 거짓말 파악

Vision Analysis	미세 표정(Micro Expression)
Voice Analysis	보디 랭귀지(Body Language)
Verbal Analysis	진술 분석 기법(Scientific Contents Analysis)
Vital Analysis	자기 최면 기법(Auto Hypnosis)

AI면접의 V4를 대비하는 방법으로 미세 표정, 보디 랭귀지, 진술 분석 기법, 자기 최면 기법을 활용

AI면접 구성

기본
필수질문 ▸ 탐색질문
(인성검사) ▸ 상황 제시형
질문 ▸ 게임 ▸ 심층 / 구조화
질문

▸ 기본 필수질문 : 모든 지원자가 공통으로 받게 되는 질문으로, 기본적인 자기소개, 지원동기, 성격의 장
단점 등을 질문하는 구성으로 되어 있다. 이는 대면면접에서도 높은 확률로 받게 되는 질문 유형이므로,
AI면접에서도 답변한 내용을 대면면접에서도 다르지 않게 답변해야 한다.

▸ 탐색질문(인성검사) : 인적성 시험의 인성검사와 일치하는 유형으로, 정해진 시간 내에 해당 문장과 지원
자의 가치관이 일치하는 정도를 빠르게 체크해야 하는 단계이다.

▸ 상황 제시형 질문 : 특정한 상황을 제시하여, 제시된 상황 속에서 어떻게 대응할지에 대한 답변을 묻는
유형이다. 기존의 대면면접에서는 이러한 질문에 대하여 지원자가 어떻게 행동할지에 대한 '설명'에 초점
이 맞춰져 있었다면, AI면접에서는 실제로 '행동'하며, 상대방에게 이야기하듯 답변이 이루어져야 한다.

▸ 게임 : 약 5가지 유형의 게임이 출제되고, 정해진 시간 내에 해결해야 하는 유형이다. 인적성 시험의 새
로운 유형으로, AI면접을 실시하는 기업의 경우, 인적성 시험을 생략하는 기업도 증가하고 있다. AI면접
중에서도 비중이 상당한 게임 문제풀이 유형이다.

▸ 심층 / 구조화 질문(개인 맞춤형 질문) : 인성검사 과정 중 지원자가 선택한 항목들에 기반한 질문에 답변
을 해야 하는 유형이다. 때문에 인성검사 과정에서 인위적으로 접근하지 않는 것이 중요하고, 주로 가치
관에 대하여 묻는 질문이 많이 출제되는 편이다.

⬡ 도형 옮기기 유형

01 기둥에 각기 다른 모양의 도형이 꽂혀져 있다. 왼쪽 기본 형태에서 도형을 한 개씩 이동시켜서 오른쪽의 완성 형태와 동일하게 만들 때 최소한의 이동 횟수를 고르시오.

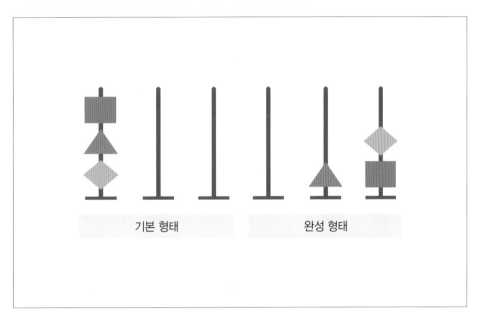

기본 형태 완성 형태

① 1회   ② 2회

③ 3회   ④ 4회

⑤ 5회

해설

왼쪽 기둥부터 1~3번이라고 칭할 때, 사각형을 3번 기둥으로 먼저 옮기고, 삼각형을 2번 기둥으로 옮긴 뒤 마름모를 3번 기둥으로 옮기면 된다. 따라서 정답은 ③이다.

Solution

온라인으로 진행하게 되는 AI면접에서는 도형 이미지를 드래그하여 실제 이동 작업을 진행하게 된다. 문제 해결의 핵심은 '최소한의 이동 횟수'에 있는데, 문제가 주어지면 머릿속으로 도형을 이동시키는 시뮬레이션을 진행해 보고 손을 움직여야 한다. 해당 유형에 익숙해지기 위해서는 다양한 유형을 접해 보고, 가장 효율적인 이동 경로를 찾는 연습을 해야 하며, 도형의 개수가 늘어나면 다소 난이도가 올라가므로 연습을 통해 유형에 익숙해지도록 해야 한다.

⬡ 동전 비교 유형

02 두 개의 동전이 있다. 왼쪽 동전 위에 쓰인 글씨의 의미와 오른쪽 동전 위에 쓰인 색깔의 일치 여부를 판단하시오.

① 일치   ② 불일치

해설

왼쪽 동전 글씨의 '의미'와 오른쪽 동전 글씨의 '색깔' 일치 여부를 선택 하는 문제이다. 제시된 문제의 왼쪽 동전 글씨 색깔은 빨강이지만 의미 자체는 노랑이다. 또한, 오른쪽 동전 글씨 색깔은 초록이지만 의미는 파랑이다. 따라서 노랑과 초록이 일치하지 않으므로 왼쪽 동전 글씨의 의미와 오른쪽 동전의 색깔은 불일치하다.

Solution

빠른 시간 내에 다수의 문제를 풀어야 하기 때문에 혼란에 빠지기 쉬운 유형이다. 풀이 방법의 한 예로 오른쪽 글씨만 먼저 보고, 색깔을 소리 내어 읽어보는 것이다. 입으로 내뱉은 오른쪽 색깔이 왼쪽 글씨에 그대로 쓰여 있는지를 확인하도록 하는 등 본인만의 접근법 없이 상황을 판단하다 보면 실수를 할 수밖에 없기 때문에 연습을 통해 유형에 익숙해져야 한다.

❶ 오른쪽 글씨만 보고, 색깔을 소리 내어 읽는다.
❷ 소리 낸 단어가 왼쪽 글씨의 의미와 일치하는지를 확인한다.

⬡ 무게 비교 유형

03 A ~ D 4개의 상자가 있다. 시소를 활용하여 무게를 측정하고, 무거운 순서대로 나열하시오 (단, 무게 측정은 최소한의 횟수로 진행해야 한다).

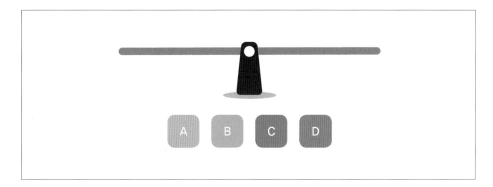

해설

온라인으로 진행하게 되는 AI면접에서는 제시된 물체의 이미지를 드래그하여 계측기 위에 올려놓고, 무게를 측정하게 된다. 비교적 쉬운 유형에 속하나 계측은 최소한의 횟수로만 진행해야 좋은 점수를 받을 수 있다. 측정의 핵심은 '무거운 물체 찾기'이므로 가장 무거운 물체부터 덜 무거운 순서로 하나씩 찾아야 하며, 이전에 진행한 측정에서 무게 비교가 완료된 물체들이 있다면, 그중 무거운 물체를 기준으로 타 물체와의 비교가 이루어져야 한다.

Solution

❶ 임의로 두 개의 물체를 선정하여 무게를 측정한다.

❷ · ❸ 더 무거운 물체는 그대로 두고, 가벼운 물체를 다른 물체와 교체하여 측정한다.

❹ 가장 무거운 물체가 선정되면, 남은 3가지 물체 중 2개를 측정한다.

❺ 남아 있는 물체 중 무게 비교가 안 된 상자를 최종적으로 측정한다.

따라서 무거운 상자 순서는 'C > B > A > D'이다.

⬡ n번째 이전 도형 맞추기 유형

04 제시된 도형이 2번째 이전 도형과 모양이 일치하면 **Y**를, 일치하지 않으면 **N**을 기입하시오.

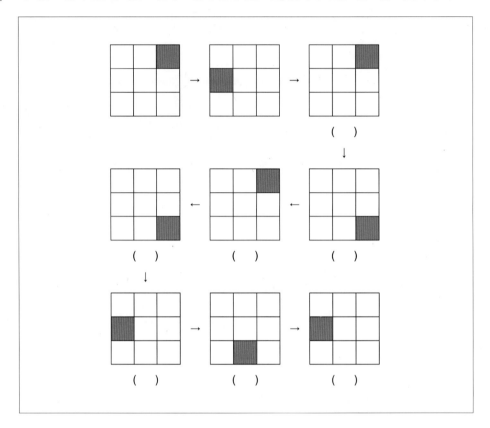

해설

n번째 이전에 나타난 도형과 현재 주어진 도형의 모양이 일치하는지에 대한 여부를 판단하는 유형
이다. 제시된 문제는 세 번째 도형부터 2번째 이전의 도형인 첫 번째 도형과 비교해 나가면 된다.
따라서 진행되는 순서를 기준으로 'Y → N → Y → Y → N → N → Y'이다.

Solution

온라인 AI면접에서는 도형이 하나씩 제시되며, 화면이 넘어갈 때마다 n번째 이전 도형과의 일치
여부를 체크해야 한다. 만약 '2번째 이전'이라는 조건이 주어졌다면 인지하고 있던 2번째 이전 도
형의 모양을 떠올려 현재 도형과의 일치 여부를 판단함과 동시에 현재 주어진 도형의 모양 역시 암
기해 두어야 한다. 이는 판단과 암기가 동시에 이루어져야 하는 문항으로 난이도는 상급에 속한다.
순발력과 암기력이 동시에 필요한 어려운 유형이기에 접근조차 못하는 지원자들도 많지만, 끊임없
는 연습을 통해 유형에 익숙해질 수 있다. 문제 풀이의 예로 여분의 종이를 활용하여 문제를 가린
상태에서 도형을 하나씩 순서대로 보면서 문제를 풀어나가는 방법이 있다.

○ 분류코드 일치 여부 판단 유형

05 도형 안에 쓰인 자음, 모음과 숫자와의 결합이 '분류코드'와 일치하면 Y를, 일치하지 않으면 N을 체크하시오.

ㄹ8

분류코드 : 홀수
(Y / N)

해설

분류코드에는 짝수, 홀수, 자음, 모음 4가지가 존재한다. 분류코드로 짝수 혹은 홀수가 제시된 경우 도형 안에 있는 자음이나 모음은 신경 쓰지 않아도 되며, 제시된 숫자가 홀수인지 짝수인지만 판단하면 된다. 반대로, 분류코드로 자음 혹은 모음이 제시된 경우에는 숫자를 신경 쓰지 않아도 된다. 제시된 문제에서 분류코드로 홀수가 제시되었지만, 도형 안에 있는 숫자 8은 짝수이므로 N이 정답이다.

Solution

개념만 파악한다면 쉬운 유형에 속한다. 문제는 순발력으로, 정해진 시간 내에 최대한 많은 문제를 풀어야 한다. 계속해서 진행하다 보면 쉬운 문제도 혼동될 수 있으므로 시간을 정해 빠르게 문제를 해결하는 연습을 반복하고 실전면접에 임해야 한다.

⬡ 표정을 통한 감정 판단 유형

06 주어지는 인물의 얼굴 표정을 보고 감정 상태를 판단하시오.

① 무표정   ② 기쁨
③ 놀람   ④ 슬픔
⑤ 분노   ⑥ 경멸
⑦ 두려움   ⑧ 역겨움

Solution

제시된 인물의 사진을 보고 어떤 감정 상태인지 판단하는 유형의 문제이다. AI면접에서 제시되는 표정은 크게 8가지로 '무표정, 기쁨, 놀람, 슬픔, 분노, 경멸, 두려움, 역겨움'이다. '무표정, 기쁨, 놀람, 슬픔'은 쉽게 인지가 가능하지만, '분노, 경멸, 두려움, 역겨움'에 대한 감정은 비슷한 부분이 많아 혼동이 될 수 있다. 사진을 보고 나서 5초 안에 정답을 선택해야 하므로 깊게 고민할 시간이 없다. 사실 해당 유형이 우리에게 완전히 낯설지는 않은데, 우리는 일상생활 속에서 다양한 사람들을 마주하게 되며 이때 무의식적으로 상대방의 얼굴 표정을 통해 감정을 판단하기 때문이다. 즉, 누구나 어느 정도의 연습이 되어 있는 상태이므로 사진을 보고 즉각적으로 드는 느낌이 정답일 확률이 높다. 따라서 해당 유형은 직관적으로 정답을 선택하는 것이 중요하다. 다만, 대다수의 지원자가 혼동하는 표정에 대한 부분은 어느 정도의 연습이 필요하다.

⬢ 카드 조합 패턴 파악 유형

07 주어지는 4장의 카드 조합을 통해 대한민국 국가 대표 야구 경기의 승패 예측이 가능하다. 카드 무늬와 앞뒷면의 상태를 바탕으로 승패를 예측하시오(문제당 제한 시간 3초).

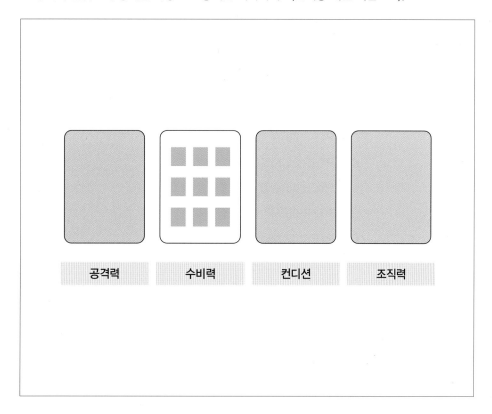

① 승리   ② 패배

Solution

계속해서 제시되는 카드 조합을 통해 정답의 패턴을 파악하는 유형이다. 온라인으로 진행되는 AI면접에서는 답을 선택하면 곧바로 정답 여부를 확인할 수 있다. 이에 따라 하나씩 정답을 확인한 후, 몇 번의 시행착오 과정을 바탕으로 카드에 따른 패턴을 유추해 나갈 수 있게 된다. 그렇기 때문에 초반에 제시되는 카드 조합의 정답을 맞히기는 어려우며, 앞서 얻은 정보들을 잘 기억해 두는 것이 핵심이다. 제시된 문제의 정답은 패배이다.

이 책의 차례

CONTENTS

| Add+ | **2022년 주요기업 기출복원문제** | 2 |

PART 1	**적성검사**	
CHAPTER 01 언어이해	4
CHAPTER 02 언어추리	16
CHAPTER 03 수 계산	34
CHAPTER 04 자료해석	48
CHAPTER 05 수열추리	66
CHAPTER 06 시각적주의집중력	78
CHAPTER 07 형태 · 공간지각	86
CHAPTER 08 공간 · 상징추리	98

PART 2	**최종점검 모의고사**	
제1회 최종점검 모의고사	110
제2회 최종점검 모의고사	168

| PART 3 | **인성검사** | 228 |

PART 4	**면접**	
CHAPTER 01 면접 유형 및 실전 대책	238
CHAPTER 02 현대백화점그룹 실제 면접	249

별 책	**정답 및 해설**	
PART 1 적성검사	2
PART 2 최종점검 모의고사	22

Add+

2022년 주요기업
기출복원문제

※ 정답 및 해설은 기출복원문제 바로 뒤 p.021에 있습니다.

01   언어

| 삼성

01   다음 글에 대한 반론으로 가장 적절한 것은?

> 어느 관현악단의 연주회장에서 연주가 한창 진행되는 도중에 휴대 전화의 벨 소리가 울려 음악의 잔잔한 흐름과 고요한 긴장이 깨져버렸다. 청중들은 객석 여기저기를 둘러보았다. 그런데 황급히 호주머니에서 휴대 전화를 꺼내 전원을 끄는 이는 다름 아닌 관현악단의 바이올린 주자였다. 연주는 계속되었지만 연주회의 분위기는 엉망이 되었고, 음악을 감상하던 많은 사람에게 찬물을 끼얹었다. 이와 같은 사고는 극단적인 사례이지만 공공장소의 소음이 심각한 사회 문제가 될 수 있다는 사실을 보여주고 있다.
>
> 소음 문제는 물질문명의 발달과 관련이 있다. 산업화가 진행됨에 따라 우리의 생활 속에는 '개인적 도구'가 증가하고 있다. 그러한 도구들 덕분에 우리의 생활은 점점 편리해지고 합리적이며 효율적으로 변해가고 있다. 그러나 그러한 이득은 개인과 그가 소유하고 있는 물건 사이의 관계에서 성립하는 것으로 그 관계를 넘어서면 전혀 다른 문제가 된다. 제한된 공간 속에서 개인적 도구가 넘쳐남에 따라, 개인과 개인, 도구와 도구, 그리고 자신의 도구와 타인과의 관계 등이 모순을 일으키는 것이다. 소음 문제도 마찬가지이다. 개인의 차원에서는 편리와 효율을 제공하는 도구들이, 전체의 차원에서는 불편과 비효율을 빚어내는 것이다. 그래서 많은 사회에서 개인적 도구가 타인의 권리를 침해하는 것을 방지하기 위하여 공공장소의 소음을 규제하고 있다.

① 사람들은 소음을 통해 자신의 권리를 침해받기도 한다.

② 문명이 발달함에 따라 소음 문제도 대두되고 있다.

③ 소음 문제는 보통 제한된 공간 속에서 개인적 도구가 과도함에 따라 발생한다.

④ 엿장수의 가위 소리와 같이 소리는 단순한 물리적 존재가 아닌 문화적 가치를 담은 존재가 될 수 있다.

⑤ 개인 차원에서 효율적인 도구들이 전체 차원에서는 문제가 될 수도 있다.

02 다음 글에서 추론할 수 있는 내용으로 가장 적절한 것은?

> 무선으로 전력을 주고받으면, 전원을 직접 연결하는 유선보다 효율은 떨어지지만 전자 제품을 자유롭게 이동하며 사용할 수 있는 장점이 있다. 이처럼 무선으로 전력을 주고받을 수 있도록 전자기를 활용하여 전기를 공급하거나 이용하는 기술이 무선 전력 전송 방식인데 대표적으로 '자기 유도 방식'과 '자기 공명 방식' 두 가지를 들 수 있다.
>
> 자기 유도 방식은 변압기의 원리와 유사하다. 변압기는 네모 모양의 철심 좌우에 코일을 감아, 1차 코일에 '+, -' 극성이 바뀌는 교류 전류를 보내면 마치 자석을 운동시켜서 자기장을 형성하는 것처럼 1차 코일에서도 자기장을 형성한다. 이 자기장에 의해 2차 코일에 전류가 만들어지는데 이 전류를 유도전류라 한다. 변압기는 자기장의 에너지를 잘 전달할 수 있는 철심이 있으나, 자기 유도 방식은 철심이 없이 무선 전력 전송을 하는 것이다.
>
> 이러한 자기 유도 방식은 전력 전송 효율이 90% 이상으로 매우 높다는 장점이 있다. 하지만 1차 코일에 해당하는 송신부와 2차 코일에 해당하는 수신부가 수 센티미터 이상 떨어지거나 송신부와 수신부의 중심이 일치하지 않게 되면 전력 전송 효율이 급격히 저하된다는 문제점이 있다. 휴대전화 같은 경우, 충전 패드에 휴대전화를 올려놓는 방식으로 거리 문제를 해결하고 충전 패드 전체에 코일을 배치하여 송수신부 간 전송 효율을 높임으로써 무선 충전이 가능하도록 하였다. 다만 휴대전화는 직류 전류를 사용하기 때문에 1차 코일로부터 2차 코일에 유도된 교류 전류를 직류 전류로 변환해 주는 정류기가 충전 단계 전에 필요하다.
>
> 두 번째 전송 방식은 자기 공명 방식이다. 다양한 소리굽쇠 중에 하나를 두드리면 동일한 고유 진동수를 가지는 소리굽쇠가 같이 진동하는 물리적 현상이 공명이다. 자기장에 공명이 일어나도록 1차 코일과 공진기를 설계하여 공진 주파수를 만든다. 이후 2차 코일과 공진기를 설계하여 공진 주파수가 전달되도록 하는 것이 자기 공명 방식의 원리이다.
>
> 이러한 특성으로 인해 자기 공명 방식은 자기 유도 방식과 달리 수 미터 가량 근거리 전력 전송이 가능하다는 장점이 있다. 이 방식이 상용화된다면, 송신부와 공명되는 여러 전자 제품을 전원을 연결하지 않아도 사용할 수 있거나 충전할 수 있다. 그러나 실험 단계의 코일 크기로는 일반 가전제품에 적용할 수 없으므로 코일을 소형화해야 할 필요가 있다. 따라서 이를 해결하기 위한 연구가 필요하다.

① 자기 유도 방식은 변압기의 핵심인 유도 전류와 철심을 이용한 방식이다.

② 자기 유도 방식을 사용하면 무선 전력 전송임에도 어떠한 환경에서든 유실되는 전력이 많이 없다는 장점이 있다.

③ 휴대전화와 자기 유도 방식의 '2차 코일'은 모두 직류 전류 방식이다.

④ 자기 공명 방식에서 2차 코일은 공진 주파수를 생성하는 역할을 한다.

⑤ 자기 공명 방식에서 해결이 시급한 것은 전력을 생산하는데 필요한 코일의 크기가 너무 크다는 것이다.

03 다음 글의 제목으로 가장 적절한 것은?

> 구비문학에서는 기록문학과 같은 의미의 단일한 작품 또는 원본이라는 개념이 성립하기 어렵다. 윤선도의 '어부사시사'와 채만식의 『태평천하』는 엄밀하게 검증된 텍스트를 놓고 이것이 바로 그 작품이라 할 수 있지만, '오누이 장사 힘내기' 전설이라든가 '진주 낭군' 같은 민요는 서로 조금씩 다른 구연물이 다 그 나름의 개별적 작품이면서 동일 작품의 변이형으로 인정되기도 하는 것이다. 이야기꾼은 그의 개인적 취향이나 형편에 따라 설화의 어떤 내용을 좀 더 실감 나게 손질하여 구연할 수 있으며, 때로는 그 일부를 생략 혹은 변경할 수 있다. 모내기할 때 부르는 '모노래'는 전승적 가사를 많이 이용하지만, 선창자의 재간과 그때그때의 분위기에 따라 새로운 노래 토막을 끼워 넣거나 일부를 즉흥적으로 개작 또는 창작하는 일도 흔하다.

① 구비문학의 현장성   ② 구비문학의 유동성
③ 구비문학의 전승성   ④ 구비문학의 구연성
⑤ 구비문학의 사실성

04 다음 문단을 논리적 순서대로 바르게 나열한 것은?

> (가) 하지만 막상 앱을 개발하려 할 때 부딪히는 여러 난관이 있다. 여행지나 주차장에 한 정보를 모으는 것도 문제이고, 정보를 지속적으로 갱신하는 것도 문제이다. 이런 문제 때문에 결국 아이디어를 포기하는 경우가 많다.
>
> (나) 그러나 이제는 아이디어를 포기하지 않아도 된다. 바로 공공 데이터가 있기 때문이다. 공공 데이터는 공공 기관에서 생성, 취득하여 관리하고 있는 정보 중 전자적 방식으로 처리되어 누구나 이용할 수 있도록 국민들에게 제공된 것을 말한다.
>
> (다) 현재 정부에서는 공공 데이터 포털 사이트를 개설하여 국민들이 쉽게 이용할 수 있도록 하고 있다. 공공 데이터 포털 사이트에서는 800여 개 공공 기관에서 생성한 15,000여 건의 공공 데이터를 제공하고 있으며, 제공하는 공공 데이터의 양을 꾸준히 늘리고 있다.
>
> (라) 앱을 개발하려는 사람들은 아이디어가 넘친다. 사람들이 여행 준비를 위해 많은 시간을 허비하는 것을 보면 한 번에 여행 코스를 짜 주는 앱을 만들어 보고 싶어 하고, 도심에 주차장을 못 찾아 헤매는 사람들을 보면 주차장을 쉽게 찾아 주는 앱을 만들어 보고 싶어 한다.

① (가) - (라) - (나) - (다)   ② (가) - (나) - (다) - (라)
③ (가) - (다) - (나) - (라)   ④ (라) - (가) - (나) - (다)
⑤ (나) - (라) - (다) - (가)

05 다음 글의 내용으로 적절하지 않은 것은?

수박은 91% 이상이 수분으로 이뤄져 있어 땀을 많이 흘리는 여름철에 수분을 보충하고 갈증을 해소하는 데 좋다. 또한 몸에 좋은 기능성분도 많이 들어 있어 여름의 보양과일로 불린다. 수박 한 쪽이 약 100g이므로 하루에 6쪽이면 일일 권장량에 해당하는 대표적인 기능 성분인 리코펜과 시트룰린을 섭취할 수 있다고 한다. 그렇다면 좋은 수박을 고르기 위해서는 어떻게 해야 할까.

우선 신선한 수박은 수박 꼭지를 보고 판단할 수 있다. 수박은 꼭지부터 수분이 마르므로 길이나 모양에 상관없이 꼭지의 상태로 신선도를 판단할 수 있는 것이다. 예전엔 T자 모양의 수박 꼭지로 신선도를 판단했지만, 최근에는 「수박 꼭지 절단 유통 활성화 방안」에 따라 T자 모양 꼭지를 찾기 어려워졌다.

대신에 우리는 잘 익은 수박은 소리와 겉모양으로 구분할 수 있다. 살짝 두드렸을 때 '통통'하면서 청명한 소리가 나면 잘 익은 수박이며, 덜 익은 수박은 '깡깡'하는 금속음이, 너무 익은 수박은 '퍽퍽'하는 둔탁한 소리가 나게 된다. 또한, 손에 느껴지는 진동으로도 구분할 수 있는데, 왼손에 수박을 올려놓고 오른손으로 수박의 중심 부분을 두드려본다. 이때 잘 익었다면 수박 아래의 왼손에서도 진동이 잘 느껴진다. 진동이 잘 느껴지지 않는다면 너무 익었거나 병에 걸렸을 가능성이 있다. 겉모양의 경우 호피무늬 수박은 껍질에 윤기가 나며 검은 줄무늬가 고르고 진하게 형성돼 있어야 좋다. 그리고 줄기의 반대편에 있는 배꼽의 크기가 작은 것이 당도가 높다.

최근에는 일부 소비자 가운데 반으로 자른 수박의 과육에 나타나는 하트 모양 줄무늬를 바이러스로 잘못 아는 경우도 있다. 이는 수박씨가 맺히는 자리에 생기는 '태좌'라는 것으로 지극히 정상적인 현상이다. 바이러스 증상은 수박 잎에서 먼저 나타나기 때문에 농가에서 선별 후 유통한다. 또한 바이러스의 경우 꼭지에도 증상이 보이기 때문에 꼭지에 이상이 없다면 과육도 건강한 것이다.

① 수박은 91% 이상이 수분으로 이루어져 있어 여름철에 수분을 보충하기 좋은 과일이다.
② 수박 꼭지로부터 수박의 신선도를 판단할 수 있다.
③ 수박을 반으로 잘랐을 때 하트 모양의 줄무늬가 나타나면 바이러스에 감염된 것이다.
④ 잘 익은 수박의 경우, 살짝 두드렸을 때 '통통'하면서 청명한 소리가 난다.

06 다음 글의 내용으로 가장 적절한 것은?

보름달 중에 가장 크게 보이는 보름달을 슈퍼문이라고 한다. 이때 보름달이 크게 보이는 이유는 달이 평소보다 지구에 가까이 있기 때문이다. 슈퍼문이 되려면 보름달이 되는 시점과 달이 지구에 가장 가까워지는 시점이 일치하여야 한다. 달의 공전 궤도가 완벽한 원이라면 지구에서 달까지의 거리가 항상 똑같을 것이다. 하지만 실제로는 타원 궤도여서 달이 지구에 가까워지거나 멀어지는 현상이 생긴다. 유독 달만 그런 것은 아니고 태양계의 모든 행성이 태양을 중심으로 타원 궤도로 돈다. 이것이 바로 그 유명한 케플러의 행성운동 제1법칙이다.

지구와 달의 평균 거리는 약 38만km인 반면 슈퍼문일 때는 그 거리가 35만 7,000km 정도로 가까워진다. 달의 반지름은 약 1,737km이므로, 지구와 달의 거리가 평균 정도일 때 지구에서 보름달을 바라보는 시각도*는 0.52도 정도인 반면, 슈퍼문일 때는 시각도가 0.56도로 커진다. 반대로 보름달이 가장 작게 보일 때, 다시 말해 보름달이 지구에서 제일 멀 때는 그 거리가 약 40만km여서 보름달을 보는 시각도가 0.49도로 작아진다.

밀물과 썰물이 생기는 원인은 지구에 작용하는 달과 태양의 중력 때문인데, 달이 태양보다는 지구에 훨씬 더 가깝기 때문에 더 큰 영향을 미친다. 달이 지구에 가까워지면 평소 달이 지구를 당기는 힘보다 더 강하게 지구를 당긴다. 그리고 달의 중력이 더 강하게 작용하면, 달을 향한 쪽의 해수면은 평상시보다 더 높아진다. 실제 우리나라에서도 슈퍼문일 때 제주도 등 해안가에 바닷물이 평소보다 더 높게 밀려 들어와서 일부 지역이 침수 피해를 겪기도 했다.

한편 달의 중력 때문에 높아진 해수면이 지구와 함께 자전을 하다보면 지구의 자전을 방해하게 된다. 일종의 브레이크가 걸리는 셈이다. 이 때문에 지구의 자전 속도가 느려지게 되고 그 결과 하루의 길이에 미세하게 차이가 생긴다. 실제 연구 결과에 따르면 100만 년에 17초 정도씩 길어지는 효과가 생긴다고 한다.

* 시각도 : 물체의 양끝에서 눈의 결합점을 향하여 그은 두 선이 이루는 각을 의미한다.

① 지구에서 태양까지의 거리는 1년 동안 항상 일정하다.
② 해수면의 높이는 지구와 달의 거리와 관계가 없다.
③ 달이 지구에서 멀어지면 궤도에서 벗어나지 않기 위해 평소보다 더 강하게 지구를 잡아당긴다.
④ 지구와 달의 거리가 36만km 정도인 경우, 지구에서 보름달을 바라보는 시각도는 0.49도보다 크다.
⑤ 달의 중력 때문에 지구가 자전하는 속도는 점점 빨라지고 있다.

07 다음 글의 내용으로 적절하지 않은 것은?

연방준비제도(이하 연준)가 고용 증대에 주안점을 둔 정책을 입안한다 해도 정책이 분배에 미치는 영향을 고려하지 않는다면, 그 정책은 거품과 불평등만 부풀릴 것이다. 기술 산업의 거품 붕괴로 인한 경기 침체에 대응하여 2000년대 초에 연준이 시행한 저금리 정책이 이를 잘 보여준다.

특정한 상황에서는 금리 변동이 투자와 소비의 변화를 통해 경기와 고용에 영향을 줄 수 있다. 하지만 다른 수단이 훨씬 더 효과적인 상황도 많다. 가령 부동산 거품에 대한 대응책으로는 금리 인상보다 주택 담보 대출에 대한 규제가 더 합리적이다. 생산적 투자를 위축시키지 않으면서 부동산 거품을 가라앉힐 수 있기 때문이다.

경기 침체라 하더라도, 금리 인하는 은행의 비용을 줄여주는 것 말고는 경기 회복에 별다른 도움이 되지 않을 수 있다. 대부분의 부문에서 설비 가동률이 낮은 상황이라면, 대출 금리가 낮아져도 생산적인 투자가 별로 증대하지 않는다. 2000년대 초가 바로 그런 상황이었기 때문에, 당시의 저금리 정책은 생산적인 투자 증가 대신에 주택 시장의 거품만 초래한 것이다.

금리 인하는 국공채에 투자했던 퇴직자들의 소득을 감소시켰다. 노년층에서 정부로, 정부에서 금융업으로 부의 대규모 이동이 이루어져 불평등이 심화되었다. 이에 따라 금리 인하는 다양한 경로로 소비를 위축시켰다. 은퇴 후의 소득을 확보하기 위해, 혹은 자녀의 학자금을 확보하기 위해 사람들은 저축을 늘렸다. 연준은 금리 인하가 주가 상승으로 이어질 것이므로 소비가 늘어날 것이라고 주장했다. 하지만 2000년대 초 연준의 금리 인하 이후 주가 상승에 따라 발생한 이득은 대체로 부유층에 집중되었으므로 대대적인 소비 증가로 이어지지 않았다.

2000년대 초 고용 증대를 기대하고 시행한 연준의 저금리 정책은 노동을 자본으로 대체하는 투자를 증대시켰다. 인위적인 저금리로 자본 비용이 낮아지자 이런 기회를 이용하려는 유인이 생겨났다. 노동력이 풍부한 상황인데도 노동을 절약하는 방향의 혁신이 강화되었고, 미숙련 노동자들의 실업률이 높은 상황인데도 가게들은 계산원을 해고하고 자동화 기계를 들여놓았다. 경기가 회복되더라도 실업률이 떨어지지 않는 구조가 만들어진 것이다.

① 2000년대 초 연준의 금리 인하로 국공채에 투자한 퇴직자의 소득이 줄어들어 금융업으로부터 정부로 부가 이동하였다.

② 2000년대 초 연준은 고용 증대를 기대하고 금리를 인하했지만, 결과적으로 고용 증대가 더 어려워지도록 만들었다.

③ 2000년대 초 기술 산업 거품의 붕괴로 인한 경기 침체기에 설비 가동률은 대부분의 부문에서 낮은 상태였다.

④ 2000년대 초 연준이 금리 인하 정책을 시행한 후 주택 가격과 주식 가격은 상승하였다.

⑤ 금리 인상은 부동산 거품 대응 정책 가운데 가장 효과적인 정책이 아닐 수 있다.

| SK

01 농도가 14%로 오염된 물 50g이 있다. 깨끗한 물을 채워서 오염농도를 4%p 줄이려고 한다면 깨끗한 물을 얼마나 넣어야 하는가?

① 5g

② 10g

③ 15g

④ 20g

⑤ 25g

| SK

02 어떤 자연수로 245를 나누면 5가 남고, 100을 나누면 4가 남는다고 한다. 이러한 어떤 자연수 중 가장 큰 수는 무엇인가?

① 12

② 24

③ 36

④ 48

⑤ 60

| LG

03 다음 시계는 일정한 규칙을 갖는다. $2B - \dfrac{A}{20}$ 의 값은?(단, 분침은 시간이 아닌 숫자를 가리킨다)

① 25

② 20

③ 15

④ 10

⑤ 5

04 한국, 미국, 중국, 러시아에서 각각 두 명의 테니스 선수들이 8강전에 진출하였다. 각 국가의 선수들이 결승전에서만 붙는 경우의 수는?

① 56가지   ② 58가지

③ 52가지   ④ 64가지

⑤ 72가지

05 어느 모임의 여자 회원의 수는 남자 회원 수의 80%이다. 남자 회원 5명이 모임을 탈퇴하고 여자 회원 1명이 새로 가입한다면 남자 회원과 여자 회원의 수가 같아진다. 이 모임의 회원 수는?

① 26명   ② 30명

③ 50명   ④ 54명

⑤ 62명

06 1km 떨어진 지점을 왕복하는 데 20분 동안 30m/min의 속력으로 갔다. 총 1시간 안에 왕복할 때, 이후 속력은?

① 25m/min   ② 30m/min

③ 35m/min   ④ 40m/min

⑤ 45m/min

07 A와 B는 C사 필기시험에 응시했다. A가 합격할 확률은 40%이고, A와 B 모두 합격할 확률은 30%일 때, 두 사람 모두 불합격할 확률은?

① 0.1   ② 0.15

③ 0.2   ④ 0.25

⑤ 0.3

08 다음은 한국과 미국의 소방직 및 경찰직 공무원의 현황을 나타낸 자료이다. 이에 대한 설명으로 적절하지 않은 것은?(단, 소수점 둘째 자리에서 반올림한다)

〈한국과 미국의 소방직·경찰직 공무원 현황〉

(단위 : 명)

국가	구분	2019년	2020년	2021년
한국	전체 공무원	875,559	920,291	955,293
	소방직 공무원	39,582	42,229	45,520
	경찰직 공무원	66,523	72,392	79,882
미국	전체 공무원	1,882,428	2,200,123	2,586,550
	소방직 공무원	220,392	282,329	340,594
	경찰직 공무원	452,482	490,220	531,322

① 한국에서 전년 대비 전체 공무원의 증가 인원수는 2020년이 2021년도보다 많다.

② 한국의 소방직 공무원과 경찰직 공무원의 인원수 차이는 매년 감소하고 있다.

③ 2019년 대비 2021년 증가 인원수는 한국은 소방직 공무원이 경찰직보다 적지만, 미국은 그 반대이다.

④ 미국의 소방직 공무원의 전년 대비 증가율은 2020년이 2021년보다 7.0% 이상 더 높다.

⑤ 미국의 경찰직 공무원이 미국 전체 공무원 중 차지하는 비율은 매년 감소하고 있다.

09 다음은 주요 젖병회사 브랜드인 D사, G사, U사의 연도별 판매율을 조사한 자료이다. 이에 대한 설명으로 적절하지 않은 것은?

〈2017 ~ 2021년 젖병회사별 판매율〉

(단위 : %)

구분	2017년	2018년	2019년	2020년	2021년
D사	52	55	61	58	69
G사	14	19	21	18	20
U사	34	26	18	24	11

① D사와 G사의 판매율 증감은 동일하다.

② D사와 G사의 판매율이 가장 높은 연도는 동일하다.

③ D사의 판매율이 가장 높은 연도는 U사의 판매율이 가장 낮았다.

④ G사의 판매율이 가장 낮은 연도는 U사의 판매율이 가장 높았다.

⑤ U사의 판매율의 가장 높은 연도와 가장 낮은 연도의 차이는 20%p 이상이다.

10 다음은 2021년 1월 기준 코로나19 확진자 발생 현황에 대한 자료이다. 다음 〈보기〉 중 이에 대한 설명으로 적절하지 않은 것을 모두 고르면?

〈코로나19 확진자 발생 현황〉

(단위 : 명)

| 구분 | 확진자 | 치료중 | 퇴원 | 소속기관별 확진자 | | | | | | | |
				유	초	중	고	특수	각종	학평	행정기관
학생	1,203	114	1,089	56	489	271	351	14	12	10	–
교직원	233	7	226	16	73	68	58	9	3	–	6

보기

ㄱ. 확진자 중 퇴원의 비율은 교직원이 학생보다 6% 이상 높다.
ㄴ. 학생 확진자 중 초등학생 비율은 전체 확진자 중 초등 소속(학생+교직원) 비율보다 낮다.
ㄷ. 전체 확진자 중 고등학생의 비율은 전체 확진자 중 유치원생의 비율의 8배 이상이다.
ㄹ. 고등학교와 중학교 소속 확진자는 전체 확진자의 과반수 이상이다.

① ㄱ, ㄴ
② ㄷ, ㄹ
③ ㄴ, ㄷ
④ ㄴ, ㄹ
⑤ ㄱ, ㄴ, ㄷ

11 다음은 공공도서관 현황에 대한 자료이다. 이에 대한 설명으로 적절하지 않은 것은?

〈공공도서관 현황〉

구분	2018년	2019년	2020년	2021년
공공도서관 수(단위 : 개관)	644	703	759	786
1관당 인구 수(단위 : 명)	76,926	70,801	66,556	64,547
1인당 장서(인쇄, 비도서) 수(단위 : 권)	1.16	1.31	1.10	1.49
장서(인쇄, 비도서) 수(단위 : 천 권)	58,365	65,366	70,539	75,575
방문자 수(단위 : 천 명)	204,919	235,140	258,315	270,480

① 공공도서관 수는 점점 증가하고 있는 추세이다.
② 2021년 1인당 장서 수는 1.49권이다.
③ 2021년 1관당 인구 수는 2018년 1관당 인구 수에 비해 12,379명 증가했다.
④ 2020년의 공공도서관에는 258,315,000명이 방문했다.

12   다음은 흡연율에 대한 자료이다. 이에 대한 설명으로 적절하지 않은 것은?

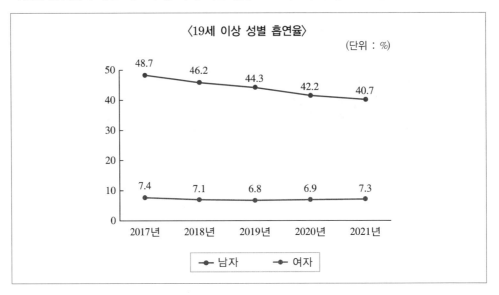

① 남자 흡연율은 감소하고 있다.

② 여자 흡연율은 감소에서 증가로 바뀌었다.

③ 남자와 여자의 흡연율 차이는 감소하고 있다.

④ 남자 흡연율이 전년도와 가장 많은 차이를 보이는 해는 2018년이다.

⑤ 여자 흡연율이 전년도와 가장 많은 차이를 보이는 해는 2019년이다.

❙ SK

01 다음 다섯 사람 중 오직 한 사람만이 거짓말을 하고 있다. 거짓말을 하고 있는 사람은?

> A : C는 거짓말을 하고 있다.
> B : C의 말이 참이면 E의 말도 참이다.
> C : B는 거짓말을 하고 있지 않다.
> D : A의 말이 참이면 내 말은 거짓이다.
> E : C의 말은 참이다.

① A ② B
③ C ④ D
⑤ E

❙ SK

02 다음 제시된 명제가 모두 참일 때 추론할 수 있는 것은?

> • 바나나의 열량은 방울토마토의 열량보다 높다.
> • 딸기의 열량은 사과의 열량보다 낮다.
> • 사과의 열량은 바나나의 열량보다 낮다.

① 딸기의 열량이 가장 낮다.
② 방울토마토의 열량이 가장 낮다.
③ 사과의 열량이 가장 높다.
④ 바나나의 열량이 가장 높다.
⑤ 방울토마토는 딸기보다 열량이 높다.

03 S백화점 명품관에서 도난 사건이 발생했다. CCTV 확인을 통해 그 시각 백화점 명품관에 있던 A∼F용의자가 검거됐다. 이들 중 범인인 두 사람이 거짓말을 하고 있다면, 거짓말을 한 사람은?

> A : F가 성급한 모습으로 나가는 것을 봤어요.
> B : C가 가방 속에 무언가 넣는 모습을 봤어요.
> C : 나는 범인이 아닙니다.
> D : B 혹은 A가 훔치는 것을 봤어요.
> E : F가 범인인 게 확실해요. CCTV를 자꾸 신경 쓰고 있었거든요.
> F : 얼핏 봤는데, 제가 본 도둑은 C 아니면 E예요.

① A, C ② B, C
③ B, F ④ D, E
⑤ F, C

04 일정한 규칙으로 수를 나열할 때, 다음 중 빈칸에 들어갈 알맞은 수는?

| 1 | −1 | 2 | −6 | 24 | −120 | ( ) | −5,040 |

① 700 ② 720
③ 740 ④ 760
⑤ 780

※ 제시된 명제가 모두 참일 때, 다음 중 빈칸에 들어갈 명제로 가장 적절한 것을 고르시오. [5~6]

┃삼성

05

> • 환율이 하락하면 국가 경쟁력이 떨어졌다는 것이다.
> • _____
> • 수출이 감소했다는 것은 GDP가 감소했다는 것이다.
> 따라서 수출이 감소하면 국가 경쟁력이 떨어진다.

① 국가 경쟁력이 떨어지면 수출이 감소했다는 것이다.

② GDP가 감소해도 국가 경쟁력은 떨어지지 않는다.

③ 환율이 상승하면 GDP가 증가한다.

④ 환율이 하락해도 GDP는 감소하지 않는다.

⑤ 수출이 증가했다는 것은 GDP가 증가했다는 것이다.

┃삼성

06

> • 아는 것이 적으면 인생에 나쁜 영향이 생긴다.
> • _____
> • 지식을 함양하지 않으면 아는 것이 적다.
> 따라서 공부를 열심히 하지 않으면 인생에 나쁜 영향이 생긴다.

① 공부를 열심히 한다고 해서 지식이 생기지는 않는다.

② 지식을 함양했다는 것은 공부를 열심히 했다는 뜻이다.

③ 아는 것이 많으면 인생에 나쁜 영향이 생긴다.

④ 아는 것이 많으면 지식이 많다는 뜻이다.

⑤ 아는 것이 적으면 지식을 함양하지 않았다는 것이다.

※ 다음 도식에서 기호들은 일정한 규칙에 따라 문자를 변화시킨다. ?에 들어갈 알맞은 문자를 고르시오 (단, 규칙은 가로와 세로 중 한 방향으로만 적용된다). [7~10]

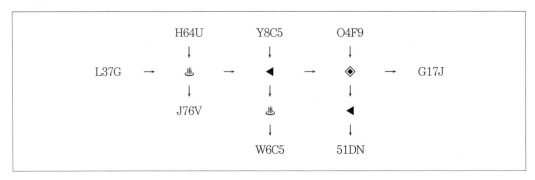

07

┃ 삼성

$$S4X8 \rightarrow ♨ \rightarrow ◈ \rightarrow ?$$

① 37YT
② YT37
③ 95ZU
④ 5Z9U
⑤ Y73T

08

┃ 삼성

$$W53M \rightarrow ◀ \rightarrow ◈ \rightarrow ?$$

① L12S
② M32P
③ L21S
④ MP32
⑤ 3M2P

09

┃ 삼성

$$T83I \rightarrow ♨ \rightarrow ◀ \rightarrow ?$$

① H52Q
② Q52H
③ R63I
④ 63SI
⑤ 6S3I

10

┃ 삼성

$$6SD2 \rightarrow ◀ \rightarrow ◈ \rightarrow ♨ \rightarrow ?$$

① 34RE
② 4R3E
③ D43R
④ R4D3
⑤ 3QD3

※ 다음 도식에서 기호들은 일정한 규칙에 따라 문자를 변화시킨다. ?에 들어갈 알맞은 문자를 고르시오 (단, 규칙은 가로와 세로 중 한 방향으로만 적용된다). [11~13]

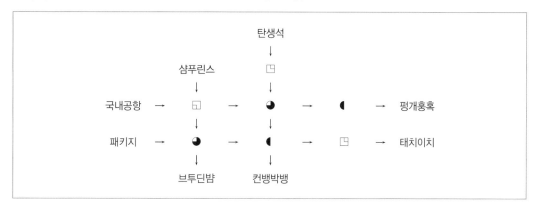

| KT

11

동물원 → ◗ → ◳ → ?

① 롱룰쉰룰　　　　　② 롱룰줜룰
③ 농룰쉰룰　　　　　④ 농물쉰물
⑤ 농물줜물

| KT

12

물놀이 → ◳ → ◖ → ?

① 몰눌눌이　　　　　② 몰눌이눌
③ 눌몰이눌　　　　　④ 몰이눌눌
⑤ 놀몰이눌

| KT

13

과일바구니 → ◖ → ◳ → ◳ → ?

① 화실후마기실　　　② 실마후기화실
③ 실실화마후기　　　④ 실실기마후화
⑤ 실실마후기화

I SK

01   주어진 전개도로 정육면체를 만들 때, 다음 중 만들어질 수 없는 것은?

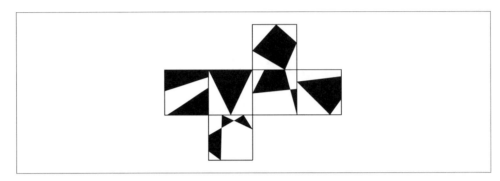

①

②

③

④

⑤

02 다음 제시된 도형을 회전하였을 때, 나올 수 있는 도형으로 옳은 것은?

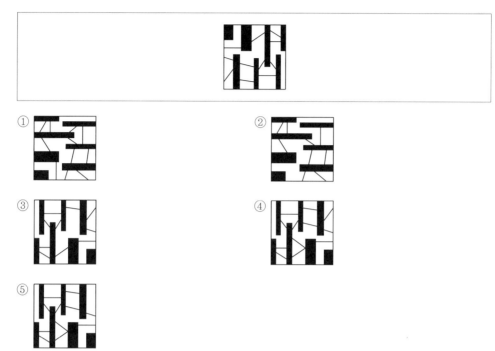

03 주어진 전개도로 정육면체를 만들 때, 다음 중 만들어질 수 없는 것은?

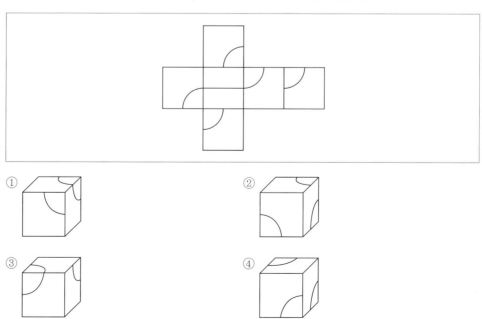

04 주어진 전개도로 입체도형을 만들 때, 다음 중 만들어질 수 있는 것은?

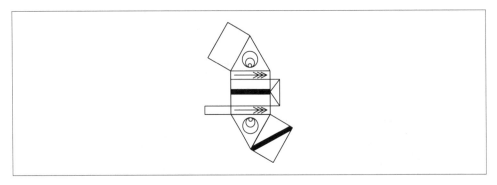

①

②

③

④

2022 | 주요기업 기출복원문제

01 언어

01	02	03	04	05	06	07			
④	⑤	②	④	③	④	①			

01

정답 ④

제시문은 소음의 규제에 대한 이야기를 하고 있다. 따라서 소리가 시공간적 다양성을 담아내는 문화 구성 요소라는 주장을 통해 단순 소음 규제에 반박할 수 있다.

[오답분석]

① 관현악단 연주 사례를 통해 알 수 있는 내용이므로 반론으로 적절하지 않다.
②·③·⑤ 제시문에서 추론할 수 있으므로 반론으로 적절하지 않다.

02

정답 ⑤

마지막 문단에서 추론할 수 있다.

[오답분석]

① 자기 유도 방식은 유도 전력을 이용하지만, 무선 전력 전송을 하기 때문에 철심을 이용하지 않는다.
② 자기 유도 방식은 전력 전송율이 높으나 1차 코일에 해당하는 송신부와 2차 코일에 해당하는 수신부가 수 센티미터 이상 떨어지거나 송신부와 수신부의 중심이 일치하지 않게 되면 전력 전송 효율이 급격히 저하된다.
③ 자기 유도 방식의 2차 코일은 교류 전류 방식이다.
④ 자기 공명 방식에서 2차 코일은 공진 주파수를 전달 받는다. 1차 코일에서 공진 주파수를 만든다.

03

정답 ②

구비문학에서는 단일한 작품, 원본이라는 개념이 성립하기 어려우며, 선창자의 재간과 그때그때의 분위기에 따라 새롭게 변형되거나 창작되는 일이 흔하다. 다시 말해 정해진 틀이 있다기보다는 상황이나 분위기에 따라 바뀌는 것이 가능하다. 따라서 글의 제목으로 형편이나 때에 따라 변화될 수 있음을 뜻하는 말인 '유동성'을 사용한 '구비문학의 유동성'이 적절하다.

04

정답 ④

제시문은 정부가 제공하는 공공 데이터를 활용한 앱 개발에 대한 설명으로, 먼저 다양한 앱을 개발하려는 사람들을 통해 화제를 제시한 (라) 문단이 오는 것이 적절하며, 이러한 앱 개발에 있어 부딪히는 문제들을 제시한 (가) 문단이 그 뒤에 오는 것이 적절하다. 다음으로 이러한 문제들을 해결하기 위한 방법으로 공공 데이터를 제시하는 (나) 문단이 오고, 마지막으로 공공 데이터에 대한 추가 설명으로 공공 데이터를 위한 정부의 노력인 (다) 문단이 오는 것이 적절하다.

05

정답 ③

마지막 문단에 따르면 반으로 자른 수박의 과육에 나타나는 하트 모양 줄무늬는 수박씨가 맺히는 자리에 생기는 '태좌'라는 것으로 정상적인 현상이다.

06

정답 ④

슈퍼문일 때는 지구와 달의 거리가 35만 7,000km 정도로 가까워지며, 이때 지구에서 보름달을 바라보는 시각도는 0.56도로 커지므로 0.49의 시각도보다 크다는 판단은 적절하다.

[오답분석]

① 케플러의 행성운동 제1법칙에 따라 태양계의 모든 행성은 태양을 중심으로 타원 궤도로 돈다. 따라서 지구도 태양을 타원 궤도로 돌기 때문에 지구에서 태양까지의 거리는 항상 일정하지 않을 것이다.

② 달이 지구에 가까워지면 달의 중력이 더 강하게 작용하여, 달을 향한 쪽의 해수면이 평상시보다 더 높아진다. 즉, 지구와 달의 거리에 따라 해수면의 높이가 달라지므로 서로 관계가 있다.

③ 달이 지구에 가까워지면 평소 달이 지구를 당기는 힘보다 더 강하게 지구를 당긴다. 따라서 이와 반대로 달이 지구에서 멀어지면 지구를 당기는 달의 힘은 약해질 것이다.

⑤ 달의 중력 때문에 높아진 해수면이 지구의 자전을 방해하게 되고, 이 때문에 지구의 자전 속도가 느려져 100만 년에 17초 정도씩 길어진다고 하였으므로 지구의 자전 속도는 점점 느려지고 있다.

07

정답 ①

네 번째 문단에 따르면 2000년대 초 연준의 금리 인하는 국공채에 투자했던 퇴직자들의 소득을 감소시켰고, 노년층에서 정부로, 정부에서 금융업으로 부의 대규모 이동이 이루어져 불평등을 심화시켰다. 따라서 금융업으로부터 정부로 부가 이동하였다는 ①은 글의 내용으로 적절하지 않다.

[오답분석]

② 마지막 문단에 따르면 2000년대 초 연준이 고용 증대를 기대하고 시행한 저금리 정책은 노동을 자본으로 대체하는 투자를 증대시킴으로써 오히려 실업률이 떨어지지 않는 구조를 만들었다.

③ 세 번째 문단에 따르면 2000년대 초는 대부분의 부문에서 설비 가동률이 낮은 상황이었기 때문에 당시의 저금리 정책이 오히려 주택 시장의 거품을 초래하였다.

④ 2000년대 초 연준의 저금리 정책으로 주택 가격이 상승하여 주택 시장의 거품을 초래하였고, 주식 가격 역시 상승하였지만 이에 대한 이득은 대체로 부유층에 집중되었다.

⑤ 두 번째 문단에 따르면 부동산 거품 대응 정책에서는 주택 담보 대출에 대한 규제가 금리 인상보다 더 효과적인 정책이다.

01	02	03	04	05	06	07	08	09	10	11	12							
④	④	④	⑤	④	③	②	②	②	③	③	⑤							

01

정답 ④

오염물질의 양은 $\dfrac{14}{100} \times 50 = 7\text{g}$이므로 깨끗한 물을 $x\text{g}$ 더 넣어 오염농도를 10%로 만든다면 다음과 같다.

$\dfrac{7}{50+x} \times 100 = 10 \rightarrow 700 = 10 \times (50+x)$

$\therefore x = 20$

따라서 깨끗한 물을 20g 더 넣어야 한다.

02

정답 ④

어떤 자연수를 x라 하면 $245 - 5 = 240$과 $100 - 4 = 96$은 x로 나누어떨어진다고 할 수 있다.

따라서 가장 큰 x는 240과 96의 최대공약수인 48이다.

03

정답 ④

$\{(\text{시침의 숫자}) + (\text{분침의 숫자})\} \times 5 = (\text{가운데 숫자})$

A : $(9+7) \times 5 = 80$

B : $(\text{B}+6) \times 5 = 65 \rightarrow \text{B}+6 = 13 \rightarrow \text{B} = 7$

$\therefore 2\text{B} - \dfrac{\text{A}}{20} = 2 \times 7 - \dfrac{80}{20} = 14 - 4 = 10$

04

정답 ⑤

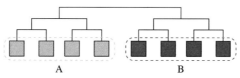

위의 그림과 같이 8강전 대진표를 살펴보면 결승전은 4명 중에서 1명씩 진출하는 것을 알 수 있다. 결승전 전까지 같은 국가의 선수 대결을 피하기 위해서는 A그룹과 B그룹에 각 나라의 두 명의 선수들이 나누어 들어가야 한다.

대진표상 A그룹과 B그룹은 따로 구별이 필요하지 않다. 하지만 두 명의 한국 선수가 각 그룹에 들어갔다고 하였을 때, 선수를 기준으로 두 그룹의 구별이 발생한다. 해당 그룹에 각 나머지 나라의 선수들이 배치되는 경우의 수는 $2 \times 2 \times 2 = 8$이다.

그리고 분배된 인원들의 경기의 경우의 수를 구하면 $(_4\text{C}_2 \times {_2}\text{C}_2 \div 2) \times (_4\text{C}_2 \times {_2}\text{C}_2 \div 2) = 9$이다.

따라서 각 국가의 선수들이 결승전에서만 붙는 경우의 수는 $8 \times 9 = 72$가지이다.

05

정답 ④

남자 회원 수를 x명, 여자 회원 수를 y명이라고 하자.

$y = 0.8x \cdots \bigcirc$

$x - 5 = y + 1 \cdots \bigcirc\!\bigcirc$

$\bigcirc$과 $\bigcirc\!\bigcirc$을 연립하면 $x = 30$, $y = 24$

$\therefore x + y = 30 + 24 = 54$명

따라서 모임의 회원 수는 54명이다.

06

정답 ③

- 20분 동안 30m/min의 속력으로 간 거리 : $20 \times 30 = 600$m
- 20분 후 남은 거리 : $2,000 - 600 = 1,400$m
- 1시간 중 남은 시간 : $60 - 20 = 40$분

따라서 20분 후 속력은 $1,400 \div 40 = 35$m/min이므로, 이후에는 35m/min의 속력으로 가야 한다.

07

정답 ②

A가 합격할 확률을 P_A 라 하고, B가 합격할 확률을 P_B 라 할 때, 두 사람의 합격 여부는 서로 영향을 미치지 않으므로 A, B 모두 합격할 확률은 $P_A \cap P_B = P_A \times P_B = 0.3$이다.

$P_A = 0.4$이므로 $P_B = \dfrac{0.3}{0.4} = \dfrac{3}{4} = 0.75$이다.

따라서 두 사람 모두 불합격할 확률은 $(1 - 0.4) \times (1 - 0.75) = 0.6 \times 0.25 = 0.15$이다.

08

정답 ②

한국의 소방직 공무원과 경찰직 공무원의 인원 수 격차는 2019년이 $66,523 - 39,582 = 26,941$명, 2020년이 $72,392 - 42,229 = 30,163$명, 2021년이 $79,882 - 45,520 = 34,362$명으로 매년 증가하고 있다.

오답분석

① 한국의 전년 대비 전체 공무원의 증가 인원수는 2020년이 $920,291 - 875,559 = 44,732$명, 2021년이 $955,293 - 920,291 = 35,002$명으로 2020년이 2021년도보다 많다.

③ 2019년 대비 2021년 한국과 미국의 소방직과 경찰직 공무원의 증가 인원수는 다음과 같다.

(단위 : 명)

국가	구분	2019년	2021년	증가 인원 수
한국	소방직 공무원	39,582	45,520	$45,520 - 39,582 = 5,938$
	경찰직 공무원	66,523	79,882	$79,882 - 66,523 = 13,359$
미국	소방직 공무원	220,392	340,594	$340,594 - 220,392 = 120,202$
	경찰직 공무원	452,482	531,322	$531,322 - 452,482 = 78,840$

따라서 2019년 대비 2021년 증가 인원수는 한국은 소방직 공무원이 경찰직보다 적지만, 미국은 그 반대임을 알 수 있다.

④ 미국의 소방직 공무원의 전년 대비 증가율은 2020년이 약 $\dfrac{282,329 - 220,392}{220,392} \times 100 ≒ 28.1\%$,

2021년이 약 $\dfrac{340,594 - 282,329}{282,329} \times 100 ≒ 20.6\%$로, 2020년이 2021년보다 약 $28.1 - 20.6 = 7.5\%$ 더 높다.

⑤ 미국의 경찰직 공무원이 미국 전체 공무원 중 차지하는 비율은 2019년이 $\dfrac{452,482}{1,882,428} \times 100 ≒ 24.0\%$, 2020년이 $\dfrac{490,220}{2,200,123} \times$

$100 ≒ 22.3\%$, 2021년이 $\dfrac{531,322}{2,586,550} \times 100 ≒ 20.5\%$로 매년 감소하고 있다.

09

정답 ②

D사의 판매율이 가장 높은 연도는 2021년, G사의 판매율이 가장 높은 연도는 2019년으로 다르다.

오답분석

① D사와 G사는 2020년도만 감소하여 판매율 증감이 같다.

③ D사의 판매율이 가장 높은 연도는 2021년이고, U사의 판매율이 가장 낮은 연도도 2021년으로 동일하다.

④ G사의 판매율이 가장 낮은 연도는 2017년이고, U사의 판매율이 가장 높은 연도도 2017년으로 동일하다.

⑤ U사의 가장 높은 판매율은 34%, 가장 낮은 판매율은 11%로 그 차이는 23%p이다.

10

ㄴ. 학생 확진자 중 초등학생의 비율은 $\dfrac{489}{1,203} \times 100 ≒ 40.6\%$이고, 전체 확진자 중 초등학교 기관의 비율은 $\dfrac{(489+73)}{(1,203+233)} \times 100$ ≒ 39.1% 로 학생 확진자 중 초등학생 비율이 더 높다.

ㄷ. 전체 확진자 중 고등학생의 비율은 $\dfrac{351}{(1,203+233)} \times 100 ≒ 24.4\%$이고, 유치원생의 비율은 $\dfrac{56}{(1,203+233)} \times 100 ≒ 3.9\%$로, 확진자는 유치원생의 비율보다 고등학생의 비율이 약 6.3배 이상이다.

[오답분석]

ㄱ. 확진자 중 퇴원의 비율은 학생은 $\dfrac{1,089}{1,203} \times 100 ≒ 90.5\%$이고, 교직원의 비율은 $\dfrac{226}{233} \times 100 ≒ 97.0\%$으로 약 6% 이상 차이가 난다.

ㄹ. 고등학교와 중학교 소속 확진자 수는 351+58+271+68=748명이고 이는 전체 확진자 1,203+233=1,436(명)의 약 52.1% 이다.

11

2021년 1관당 인구 수는 2018년 1관당 인구 수에 비해 12,379명 감소했다.

[오답분석]

① 공공도서관 수는 644 → 703 → 759 → 786개관으로 증가하는 추세이다.
② 2021년 1인당 장서 수는 1.49권임을 쉽게 확인할 수 있다.
④ 2020년 공공도서관에 258,315,000명이 방문했음을 쉽게 확인할 수 있다.

12

여자 흡연율의 전년도와의 차이를 정리하면 다음과 같다.

구분	2017년	2018년	2019년	2020년	2021년
여자 흡연율(%)	7.4	7.1	6.8	6.9	7.3
전년도 대비 차이(%p)	−	−0.3	−0.3	+0.1	+0.4

따라서 가장 많은 차이를 보이는 해는 2021년이다.

[오답분석]

① 2017부터 2021년까지 계속 감소하고 있다.
② 2019년까지 감소하다가 이후 증가하고 있다.
③ 남자와 여자의 흡연율 차이를 정리하면 다음과 같다.

구분	2017년	2018년	2019년	2020년	2021년
남자 흡연율(%)	48.7	46.2	44.3	42.2	40.7
여자 흡연율(%)	7.4	7.1	6.8	6.9	7.3
남자·여자 흡연율 차이(%p)	41.3	39.1	37.5	35.3	33.4

따라서 남자와 여자의 흡연율 차이는 감소하고 있다.

④ 남자 흡연율의 전년도와의 차이를 정리하면 다음과 같다.

구분	2017년	2018년	2019년	2020년	2021년
남자 흡연율(%)	48.7	46.2	44.3	42.2	40.7
전년도 대비 차이(%p)	−	−2.5	−1.9	−2.1	−1.5

따라서 가장 많은 차이를 보이는 해는 2018년이다.

01	02	03	04	05	06	07	08	09	10	11	12	13						
①	④	③	②	③	②	③	③	③	⑤	③	②	⑤						

01

정답 ①

A와 E의 진술이 모순이므로 두 경우를 확인한다.
ⅰ) A의 진술이 참인 경우
　A와 D의 진술에 따라, 거짓말을 하는 사람이 C, D, E이다. 따라서 거짓말을 하는 사람이 1명이라는 조건에 위배된다.
ⅱ) E의 진술이 참인 경우
　C의 말이 참이므로 A는 거짓말을 하고, B, D는 진실을 말하는 사람이다. 이때 D의 진술에서 전제(A의 말이 참이면)가 성립하지 않는다.
따라서 A가 거짓말을 하는 사람이다.

02

정답 ④

바나나>방울토마토, 바나나>사과>딸기로 바나나의 열량이 가장 높은 것을 알 수 있으나, 제시된 사실만으로는 방울토마토와 딸기의 열량을 비교할 수 없으므로 가장 낮은 열량의 과일은 알 수 없다.

03

정답 ③

B의 발언이 참이라면 C가 범인이고 F도 참이 된다. F는 C 또는 E가 범인이라고 했으므로 C가 범인이라면 E는 범인이 아니고, E의 발언 역시 참이 되어야 한다. 하지만 E의 발언이 참이라면 F가 범인이어야 하므로 모순이다. 따라서 B의 발언이 거짓이며, C 또는 E가 범인이라고 말한 F 역시 범인임을 알 수 있다.

04

정답 ②

앞의 항에 ×(-1), ×(-2), ×(-3), …를 하는 수열이다.
따라서 (　)=(-120)×(-6)=720이다.

05

정답 ③

'환율이 하락하다.'를 A, '수출이 감소한다.'를 B, 'GDP가 감소한다.'를 C, '국가 경쟁력이 떨어진다.'를 D라고 했을 때, 첫 번째 명제는 A → D, 세 번째 명제는 B → C, 네 번째 명제는 B → D이므로 마지막 명제가 참이 되려면 C → A라는 명제가 필요하다. 그러므로 C → A의 대우 명제인 ③이 답이 된다.

06

정답 ②

'공부를 열심히 한다.'를 A, '지식을 함양하지 않는다.'를 B, '아는 것이 적다.'를 C, '인생에 나쁜 영향이 생긴다.'를 D라고 했을 때, 첫 번째 명제는 C → D, 세 번째 명제는 B → C, 네 번째 명제는 ~A → D이므로 네 번째 명제가 도출되기 위해서는 ~A → B가 필요하다. 따라서 대우 명제인 ②가 답이 된다.

07

정답 ③

♨ : 각 자릿수 +2, +1, +2, +1
◀ : 각 자릿수 −4, −3, −2, −1
◈ : 1234 → 4231

S4X8 → U5Z9 → 95ZU
　　　♨　　　　　◈

08

정답 ③

W53M → S21L → L21S
　　　◀　　　　　◈

09

정답 ③

T83I → V95J → R63I
　　　♨　　　　　◀

10

정답 ⑤

6SD2 → 2PB1 → 1PB2 → 3QD3
　　　◀　　　　◈　　　　♨

11

정답 ③

◖ : 각 자리에서 모음 대칭
◓ : 문자 초성마다 −1
⊟ : 맨 처음 문자와 마지막 문자 자리 바꾸기
⊡ : 두 번째 문자 맨 뒤에 추가

동물원 → 농룰숸 → 농룰숸룰
　　　◓　　　　⊡

12

정답 ②

물놀이 → 물놀이놀 → 몰눌이눌
　　　⊡　　　　　◖

13

정답 ⑤

과일바구니 → 화실마후기 → 화실마후기실 → 실실마후기화
　　　　◓　　　　　　⊡　　　　　　　⊟

01	02	03	04						
④	①	③	③						

01

정답 ④

02

정답 ①

제시된 도형을 시계 반대 방향으로 90° 회전한 것이다.

03

정답 ③

04

정답 ③

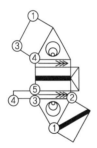

PART 1

적성검사

CHAPTER 01 언어이해

CHAPTER 02 언어추리

CHAPTER 03 수 계산

CHAPTER 04 자료해석

CHAPTER 05 수열추리

CHAPTER 06 시각적주의집중력

CHAPTER 07 형태 · 공간지각

CHAPTER 08 공간 · 상징추리

언어이해

합격 Cheat Key

| 영역 소개 |

언어이해는 의사소통의 기본이 되는 언어능력을 평가하기 위한 영역이다. 독해를 통한 빈칸추론 능력과 어휘의 다양한 의미를 알고 활용할 수 있는지를 평가한다.

| 유형 소개 |

1 어휘력

어휘의 의미를 정확하게 알고 있는지를 평가하는 유형으로, 제시된 단어의 유의어·반의어를 찾는 문제, 밑줄 친 어휘와 같은 의미로 쓰인 다의어를 찾는 문제가 출제된다. 어휘의 활용에 관해서 묻기 때문에 정확한 의미와 더불어 문맥상 의미까지 알아두어야 한다.

┤ 학습 포인트 ├
- 어휘가 가진 다양한 의미를 묻는 문제가 출제되므로 어휘의 의미를 정확하게 알고 있어야 한다.
- 다의어의 경우 문장 속에서 어떤 의미로 활용되는지 파악하는 것이 중요하므로 예문과 함께 학습하도록 한다.

2 빈칸추론

문단과 문단, 문장과 문장 간의 관계나 글 전체의 논리적 구조를 정확히 파악할 수 있는지 평가한다. 장문 또는 단문 중간에 빈칸을 제시하고, 그 안에 들어갈 적절한 어휘나 문장을 찾는 유형이 출제되며, 시간이 충분하지 않기 때문에 빈칸의 앞·뒤 관계를 파악하여 빠른 시간 내에 결론을 도출해야 한다.

┤ 학습 포인트 ├
- 다양한 분야의 지문이 제시되므로 평소에 여러 분야의 도서나 신문의 기사 등을 읽어둔다.
- 빈칸추론의 경우 지문을 처음부터 끝까지 다 읽기보다는 빈칸의 앞뒤 문장만으로 그 사이에 들어갈 내용을 유추하는 연습을 해야 한다.
- 선택지를 읽으며 빈칸에 들어갈 답을 고른 후 해설과 비교하면서 왜 틀렸는지 파악하고 놓친 부분을 반드시 체크하는 습관을 들인다.

01 | 유의어·반의어

| 유형분석 |

- 기본적인 단어의 의미를 정확하게 알고 어휘 간의 관계를 제대로 이해하고 있는지 평가하는 유형이다.
- 한자로 이루어진 단어는 물론 순우리말 문제도 자주 출제되므로 평소 꾸준한 어휘연습이 요구된다.

01 다음 중 제시된 단어와 같거나 비슷한 의미를 가진 것은?

창출

① 발췌   ② 추출
③ 구출   ④ 창조

02 다음 중 제시된 단어와 반대의 의미를 가진 것은?

질서

① 규칙   ② 약속
③ 혼돈   ④ 예절

01

정답 ④

'창출'은 '전에 없던 것을 처음으로 생각하여 지어내거나 만들어냄'을 뜻한다.

오답분석

① 발췌 : 책, 글 따위에서 필요하거나 중요한 부분을 가려 뽑아냄. 또는 그런 내용

② 추출 : 전체 속에서 어떤 물건, 생각, 요소 따위를 뽑아냄

③ 구출 : 위험한 상태에서 구하여 냄

02

정답 ③

• 질서 : 혼란 없이 순조롭게 이루어지게 하는 사물의 순서나 차례

• 혼돈 : 마구 뒤섞여 있어 갈피를 잡을 수 없음. 또는 그런 상태

오답분석

① 규칙 : 여러 사람이 다 같이 지키기로 작정한 법칙. 또는 제정된 질서

② 약속 : 다른 사람과 앞으로의 일을 어떻게 할 것인가를 미리 정하여 둠. 또는 그렇게 정한 내용

④ 예절 : 예의에 관한 모든 절차나 질서

30초 컷 풀이 Tip

평소 꾸준한 독서와 학습으로 어휘력을 기르지 않았다면 생각 외로 어렵게 다가올 수 있는 유형이다. 다만 한자로 이루어진 단어가 있다면 그 뜻을 추측하여 오답을 줄여나갈 수 있다.

02 | 다의어

| 유형분석 |

- 단어의 여러 가지 의미를 알고 문맥에 따라 활용할 수 있는지 평가하는 유형이다.
- 문장의 흐름을 파악해야 하기 때문에 이해와 풀이에 상당한 시간이 소요된다.

다음 중 제시문의 밑줄 친 부분과 같은 의미로 쓰인 것은?

> 자기의 재주를 인정해 주지 않을 때면 공연이 계속되는 중이라도 그는 마술 도구가 든 가방 하나를 들고 거칠 것 없이 단체를 떠났다.

① 고등학교를 거쳐 대학을 간다.
② 칡덩굴이 밭에 거친다.
③ 기숙사 학생들의 편지는 사감 선생님의 손을 거쳐야 했다.
④ 가장 어려운 문제를 해결했으니 특별히 거칠 문제는 없다.

정답 ④

제시문과 '거치다'는 '마음에 거리끼거나 꺼리다.'를 뜻하며 같은 의미로 쓰인 말은 ④이다.

오답분석

① 어떤 과정이나 단계를 겪거나 밟다.
② 무엇에 걸리거나 막히다.
③ 검사하거나 살펴보다.

30초 컷 풀이 Tip

단순히 단어에 집중해서는 풀 수 없는 유형이다. 따라서 해당 단어가 쓰인 문장의 상황을 파악하여 제시문과 가장 유사하게 쓰인 단어를 찾거나 공통으로 대체할 수 있는 단어를 찾아 모든 선지에 대입해 비교해 보도록 한다.

03 | 빈칸추론

| 유형분석 |

- 글을 읽고 맥락을 정확히 이해하고 있는지를 평가하는 유형이다.

다음 중 빈칸에 들어갈 말로 가장 적절한 것은?

_____는 슬로건이 대두되는 이유는 우리가 작품의 맥락과 내용에 대한 지식에 의존하여 작품을 감상하는 일이 자주 있기 때문이다. 맥락에 있어서건 내용에 있어서건 지식이 작품의 가치평가에서 하는 역할이란 작품의 미적인 측면과는 관련이 없는 것처럼 보인다. 단토는 일찍이 '어떤 것을 예술로 보는 것은 눈이 알아보지 못하는 무엇(예술이론의 분위기와 예술사에 대한 지식, 즉 예술계)을 요구한다.'고 주장했다. 그가 드는 고전적인 예는 앤디 워홀이 복제한 브릴로 상자들인데, 이 상자들은 1960년대의 평범한 슈퍼마켓에 깔끔하게 쌓아올려진 채 진열되어 있었던 그런 종류의 물건이었다. 어떤 의도와 목적을 가지고 보던지 워홀의 브릴로 상자들은 그것이 모사하는 일상의 대상인 실제 브릴로 상자들과 조금도 달라 보이지 않지만, 그래도 우리는 워홀의 상자는 예술로 대하고 가게에 있는 상자들은 그렇게 대하지 않는다. 그 차이는 워홀이 만든 대상이 지닌 아름다움으로는 설명될 수 없다. 왜냐하면 이 측면에서라면 두 종류의 상자가 지닌 특질은 동일하다고 볼 수 있기 때문이다. 그렇다면 우리는 워홀의 브릴로 상자가 지닌 아름다움에 대해 그것은 그 작품의 예술로서의 본성과 의미와 관련하여 외적이라고 말할 수 있을 것이다.

① '의미가 중요하다.' ② '대중성이 중요하다.'
③ '실천이 중요하다.' ④ '지식이 중요하다.'

정답 ①

제시문에 따르면 우리는 작품을 감상할 때 작품이 지닌 의미보다 작품의 맥락과 내용에 대한 지식에 의존한다. 따라서 빈칸에는 '의미가 중요하다.'가 적절하다.

30초 컷 풀이 Tip

주어진 제시문을 모두 읽고 풀기에는 시간이 부족하다. 따라서 빈칸의 전후 문장만을 통해 내용을 파악할 수 있어야 한다. 주어진 문장을 각각 빈칸에 넣었을 때 그 흐름이 어색하지 않은지 살펴보는 것도 좋은 방법이다.

※ 다음 중 제시된 단어와 같거나 비슷한 의미를 가진 것을 고르시오. [1~5]

01

한둔

① 하숙   ② 숙박   ③ 투숙   ④ 노숙

02

비루하다

① 비장하다   ② 비대하다   ③ 추잡하다   ④ 비약하다

Hard
03

시종(始終)

① 수미   ② 시작   ③ 조종   ④ 종결

04

추세

① 추적   ② 수세   ③ 형편   ④ 형체

05

박정(薄情)

① 냉담(冷淡)　　② 박덕(薄德)　　③ 협의(狹義)　　④ 치사(恥事)

※ 다음 중 제시된 단어와 반대의 의미를 가진 것을 고르시오. **[6~10]**

06

메지다

① 차지다　　② 딱딱하다　　③ 마디다　　④ 가없다

Easy
07

자연스럽다

① 그럴듯하다　　② 뻔뻔하다　　③ 어색하다　　④ 유별나다

08

송신

① 수송　　② 수신　　③ 통신　　④ 전달

09

수리

① 각하　　② 접수　　③ 등록　　④ 파기

10

산재

① 모집   ② 밀집   ③ 분산   ④ 편재

※ 밑줄 친 부분과 같은 의미로 쓰인 것을 고르시오. [11~15]

11

금메달을 딴 그는 기쁨에 <u>찬</u> 얼굴로 눈물을 흘렸다.

① 그의 연설 내용은 신념과 확신에 <u>차</u> 있었다.
② 팔목에 수갑을 <u>찬</u> 죄인이 구치소로 이송되었다.
③ 출발 신호와 함께 선수들은 출발선을 <u>차며</u> 힘차게 내달렸다.
④ 기자 회견장은 취재 기자들로 가득 <u>차서</u> 들어갈 틈도 없었다.

12

갈수록 성적이 <u>떨어져서</u> 큰일이다.

① 종착점이 가까워지자 달리는 속도가 급격하게 <u>떨어졌다</u>.
② 쌀이 <u>떨어져</u> 두 끼를 라면으로 해결했다.
③ 면접시험에서 아깝게 <u>떨어졌다</u>.
④ 피곤해서 그런지 입맛이 <u>떨어졌다</u>.

13

그가 선배라는 이유로 아랫사람을 거리낌 없이 <u>눌러</u> 왔다.

① 나는 병재를 근소한 차로 <u>누르고</u> 당선됐다.
② 그는 화를 <u>누르지</u> 못하고 방을 뛰쳐나갔다.
③ 이번 연휴에는 친구 집에 <u>눌러</u> 있기로 했다.
④ 법에서까지 우리를 이렇게 <u>누르니</u> 도리가 없다.

14

수많은 경쟁자 가운데서 뽑혔다.

① 많은 운동 가운데 내가 제일 좋아하는 운동은 농구이다.
② 철수의 키는 팀 선수들 중 가운데에 속한다.
③ 어떤 여자가 두 사람의 가운데 불쑥 끼어들었다.
④ 그는 어려운 가운데서도 남을 돕는다.

15

우리나라 사람들은 일반적으로 책에 관심이 적은 것 같다.

① 마치 구름을 탄 것과 같다.
② 너 같으면 어떤 말을 했겠니?
③ 마음 같아서는 한 대 때려주고 싶다.
④ 비가 올 것 같으니 우산을 준비해라.

※ 다음 중 빈칸에 들어갈 말로 가장 적절한 것을 고르시오. [16~20]

16

슬기나 재능, 사상 따위를 일깨워주는 것을 _____이라 한다.

① 계발   ② 계몽
③ 경신   ④ 교육

17

정신없이 놀다 보니 어느덧 저녁이 되었다. _____ 얼른 집으로 돌아왔다.

① 그러나   ② 왜냐하면
③ 그리고   ④ 그래서

18

옛날부터 '시는 자연의 모방'이라 일컬어 왔고, 또 '연극은 인생을 거울에 비추어 보이는 일'이라고 말해 왔다. 비교적 현대에 발달한 소설에 대해서도 같은 말이 자주 되풀이된다. 그만큼 모든 문학작품은 자연과 인생을 모방하고 _____ 하여, 현실의 이모저모를 보여준다.

① 복사   ② 회피
③ 모사   ④ 반영

19

지난해 우리나라가 경제협력개발기구(OECD) 회원국 중 세 번째로 높은 경제성장률을 달성한 것으로 잠정 집계됐다. 또한, 한국의 경기선행지수는 9개월 연속 100을 넘어섰다. 우리는 흔히 경제가 성장해야 일자리도 많아지고 국민소득도 늘어나기 때문에 경제성장률이 높을수록 좋다고 생각한다. _____ 경제성장률이 높다고 무조건 좋기만 한 것일까? 경제가 지나치게 빠르게 성장하면 물가상승을 가져와 경제에 부담을 주게 된다. 재화의 공급은 그대로인 데 반해 소득은 증가하였으므로, 소비 역시 그만큼 늘어 물가가 상승하게 되는 것이다.

① 그래서   ② 따라서
③ 그러나   ④ 그러면

20

"너는 냉면 먹어라, 나는 냉면 먹을게."와 같은 문장이 어딘가 이상한 문장이라는 사실과, 어떻게 고쳐야 바른 문장이 된다는 사실을 특별히 심각하게 따져 보지 않고도 거의 순간적으로 파악해 낼 수 있다. 그러나 막상 이 문장이 틀린 이유가 무엇인지 설명하라고 하면, _____ 이를 논리적으로 설명해 내기 위해서는 국어의 문법 현상에 관한 상당한 수준의 전문적 식견이 필요하기 때문이다.

① 국어를 모국어로 하는 사람들만이 설명할 수 있다.
② 일반인으로서는 매우 곤혹스러움을 느끼게 된다.
③ 이 역시 특별한 문제없이 설명할 수 있다.
④ 대부분의 사람들은 틀린 이유를 정확하게 설명할 수 있다.

팀에는 내가 없지만 팀의 승리에는 내가 있다.
(Team이란 단어에는 I 자가 없지만 win이란 단어에는 있다.)
There is no "i" in team but there is in win.

– 마이클 조던 –

CHAPTER 02

언어추리

합격 Cheat Key

| 영역 소개 |

언어추리는 언어의 표면적인 이해뿐 아니라 본질과 관계성을 파악하고 숨겨진 의도를 파악할 수 있는 논리적 추리력을 평가하기 위한 영역이다.

1 언어유추

특정 어휘에 대한 뜻과 쓰임을 바르게 알고 있는지, 또 어휘 간의 관계를 빨리 분석할 수 있는지를 평가하는 유형이다. 평소에 자주 쓰이지 않는 단어나 한자어, 고유어 등이 제시되고, 어휘 간 관계 역시 다각도로 출제된다.

┤ 학습 포인트 ├
- 유의 관계, 반의 관계, 상하 관계 이외에도 원인과 결과, 행위와 도구, 한자성어 등 다양한 관계가 제시된다.
- 많은 문제를 풀어보면서 다양한 어휘 관계를 파악할 수 있는 눈을 길러야 한다.

2 언어추론

언어추리는 주어진 3~4개의 명제 또는 조건으로부터 이끌어낸 결론이 옳은지, 그른지의 여부를 판단하는 유형이다. 논리력뿐 아니라 독해력 또한 요구되는 유형으로, 제시된 조건을 통해 제시된 상황을 명확하게 이해하고 이를 통해 가정, 추론하는 능력이 있는지를 판단한다.

┤ 학습 포인트 ├
- 다양한 분야의 지문이 제시되므로 평소에 여러 분야의 도서나 신문의 기사 등을 읽어둔다.
- 빈칸추론의 경우 지문을 처음부터 끝까지 다 읽기보다는 빈칸의 앞뒤 문장만으로 그 사이에 들어갈 내용을 유추하는 연습을 해야 한다.
- 선택지를 읽으며 빈칸에 들어갈 답을 고른 후 해설과 비교하면서 왜 틀렸는지 파악하고 놓친 부분을 반드시 체크하는 습관을 들인다.

02 | 이론점검

01 언어유추

단어의 관계를 묻는 유형은 주어진 낱말과 대응 방식이 같은 것 또는 나머지와 속성이 다른 것으로 출제되며, 문제 유형은 'a : b = ( ) : d' 또는 'a : ( ) = ( ) : d'와 같이 빈칸을 채우는 문제이다.

보통 유의 관계, 반의 관계, 상하 관계, 부분 관계를 통해 단어의 속성을 묻는 문제로, 제시된 단어들의 관계와 속성을 바르게 파악하여 적용하는 것이 중요하다.

1. 유의 관계

두 개 이상의 어휘가 서로 소리는 다르나 의미가 비슷한 경우를 유의 관계라고 하고, 유의 관계에 있는 어휘를 유의어(類義語)라고 한다. 유의 관계의 대부분은 개념적 의미의 동일성을 전제로 한다. 그렇다고 하여 유의 관계를 이루는 단어들을 어느 경우에나 서로 바꾸어 쓸 수 있는 것은 아니다. 따라서 언어 상황에 적합한 말을 찾아 쓰도록 노력하여야 한다.

(1) 원어의 차이

한국어는 크게 고유어, 한자어, 외래어로 구성되어 있다. 따라서 하나의 사물에 대해서 각각 부르는 일이 있을 경우 유의 관계가 발생하게 된다.

(2) 전문성의 차이

같은 사물에 대해서 일반적으로 부르는 이름과 전문적으로 부르는 이름이 다른 경우가 많다. 이런 경우에 전문적으로 부르는 이름과 일반적으로 부르는 이름 사이에 유의 관계가 발생한다.

예 에어컨 : 공기조화기, 소금 : 염화나트륨 등

(3) 내포의 차이

나타내는 의미가 완전히 일치하지는 않으나, 유사한 경우에 유의 관계가 발생한다.

예 즐겁다 : 기쁘다, 친구 : 동무 등

(4) 완곡어법

문화적으로 금기시하는 표현을 둘러서 말하는 것을 완곡어법이라고 하며, 이러한 완곡어법 사용에 따라 유의 관계가 발생한다.

예 변소 : 화장실, 죽다 : 돌아가다 등

2. 반의 관계

(1) 개요

반의어(反意語)는 둘 이상의 단어에서 의미가 서로 짝을 이루어 대립하는 경우를 말한다. 즉, 반의어는 어휘의 의미가 서로 대립하는 단어를 말하며, 이러한 어휘들의 관계를 반의 관계라고 한다. 한 쌍의 단어가 반의어가 되려면, 두 어휘 사이에 공통적인 의미 요소가 있으면서도 동시에 서로 다른 하나의 의미 요소가 있어야 한다.

반의어는 반드시 한 쌍으로만 존재하는 것이 아니라, 다의어(多義語)이면 그에 따라 반의어가 여러 개로 달라질 수 있다. 즉, 하나의 단어에 대하여 여러 개의 반의어가 있을 수 있다.

(2) 반의어의 종류

반의어에는 상보 반의어와 정도 반의어, 관계 반의어, 방향 반의어가 있다.

① **상보 반의어** : 한쪽 말을 부정하면 다른 쪽 말이 되는 반의어이며, 중간항은 존재하지 않는다. '있다'와 '없다'가 상보적 반의어이며, '있다'와 '없다' 사이의 중간 상태는 존재할 수 없다.

② **정도 반의어** : 한쪽 말을 부정하면 반드시 다른 쪽 말이 되는 것이 아니며, 중간항을 갖는 반의어이다. '크다'와 '작다'가 정도 반의어이며, 크지도 작지도 않은 중간이라는 중간항을 갖는다.

③ **관계 반의어** : 관계 반의어는 상대가 존재해야만 자신이 존재할 수 있는 반의어이다. '부모'와 '자식'이 관계 반의어의 예이다.

④ **방향 반의어** : 맞선 방향을 전제로 하여 관계나 이동의 측면에서 대립을 이루는 단어 쌍이다. 방향 반의어는 공간적 대립, 인간관계 대립, 이동적 대립 등으로 나누어 볼 수 있다.

3. 상하 관계

상하 관계는 단어의 의미적 계층 구조에서 한쪽이 의미상 다른 쪽을 포함하거나 다른 쪽에 포섭되는 관계를 말한다. 상하 관계를 형성하는 단어들은 상위어(上位語)일수록 일반적이고 포괄적인 의미를 지니며, 하위어(下位語)일수록 개별적이고 한정적인 의미를 지닌다. 따라서 상위어는 하위어를 함의하게 된다. 즉, 하위어가 가지고 있는 의미 특성을 상위어가 자동적으로 가지게 된다.

4. 부분 관계

부분 관계는 한 단어가 다른 단어의 부분이 되는 관계를 말하며, 전체－부분 관계라고도 한다. 부분 관계에서 부분을 가리키는 단어를 부분어(部分語), 전체를 가리키는 단어를 전체어(全體語)라고 한다. 예를 들면, '머리, 팔, 몸통, 다리'는 '몸'의 부분어이며, 이러한 부분어들에 의해 이루어진 '몸'은 전체어이다.

1. 연역 추론

이미 알고 있는 판단(전제)을 근거로 새로운 판단(결론)을 유도하는 추론이다. 연역 추론은 진리일 가능성을 따지는 귀납 추론과는 달리, 명제 간의 관계와 논리적 타당성을 따진다. 즉, 연역 추론은 전제들로부터 절대적인 필연성을 가진 결론을 이끌어내는 추론이다.

(1) 직접 추론 : 한 개의 전제로부터 중간적 매개 없이 새로운 결론을 이끌어 내는 추론이며, 대우 명제가 그 대표적인 예이다.

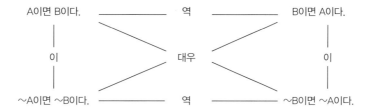

> * 한국인은 모두 황인종이다.   (전제)
> * 그러므로 황인종이 아닌 사람은 모두 한국인이 아니다.   (결론1)
> * 그러므로 황인종 중에는 한국인이 아닌 사람도 있다.   (결론2)

(2) 간접 추론 : 둘 이상의 전제로부터 새로운 결론을 이끌어 내는 추론이다. 삼단논법이 가장 대표적인 예이다.

① **정언 삼단논법** : 세 개의 정언명제로 구성된 간접 추론 방식이다. 세 개의 명제 가운데 두 개의 명제는 전제이고, 나머지 한 개의 명제는 결론이다. 세 명제의 주어와 술어는 세 개의 서로 다른 개념을 표현한다. (P는 대개념, S는 소개념, M은 매개념이다)

> * 모든 곤충은 다리가 여섯이다.   M은 P이다. (대전제)
> * 모든 개미는 곤충이다.   S는 M이다. (소전제)
> * 그러므로 모든 개미는 다리가 여섯이다.   S는 P이다. (결론)

② **가언 삼단논법** : 가언명제로 이루어진 삼단논법을 말한다. 가언명제란 두 개의 정언명제가 '만일 ~이라면'이라는 접속사에 의해 결합된 복합명제이다. 여기서 '만일'에 의해 이끌리는 명제를 전건이라고 하고, 그 뒤의 명제를 후건이라고 한다. 가언 삼단논법의 종류로는 혼합가언 삼단논법과 순수가언 삼단논법이 있다.

⑤ 혼합가언 삼단논법 : 대전제만 가언명제로 구성된 삼단논법이다. 긍정식과 부정식 두 가지가 있으며, 긍정식은 'A면 B다. A다. 그러므로 B다.'이고, 부정식은 'A면 B다. B가 아니다. 그러므로 A가 아니다.'이다.

- 만약 A라면 B다.
- B가 아니다.
- 그러므로 A가 아니다.

ⓛ 순수가언 삼단논법 : 대전제와 소전제 및 결론까지 모두 가언명제들로 구성된 삼단논법이다.

- 만약 A라면 B다.
- 만약 B라면 C다.
- 그러므로 만약 A라면 C다.

③ 선언 삼단논법 : '~이거나 ~이다'의 형식으로 표현되며 전제 속에 선언 명제를 포함하고 있는 삼단논법이다.

• 내일은 비가 오거나 눈이 온다.	A 또는 B이다.
• 내일은 비가 오지 않는다.	A가 아니다.
• 그러므로 내일은 눈이 온다.	그러므로 B다.

④ 딜레마 논법 : 대전제는 두 개의 가언명제로, 소전제는 하나의 선언명제로 이루어진 삼단논법으로, 양도추론이라고도 한다.

• 만일 네가 거짓말을 하면, 신이 미워할 것이다.	(대전제)
• 만일 네가 거짓말을 하지 않으면, 사람들이 미워할 것이다.	(대전제)
• 너는 거짓말을 하거나, 거짓말을 하지 않을 것이다.	(소전제)
• 그러므로 너는 미움을 받게 될 것이다.	(결론)

2. 귀납 추론

특수한 또는 개별적인 사실로부터 일반적인 결론을 이끌어 내는 추론을 말한다. 귀납 추론은 구체적 사실들을 기반으로 하여 결론을 이끌어 내기 때문에 필연성을 따지기보다는 개연성과 유관성, 표본성 등을 중시하게 된다. 여기서 개연성이란, 관찰된 어떤 사실이 같은 조건하에서 앞으로도 관찰될 수 있는가 하는 가능성을 말하고, 유관성은 추론에 사용된 자료가 관찰하려는 사실과 관련되어야 하는 것을 일컬으며, 표본성은 추론을 위한 자료의 표본 추출이 공정하게 이루어져야 하는 것을 가리킨다. 이러한 귀납 추론은 일상생활 속에서 많이 사용하고, 우리가 알고 있는 과학적 사실도 이와 같은 방법으로 밝혀졌다.

- 히틀러도 사람이고 죽었다.
- 스탈린도 사람이고 죽었다.
- 그러므로 모든 사람은 죽는다.

그러나 전제들이 참이어도 결론이 항상 참인 것은 아니다. 단 하나의 예외로 인하여 결론이 거짓이 될 수 있다.

- 성냥불은 뜨겁다.
- 연탄불도 뜨겁다.
- 그러므로 모든 불은 뜨겁다.

위 예문에서 '성냥불이나 연탄불이 뜨거우므로 모든 불은 뜨겁다.'라는 결론이 나왔는데, 반딧불은 뜨겁지 않으므로 '모든 불은 뜨겁다.'라는 결론은 거짓이 된다.

(1) 완전 귀납 추론

관찰하고자 하는 집합의 전체를 다 검증함으로써 대상의 공통 특질을 밝혀내는 방법이다. 이는 예외 없는 진실을 발견할 수 있다는 장점은 있으나, 집합의 규모가 크고 속성의 변화가 다양할 경우에는 적용하기 어려운 단점이 있다.

예 1부터 10까지의 수를 다 더하여 그 합이 55임을 밝혀내는 방법

(2) 통계적 귀납 추론

통계적 귀납 추론은 관찰하고자 하는 집합의 일부에서 발견한 몇 가지 사실을 열거함으로써 그 공통점을 결론으로 이끌어 내려는 방식을 가리킨다. 관찰하려는 집합의 규모가 클 때 그 일부를 표본으로 추출하여 조사하는 방식이 이에 해당하며, 표본 추출의 기준이 얼마나 적합하고 공정한가에 따라 그 결과에 대한 신뢰도가 달라진다는 단점이 있다.

예 여론조사에서 일부의 국민에 대한 설문 내용을 바탕으로, 이를 전체 국민의 여론으로 제시하는 것

(3) 인과적 귀납 추론

관찰하고자 하는 집합의 일부 원소들이 지닌 인과 관계를 인식하여 그 원인이나 결과를 이끌어 내려는 방식을 말한다.

① **일치법** : 공통적인 현상을 지닌 몇 가지 사실 중에서 각기 지닌 요소 중 어느 한 가지만 일치한다면 이 요소가 공통 현상의 원인이라고 판단

   예 마을 잔칫집에서 돼지고기를 먹은 사람들이 집단 식중독을 일으켰다.

   따라서 식중독의 원인은 상한 돼지고기가 아닌가 생각한다.

② **차이법** : 어떤 현상이 나타나는 경우와 나타나지 않은 경우를 놓고 보았을 때, 각 경우의 여러 조건 중 단 하나만이 차이를 보인다면 그 차이를 보이는 조건이 원인이 된다고 판단

   예 현수와 승재는 둘 다 지능이나 학습 시간, 학습 환경 등이 비슷한데 공부하는 태도에는 약간의 차이가 있다.

   따라서 둘의 성적이 차이를 보이는 것은 학습 태도의 차이 때문으로 생각된다.

③ **일치 · 차이 병용법** : 몇 개의 공통 현상이 나타나는 경우와 몇 개의 그렇지 않은 경우를 놓고 일치법과 차이법을 병용하여 적용함으로써 그 원인을 판단

   예 학업 능력 정도가 비슷한 두 아동 집단에 대해 처음에는 같은 분량의 과제를 부여하고 나중에는 각기 다른 분량의 과제를 부여한 결과, 많이 부여한 집단의 성적이 훨씬 높게 나타났다. 이로 보아, 과제를 많이 부여하는 것이 적게 부여하는 것보다 학생의 학업 성적 향상에 도움이 된다고 판단할 수 있다.

④ **공변법** : 관찰하는 어떤 사실의 변화에 따라 현상의 변화가 일어날 때 그 변화의 원인이 무엇인지 판단

   예 담배를 피우는 양이 각기 다른 사람들의 집단을 조사한 결과, 담배를 많이 피울수록 폐암에 걸릴 확률이 높다는 사실이 발견되었다.

⑤ **잉여법** : 앞의 몇 가지 현상이 뒤의 몇 가지 현상의 원인이며, 선행 현상의 일부분이 후행 현상의 일부분이라면, 선행 현상의 나머지 부분이 후행 현상의 나머지 부분의 원인임을 판단

   예 어젯밤 일어난 사건의 혐의자는 정은이와 규민이 두 사람인데, 정은이는 알리바이가 성립되어 혐의 사실이 없는 것으로 밝혀졌다.

   따라서 그 사건의 범인은 규민이일 가능성이 높다.

3. 유비 추론

두 개의 대상 사이에 일련의 속성이 동일하다는 사실에 근거하여 그것들의 나머지 속성도 동일하리라는 결론을 이끌어 내는 추론, 즉 이미 알고 있는 것에서 다른 유사한 점을 찾아내는 추론을 말한다. 그렇기 때문에 유비 추론은 잣대(기준)가 되는 사물이나 현상이 있어야 한다. 유비 추론은 가설을 세우는 데 유용하다. 이미 알고 있는 사례로부터 아직 알지 못하는 것을 생각해 봄으로써 쉽게 가설을 세울 수 있다. 이때 유의할 점은 이미 알고 있는 사례와 이제 알고자 하는 사례가 매우 유사하다는 확신과 증거가 있어야 한다. 그렇지 않은 상태에서 유비 추론에 의해 결론을 이끌어 내면, 그것은 개연성이 거의 없고 잘못된 결론이 될 수도 있다.

> • 지구에는 공기, 물, 흙, 햇빛이 있다.
>   → A는 a, b, c, d의 속성을 가지고 있다.
> • 화성에는 공기, 물, 흙, 햇빛이 있다.
>   → B는 a, b, c, d의 속성을 가지고 있다.
> • 지구에 생물이 살고 있다.
>   → A는 e의 속성을 가지고 있다.
> • 그러므로 화성에도 생물이 살고 있을 것이다.
>   → 그러므로 B도 e의 속성을 가지고 있을 것이다.

01 | 언어유추

| 유형분석 |

- 어휘에 대한 이해력과 어휘 간의 관계에 대한 논리력 및 추리력을 평가하는 유형이다.
- 유의 관계, 반의 관계, 상하 관계 이외에도 원인과 결과, 행위와 도구, 한자성어 등 다양한 관계가 제시된다.

다음 중 제시된 낱말과 동일한 관계가 되도록 빈칸에 들어갈 가장 적절한 단어를 고른 것은?

손오공 : 근두운 = 여포 : (   )

① 항우(項羽) ② 우선(羽扇)
③ 초선(貂蟬) ④ 적토마(赤兎馬)

정답 ④

제시된 단어의 관계는 주인과 탈것의 관계이다. 『서유기』의 주인공인 '손오공'은 '근두운(筋斗雲)'을 타고 다녔으며, 『삼국지』의 인물 '여포'는 '적토마'를 타고 다녔다.

오답분석

① 항우(項羽) : 진(秦) 말기에 유방(劉邦)과 진을 멸망시키고 중국을 차지하기 위해 다툰 장군이다.
② 우선(羽扇) : 제갈량이 들고 다니는 깃털 부채로, 제갈량의 아내가 행동을 삼가고 분노 등의 감정을 쉽게 드러내지 말라는 의미로 주었다.
③ 초선(貂蟬) : 경국지색(傾國之色)의 미모를 갖춘 인물로, 동탁과 여포의 후처(後妻)이다.

30초 컷 풀이 Tip

최근에 출제되는 언어유추 유형 문제는 선뜻 답을 고르기 쉽지 않은 경우가 많다. 이 경우 먼저 모든 선지의 단어를 빈칸에 넣어보고, 제시된 단어와 관계가 가장 먼 선지 → 관계는 있지만 빈칸에 들어갔을 때 옆의 단어와 등가 관계를 이룰 수 없는 선지 순서로 소거하면 조금 더 수월하게 답을 찾을 수 있다.

02 | 명제

| 유형분석 |

- 명제 간의 관계를 정확히 알고 이를 활용할 수 있는지를 평가하는 유형이다.

다음 명제가 모두 참이라고 할 때, 올바르게 유추한 것은?

- 아침에 시리얼을 먹는 사람은 두뇌 회전이 빠르다.
- 아침에 토스트를 먹는 사람은 피곤하다.
- 피곤하면 회사에 지각한다.
- 두뇌 회전이 빠르면 일 처리가 빠르다.
- 일처리가 빠르면 회사에 지각하지 않는다.

① 회사에 가장 일찍 오는 사람은 피곤하지 않다.
② 두뇌 회전이 느리면 아침에 시리얼을 먹는다.
③ 피곤하지 않은 사람은 시리얼을 먹지 않는다.
④ 회사에 지각하지 않으면 아침에 토스트를 먹지 않는다.

정답 ④

A를 '아침에 시리얼을 먹음', B를 '두뇌회전이 빠름', C를 '아침에 토스트를 먹음', D를 '피곤함', E를 '회사에 지각함', F를 '일처리가 빠름'이라고 하면, 주어진 명제를 다음과 같이 정리할 수 있다.
$A \rightarrow B \rightarrow F \rightarrow \sim E \rightarrow \sim D \rightarrow \sim C$
어떤 명제가 참이면 그 대우도 참이므로, '$\sim E$는 $\sim C$이다.'인 ④가 참이다.

30초 컷 풀이 Tip

명제 문제를 풀 때는 'A○ → B×'와 같이 각 명제들을 간단하게 기호화한 다음 관계에 맞게 순서대로 도식화하면 깔끔한 풀이를 할 수 있어 시간단축이 가능하다. 참인 명제의 대우 명제도 반드시 참이라는 점을 가장 먼저 활용한다.

03 | 언어논리

| 유형분석 |

- 주어진 조건을 종합적으로 생각하여 논리적으로 사고하고 판단하는 능력을 평가한다.
- 문제마다 다양한 상황과 조건이 주어지므로 평소 다양한 유형의 문제를 접하여 패턴을 익혀두는 것이 좋다.
- 거짓을 찾는 진실게임 유형의 경우 각 진술 사이의 모순을 찾아 성립하지 않는 경우의 수를 제거하거나, 경우의 수를 나누어 모든 조건이 들어맞는지를 확인해야 한다.

H사에 근무하는 직원 네 명은 함께 5인승 택시를 타고 대리점으로 가고 있다. 다음 〈조건〉을 참고할 때, 항상 참인 것은?

조건

- 직원은 각각 부장, 과장, 대리, 사원의 직책을 갖고 있다.
- 직원은 각각 흰색, 검은색, 노란색, 연두색 신발을 신었다.
- 직원은 각각 기획팀, 연구팀, 디자인팀, 홍보팀 소속이다.
- 대리와 사원은 옆으로 붙어 앉지 않는다.
- 과장 옆에는 직원이 앉지 않는다.
- 부장은 홍보팀이고 검은색 신발을 신었다.
- 디자인팀 직원은 조수석에 앉았고 노란색 신발을 신었다.
- 사원은 기획팀 소속이다.

① 택시 운전기사 바로 뒤에는 사원이 앉는다.
② 부장은 조수석에 앉는다.
③ 과장은 노란색 신발을 신었다.
④ 부장 옆에는 과장이 앉는다.

주어진 조건에 따라 네 명의 직원이 함께 탄 5인승 택시의 자리는 다음과 같다.

1) 경우 1

택시 운전기사		• 소속 : 디자인팀 • 직책 : 과장 • 신발 : 노란색
• 소속 : 연구팀 • 직책 : 대리 • 신발 : 흰색 또는 연두색	• 소속 : 홍보팀 • 직책 : 부장 • 신발 : 검은색	• 소속 : 기획팀 • 직책 : 사원 • 신발 : 흰색 또는 연두색

2) 경우 2

택시 운전기사		• 소속 : 디자인팀 • 직책 : 과장 • 신발 : 노란색
• 소속 : 기획팀 • 직책 : 사원 • 신발 : 흰색 또는 연두색	• 소속 : 홍보팀 • 직책 : 부장 • 신발 : 검은색	• 소속 : 연구팀 • 직책 : 대리 • 신발 : 흰색 또는 연두색

따라서 ③ '과장은 노란색 신발을 신었다.'는 항상 참이 된다.

오답분석
① 택시 운전기사 바로 뒤에는 사원 또는 대리가 앉을 수 있다.
② 부장은 뒷좌석 가운데에 앉는다.
④ 부장 옆에는 대리와 사원이 앉는다.

30초 컷 풀이 Tip

이 유형에서 가장 먼저 해야 할 일은 고정된 조건을 찾는 것이다. 고정된 조건을 찾아 기준을 세우면 경우의 수가 훨씬 줄어든다.

※ 제시된 단어와 동일한 관계가 되도록 빈칸에 들어갈 가장 적절한 단어를 고르시오. [1~6]

Easy

01

시계 : 분침 = (   ) : 잉크

① 먹물   ② 볼펜
③ 종이   ④ 아날로그

02

긍정 : 부정 = 무념 : (   )

① 사색(思索)   ② 무상(無償)
③ 염원(念願)   ④ 욕망(欲望)

Hard

03

조소(嘲笑) : 비소(誹笑) = 서거(逝去) : (   )

① 타계   ② 탄생
③ 점거   ④ 인생

04

도로 : 터널 = 물길 : (   )

① 해협   ② 등대
③ 방파제   ④ 운하

05

청소 : 빗자루 = 전화 : (   )

① 사상　　　　　　　　　　　② 휴대폰
③ 언어　　　　　　　　　　　④ 컴퓨터

Hard
06

보건의료 : (   ) = 노동 : ILO

① WHO　　　　　　　　　　② OECD
③ WTO　　　　　　　　　　④ IMF

※ 다음 명제를 통해 얻을 수 있는 결론으로 타당한 것을 고르시오. [7~8]

07

- 속도에 관심이 없는 사람은 디자인에도 관심이 없다.
- 연비를 중시하는 사람은 내구성도 따진다.
- 내구성을 따지지 않는 사람은 속도에도 관심이 없다.

① 내구성을 따지지 않는 사람은 디자인에도 관심이 없다.
② 디자인에 관심이 없는 사람은 내구성을 따진다.
③ 연비를 중시하는 사람은 디자인에는 관심이 없다.
④ 속도에 관심이 있는 사람은 연비를 중시하지 않는다.

08

- 재현이가 춤을 추면 서현이와 지훈이가 춤을 춘다.
- 재현이가 춤을 추지 않으면 종열이가 춤을 춘다.
- 종열이가 춤을 추지 않으면 지훈이도 춤을 추지 않는다.
- 종열이는 춤을 추지 않았다.

① 재현이만 춤을 추었다.
② 재현이와 서현이 모두 춤을 추었다.
③ 재현이와 지훈이 모두 춤을 추었다.
④ 지훈이와 종열이 중 적어도 한 사람은 춤을 추었다.

※ 마지막 명제가 참일 때 다음 빈칸에 들어갈 명제로 가장 적절한 것을 고르시오. [9~10]

09

> • 오존층이 파괴되지 않으면 프레온 가스가 나오지 않는다.
> • _____
> • 지구 온난화가 진행되지 않으면 오존층이 파괴되지 않는다.
> • 지구 온난화가 진행되지 않으면 에어컨을 많이 쓰지 않는다.

① 에어컨을 많이 쓰지 않으면 프레온 가스가 나오지 않는다.
② 프레온 가스가 나온다고 해도 오존층은 파괴되지 않는다.
③ 오존층을 파괴하면 지구 온난화가 진행된다.
④ 에어컨을 많이 쓰면 프레온 가스가 나온다.

10

> • 아는 것이 적으면 인생에 나쁜 영향이 생긴다.
> • _____
> • 지식을 함양하지 않으면 아는 것이 적다.
> • 공부를 열심히 하지 않으면 인생에 나쁜 영향이 생긴다.

① 공부를 열심히 한다고 해서 지식이 생기지는 않는다.
② 지식을 함양하면 공부를 열심히 한 것이다.
③ 아는 것이 많으면 인생에 나쁜 영향이 생긴다.
④ 아는 것이 많으면 지식이 많다는 뜻이다.

11 주방에 요리사인 철수와 설거지 담당인 병태가 있다. 요리에 사용되는 접시는 하나의 탑처럼 순서대로 쌓여있다. 접시가 필요할 경우 철수는 이 접시 탑의 맨 위에 있는 접시부터 하나씩 사용하고 병태는 자신이 설거지한 깨끗한 접시를 해당 탑의 맨 위에 하나씩 쌓는다. 철수와 병태기 (가), (나), (다), (라) 작업을 차례대로 수행하였다고 할 때, 철수가 (라) 작업을 완료한 이후 접시 탑의 맨 위에 있는 접시는?

> (가) 병태가 시간 순서대로 접시 A, B, C, D를 접시 탑에 쌓는다.
> (나) 철수가 접시 한 개를 사용한다.
> (다) 병태가 시간 순서대로 접시 E, F를 접시 탑에 쌓는다.
> (라) 철수가 접시 세 개를 순차적으로 사용한다.

① A   ② B
③ C   ④ D

Hard

12 다음 제시된 내용이 참일 때, 외부 인사의 이름으로 옳은 것은?

> 영업부 신입사원들은 지난 회의에서 만났던 외부 인사 세 사람(김씨, 이씨, 최씨)에 대해 이야기하고 있다. 신입사원들은 외부 인사들의 이름은 모두 정확하게 기억하고 있다. 하지만 그들의 성(姓)에 대해서는 그렇지 않다.
> • 혜민 : 김지후와 최준수와는 많은 대화를 나눴는데, 이진서와는 거의 함께 할 시간이 없었어.
> • 민준 : 나도 이진서와 최준수와는 시간을 함께 보낼 수 없었어. 그런데 지후는 최씨였어.
> • 서현 : 진서가 최씨였고, 다른 두 사람은 김준수와 이지후였지.
> 세 명의 신입사원들은 외부 인사에 대하여 각각 단 한 명씩의 이름만을 올바르게 기억하고 있으며, 외부 인사들의 가능한 성씨는 김씨, 이씨, 최씨 외에는 없다.

① 최진서, 김준수, 이지후
② 이진서, 김준수, 최지후
③ 최진서, 이준수, 김지후
④ 김진서, 최준수, 이지후

13 월요일부터 금요일까지 진료를 하는 의사가 다음 조건에 따라 진료하는 요일을 정한다. 의사가 목요일에 진료를 하지 않았다면 월요일부터 금요일 중 진료한 날은 총 며칠인가?

> • 월요일에 진료를 하면 수요일에는 진료를 하지 않는다.
> • 월요일에 진료를 하지 않으면 화요일이나 목요일에 진료를 한다.
> • 화요일에 진료를 하면 금요일에는 진료를 하지 않는다.
> • 수요일에 진료를 하지 않으면 목요일 또는 금요일에 진료를 한다.

① 없음
② 1일
③ 2일
④ 3일

CHAPTER 03

수 계산

합격 Cheat Key

| 영역 소개 |

현대백화점그룹의 수 계산 영역은 기초연산과 응용수리 유형이 출제된다. 많은 시간이 주어지지 않은 상태에서 문제를 풀어야 하기 때문에 꾸준한 연습을 통해 짧은 시간에 많은 문제를 정확히 풀어야 한다.

| 유형 소개 |

1. 기초연산

특정 어휘에 대한 뜻과 쓰임을 바르게 알고 있는지, 또 어휘 간의 관계를 빨리 분석할 수 있는지를 평가하는 유형이다. 평소에 자주 쓰이지 않는 단어나 한자어, 고유어 등이 제시되고, 어휘 간 관계 역시 다각도로 출제된다.

┌─ 학습 포인트 ─
• 난이도가 높지는 않지만 정확도와 빠른 속도가 중요한 유형이므로 조금씩이라도 꾸준히 연습한다.

2 응용수리

수의 관계에 대해 알고 그것을 응용하여 계산할 수 있는지, 그리고 미지수를 구하기 위해 필요한 계산법을 찾아낼 수 있는지를 평가하는 유형이다. 문제에서 요구하는 조건을 빠르게 파악하여 정확히 식을 세우고 계산하는 것이 중요하며, 필요한 공식이 있다면 미리미리 외우고 적용하는 연습을 해야 한다.

┤ 학습 포인트 ├
- 문제풀이 시간 확보가 관건이므로 이 유형에서 점수를 따기 위해서는 다양한 문제를 최대한 많이 풀어보고 기초를 튼튼히 해야 한다.
- 고등학교 시절을 생각하며 오답노트를 만드는 것도 좋은 방법이 될 수 있다.

3 경우의 수·확률

주로 순열(P)과 조합(C)을 이용해 푸는 경우의 수에 관한 문제와 주사위·동전 등과 관련된 확률을 구하는 문제가 출제된다.

┤ 학습 포인트 ├
- 경우의 수의 합의 법칙과 곱의 법칙 등에 관해 명확히 숙지해야 한다.
- 문제에서 제시된 조건의 순서대로 경우의 수를 구하면 실수하거나 헷갈릴 위험이 적다.

03 │ 이론점검

1. 수의 관계

(1) **약수와 배수** : a가 b로 나누어떨어질 때, a는 b의 배수, b는 a의 약수라고 한다.

(2) **소수** : 1과 자기 자신만을 약수로 갖는 수. 즉, 약수의 개수가 2개인 수

(3) **합성수** : 1과 자신 이외의 수를 약수로 갖는 수. 즉, 소수가 아닌 수 또는 약수의 개수가 3개 이상인 수

(4) **최대공약수** : 2개 이상의 자연수의 공통된 약수 중에서 가장 큰 수

(5) **최소공배수** : 2개 이상의 자연수의 공통된 배수 중에서 가장 작은 수

(6) **서로소** : 1 이외에 공약수를 갖지 않는 두 자연수. 즉, 최대공약수가 1인 두 자연수

(7) **소인수분해** : 주어진 합성수를 소수의 거듭제곱의 형태로 나타내는 것

(8) **약수의 개수** : 자연수 $N = a^m \times b^n$에 대하여, N의 약수의 개수는 $(m+1) \times (n+1)$개

(9) **최대공약수와 최소공배수의 관계** : 두 자연수 A, B에 대하여, 최소공배수와 최대공약수를 각각 L, G라고 하면 $A \times B = L \times G$가 성립한다.

2. 방정식의 활용

(1) **날짜 · 요일 · 시계**

① 날짜 · 요일

　　㉠ 1일＝24시간＝1,440분＝86,400초

　　㉡ 날짜 · 요일 관련 문제는 대부분 나머지를 이용해 계산한다.

② 시계

　　㉠ 시침이 1시간 동안 이동하는 각도 : $30°$

　　㉡ 시침이 1분 동안 이동하는 각도 : $0.5°$

　　㉢ 분침이 1분 동안 이동하는 각도 : $6°$

(2) 시간 · 속력 · 거리

① (거리)＝(속력)×(시간)

   ⊙ 기차가 터널을 통과하거나 다리를 지나가는 경우

     • (기차가 움직인 거리)＝(기차의 길이)＋(터널 또는 다리의 길이)

   ⓛ 두 사람이 반대 방향 또는 같은 방향으로 움직이는 경우

     • (두 사람 사이의 거리)＝(두 사람이 움직인 거리의 합 또는 차)

② (시간)＝$\dfrac{(거리)}{(속력)}$, (속력)＝$\dfrac{(거리)}{(시간)}$

   ⊙ 흐르는 물에서 배를 타는 경우

     • (하류로 내려갈 때의 속력)＝(배 자체의 속력)＋(물의 속력)

     • (상류로 올라갈 때의 속력)＝(배 자체의 속력)－(물의 속력)

(3) 나이 · 인원 · 개수

구하고자 하는 것을 미지수로 놓고 식을 세운다. 동물의 경우 다리의 개수에 유의해야 한다.

(4) 원가 · 정가

① (정가)＝(원가)＋(이익), (이익)＝(정가)－(원가)

② a원에서 $b\%$ 할인한 가격＝$a\times\left(1-\dfrac{b}{100}\right)$

(5) 일률 · 톱니바퀴

① 일률

전체 일의 양을 1로 놓고, 시간 동안 한 일의 양을 미지수로 놓고 식을 세운다.

   • (일률)＝$\dfrac{(작업량)}{(작업기간)}$

   • (작업기간)＝$\dfrac{(작업량)}{(일률)}$

   • (작업량)＝(일률)×(작업기간)

② 톱니바퀴

(톱니 수)×(회전수)＝(총 맞물린 톱니 수)

즉, A, B 두 톱니에 대하여, (A의 톱니 수)×(A의 회전수)＝(B의 톱니 수)×(B의 회전수)

가 성립한다.

(6) 농도

$$① \ (농도) = \frac{(용질의\ 양)}{(용액의\ 양)} \times 100$$

$$② \ (용질의\ 양) = \frac{(농도)}{100} \times (용액의\ 양)$$

(7) 수 I

① 연속하는 세 자연수 : $x-1,\ x,\ x+1$

② 연속하는 세 짝수(홀수) : $x-2,\ x,\ x+2$

(8) 수 II

① 십의 자릿수가 x, 일의 자릿수가 y인 두 자리 자연수 : $10x+y$

이 수에 대해, 십의 자리와 일의 자리를 바꾼 수 : $10y+x$

② 백의 자릿수가 x, 십의 자릿수가 y, 일의 자릿수가 z인 세 자리 자연수 : $100x+10y+z$

(9) 증가 · 감소에 관한 문제

① x가 $a\%$ 증가 : $(1+\frac{a}{100})x$

② y가 $b\%$ 감소 : $(1-\frac{b}{100})y$

3. 경우의 수 · 확률

(1) 경우의 수

① 경우의 수 : 어떤 사건이 일어날 수 있는 모든 가짓수

② 합의 법칙

㉠ 두 사건 A, B가 동시에 일어나지 않을 때, A가 일어나는 경우의 수를 m, B가 일어나는 경우의 수를 n이라고 하면, 사건 A 또는 B가 일어나는 경우의 수는 $m+n$이다.

㉡ '또는', '~이거나'라는 말이 나오면 합의 법칙을 사용한다.

③ 곱의 법칙

㉠ A가 일어나는 경우의 수를 m, B가 일어나는 경우의 수를 n이라고 하면, 사건 A와 B가 동시에 일어나는 경우의 수는 $m \times n$이다.

㉡ '그리고', '동시에'라는 말이 나오면 곱의 법칙을 사용한다.

④ 여러 가지 경우의 수

㉠ 동전 n개를 던졌을 때, 경우의 수 : 2^n

㉡ 주사위 m개를 던졌을 때, 경우의 수 : 6^m

㉢ 동전 n개와 주사위 m개를 던졌을 때, 경우의 수 : $2^n \times 6^m$

㉣ n명을 한 줄로 세우는 경우의 수 : $n! = n \times (n-1) \times (n-2) \times \cdots \times 2 \times 1$

㉤ n명 중, m명을 뽑아 한 줄로 세우는 경우의 수 : $_n\mathrm{P}_m = n \times (n-1) \times \cdots \times (n-m+1)$

㉥ n명을 한 줄로 세울 때, m명을 이웃하여 세우는 경우의 수 : $(n-m+1)! \times m!$

ⓐ 0이 아닌 서로 다른 한 자리 숫자가 적힌 n장의 카드에서, m장을 뽑아 만들 수 있는 m자리 정수의 개수 : $_nP_m$

ⓞ 0을 포함한 서로 다른 한 자리 숫자가 적힌 n장의 카드에서, m장을 뽑아 만들 수 있는 m자리 정수의 개수 : $(n-1) \times_{n-1}P_{m-1}$

ⓩ n명 중, 자격이 다른 m명을 뽑는 경우의 수 : $_nP_m$

ⓒ n명 중, 자격이 같은 m명을 뽑는 경우의 수 : $_nC_m = \dfrac{_nP_m}{m!}$

ⓚ 원형 모양의 탁자에 n명을 앉히는 경우의 수 : $(n-1)!$

⑤ 최단거리 문제 : A에서 B 사이에 P가 주어져 있다면, A와 P의 최단거리, B와 P의 최단거리를 각각 구하여 곱한다.

(2) 확률

① (사건 A가 일어날 확률) $= \dfrac{(\text{사건 A가 일어나는 경우의 수})}{(\text{모든 경우의 수})}$

② 여사건의 확률

　㉠ 사건 A가 일어날 확률이 p일 때, 사건 A가 일어나지 않을 확률은 $(1-p)$이다.

　㉡ '적어도'라는 말이 나오면 주로 사용한다.

③ 확률의 계산

　㉠ 확률의 덧셈

　　두 사건 A, B가 동시에 일어나지 않을 때, A가 일어날 확률을 p, B가 일어날 확률을 q라고 하면, 사건 A 또는 B가 일어날 확률은 $p+q$이다.

　㉡ 확률의 곱셈

　　A가 일어날 확률을 p, B가 일어날 확률을 q라고 하면, 사건 A와 B가 동시에 일어날 확률은 $p \times q$이다.

④ 여러 가지 확률

　㉠ 연속하여 뽑을 때, 꺼낸 것을 다시 넣고 뽑는 경우 : 처음과 나중의 모든 경우의 수는 같다.

　㉡ 연속하여 뽑을 때, 꺼낸 것을 다시 넣지 않고 뽑는 경우 : 나중의 모든 경우의 수는 처음의 모든 경우의 수보다 1만큼 작다.

　㉢ (도형에서의 확률) $= \dfrac{(\text{해당하는 부분의 넓이})}{(\text{전체 넓이})}$

01 | 기초연산

| 유형분석 |

- 기본적인 사칙연산을 빠르고 정확하게 풀어낼 수 있는지를 평가하는 유형이다.
- 사칙연산이 주가 되는 가장 쉬운 유형에 속하지만 그만큼 실수가 많을 수 있으므로 주의한다.

01 다음 식을 계산한 값으로 옳은 것은?

$$572 \div 4 + 33 - 8$$

① 168   ② 158

③ 154   ④ 150

02 다음 빈칸에 들어갈 알맞은 숫자는?

$$129 - \square + 18 = -165$$

① 298   ② 312

③ 318   ④ 320

01

정답 ①

$572 \div 4 + 33 - 8 = 143 + 33 - 8 = 168$

02

정답 ②

$129 + 18 - (-165) = 312$

30초 컷 풀이 Tip

사칙연산 혼합계산 순서를 놓치지는 않았는지 확인한 후 문제를 풀이할 수 있도록 한다.

02 | 응용수리

| 유형분석 |

- 문제에 제시된 관계를 이용하여 비례식과 방정식을 수립하고 계산할 수 있는지를 평가하는 유형이다.

농도가 각각 10%, 6%인 설탕물을 섞어서 300g의 설탕물을 만들었다. 여기에 설탕 20g을 더 넣었더니 농도가 12%인 설탕물이 되었다면 6% 설탕물의 양은 얼마인가?

① 10g

② 20g

③ 280g

④ 290g

정답 ④

농도 10%, 6% 설탕물의 양을 각각 x, y라고 하면

$x+y=300$ … ㉠

$\dfrac{0.1x+0.06y+20}{300+20}=0.12$ … ㉡

㉠과 ㉡을 연립하여 풀면 $x=10$, $y=290$이다.

따라서 농도 6% 설탕물의 양은 290g이다.

| 30초 컷 풀이 Tip

- 연립방정식 : 미지수가 두 개 이상인 경우 미지수가 가장 적게 포함되어 있는 식을 활용하거나 연립방정식이 3개 이상 나오는 문제의 경우는 선택지의 값을 대입하여 구하는 것이 빠를 수 있다.
- 시간 · 속력 · 거리 : 시간이나 거리의 단위가 통일되어 있지 않은 경우 단위를 먼저 통일시키면 빠르게 문제를 풀 수 있다 (1시간=60분=3,600초, 1km=1,000m=100,000cm).
- 농도 : 숫자의 크기를 최대한 간소화해야 한다. 특히, 농도의 경우 분수와 정수가 같이 제시되고, 비율을 활용한 문제도 출제되고 있으므로 통분이나 약분을 통해 수를 간소화한다.
- 일 : 전체의 값을 모르고 이에 대한 비율을 묻는 문제의 경우 전체를 1이라고 하면 쉽게 풀이할 수 있다.
- 금액 : 전체 금액을 구하는 것이 아니라 할인된 금액을 구하면 수의 크기도 작아지고, 풀이 과정을 단축시킬 수 있다.
- 비례식 : 배수관계를 이용하여 문제를 빠르게 풀 수 있다. $A:B=C:D$의 비례식이 주어진 경우 $BC=AD$을 활용한다.

03 | 경우의 수·확률

| 유형분석 |

- 순열과 조합의 개념을 정확히 알고, 이를 이용하여 문제를 해결할 수 있는지 평가하는 유형이다.

서로 다른 소설책 7권과 시집 5권이 있다. 이 중에서 소설책 3권과 시집 2권을 선택하는 경우의 수는?

① 350가지

② 360가지

③ 370가지

④ 380가지

정답 ①

ⅰ) 7권의 소설책 중 3권을 선택하는 경우의 수 : $_7C_3 = \dfrac{7 \times 6 \times 5}{3 \times 2 \times 1} = 35$가지

ⅱ) 5권의 시집 중 2권을 선택하는 경우의 수 : $_5C_2 = \dfrac{5 \times 4}{2 \times 1} = 10$가지

따라서 소설책 3권과 시집 2권을 선택하는 경우의 수는 $35 \times 10 = 350$가지이다.

30초 컷 풀이 Tip

전체 조건을 생각했을 때, 전체의 경우의 수를 세는 것과 여사건을 활용하는 경우의 수를 생각해서 상대적으로 계산과정이 복잡하지 않은 것을 선택한다.

03 | 유형점검

정답 및 해설 p.006

※ 다음 빈칸에 들어갈 알맞은 숫자 또는 기호를 고르시오. **[1~4]**

01

$$3.514 \div 0.4 + 3.1 \square 8.455 = 3.43$$

① $+$ ② $-$
③ $\times$ ④ $\div$

Easy
02

$$46 \times 3 + 21 = 1 \square 9$$

① 4   ② 5
③ 6   ④ 7

03

$$13 \square 7 + 21 - 3 = 109$$

① $+$ ② $-$
③ $\times$ ④ $\div$

Hard
04

$$\frac{2}{3} \div 5 + \frac{2}{5} \times 2 = \frac{14}{\square}$$

① 10   ② 15
③ 17   ④ 20

05 다음 중 계산 결과가 다른 것은?

① $2 \times 3 \times 9$

② $(12+6) \times 3$

③ $8 \times 8 - 8$

④ $100 \div 2 + 4$

06 한 영화관의 평일 특별관 티켓 정가는 25,000원이며, 주말 특별관 티켓 정가는 이보다 20% 더 비싸다. 만일 이 영화관이 지역 주민을 대상으로 모든 티켓 가격을 10% 인하된 가격에 판매하는 이벤트를 진행한다면, 주말 티켓 가격은 주말 정가에 비해 얼마나 저렴하게 판매되겠는가?

① 2,500원

② 3,000원

③ 3,500원

④ 4,000원

07 H공장에서는 개당 제조원가 100원에 상품을 생산하고 있는데, 개당 제조원가 70원에 상품 생산이 가능한 새로운 공정으로 전환하는 것을 검토 중이다. 공정을 교체하는 데 1,800만 원이 소요된다고 할 때, 이 공장이 손해를 보지 않기 위해 최소한 몇 개 이상의 제품을 생산, 판매해야 하는가?

① 50만 개

② 60만 개

③ 70만 개

④ 80만 개

08 어떤 가게에서는 사과 10개가 들어있는 한 상자를 9,500원에 판매하고 있다. 이 가게에서 사과를 낱개로 구매하려면 개당 1,000원을 지불해야 한다. 50,000원으로 이 가게에서 살 수 있는 사과의 최대 개수는?

① 48개

② 50개

③ 52개

④ 54개

09 어느 학교의 모든 학생들이 n대의 버스에 나누어 타면 한 대에 45명씩 타야 하고, $(n+2)$대의 버스에 나누어 타면 한 대에 40명씩 타야 한다. 이 학교의 총 학생수는?(단, 빈 자리가 있는 버스는 없다)

① 600명
② 640명
③ 680명
④ 720명

10 재원이와 동혁이는 함께 점심을 먹기로 했다. 만나기로 한 장소에 가기 위해 재원이는 오토바이를 타고 시속 60km로, 동혁이는 버스를 타고 시속 36km로 서로를 향해 동시에 출발했다. 각자 2시간 15분이 걸린 뒤 약속 장소에서 두 사람이 만났다고 할 때, 출발 전 두 사람 간의 거리는?

① 168km
② 184km
③ 192km
④ 216km

11 희수는 집에서 1km 떨어진 편의점까지 분속 50m로 걸어가서 음료수를 사고, 다시 시속 60km로 이동하는 버스를 타고 40km를 이동해 학교에 갔다. 희수가 집에서 학교까지 가는 데 총 걸린 시간은?(단, 음료수를 사는 시간은 무시한다)

① 40분
② 50분
③ 1시간
④ 1시간 10분

`Hard`

12 수도관으로 물을 가득 채우는 데 1시간이 걸리는 수영장이 있다. 반면 이 수영장에 가득 찬물을 배수로로 빼내는 데에 1시간 40분이 걸린다. 만약 텅 빈 수영장에 물을 채우기 시작했는데 배수로로 물이 계속 빠져나가고 있었다면 수영장에 물을 가득 채우는 데 얼마나 걸리겠는가?

① 2시간
② 2시간 10분
③ 2시간 20분
④ 2시간 30분

13 H매장에서는 직원 6명이 마감청소를 하는 데 5시간이 걸린다. 만약 리모델링 작업을 진행하기 위해 3시간 만에 마감청소를 끝낼 수 있도록 단기로 직원을 추가 고용한다면, 더 필요한 단기직원의 수는?(단, 모든 직원의 능률은 동일하다)

① 2명   ② 3명

③ 4명   ④ 5명

14 농도가 9%인 묽은 염산 100g이 있다. 6%의 묽은 염산을 만들고자 한다면, 더 넣어야 할 물의 양은?

① 10g   ② 30g

③ 50g   ④ 70g

15 농도가 15%인 소금물 600g에 일정량의 소금을 넣으면 20%의 소금물이 된다. 더 넣은 소금의 양은?

① 37.5g   ② 38g

③ 38.5g   ④ 39g

16 농도가 10%인 설탕물 300g에서 일정량의 물을 증발시켰더니 농도가 30%인 설탕물이 되었다. 증발시킨 물의 양은?

① 50g   ② 100g

③ 150g   ④ 200g

17 미술 전시를 위해 정육면체 모양의 석고 조각의 각 면에 빨강, 주황, 노랑, 초록, 파랑, 검정으로 색을 칠하려고 하는데, 가지고 있는 색깔은 남김없이 모두 사용해야 한다. 회전해서 같아지는 조각끼리는 서로 같은 정육면체라고 할 때, 만들 수 있는 서로 다른 정육면체의 경우의 수는?

① 6가지 ② 15가지
③ 30가지 ④ 60가지

18 H회사의 한 부서는 남성 사원 4명, 여성 사원 5명으로 구성되어 있다. 부서장은 다음 주에 있는 임원회의에서 현재 부서에서 진행 중인 프로젝트에 대한 프레젠테이션을 실시할 발표자 3명을 임의로 뽑으려고 한다. 이 때 발표자에 여성 사원 2명이 포함되는 경우의 수는?

① 30가지 ② 40가지
③ 60가지 ④ 80가지

CHAPTER 04

자료해석

합격 Cheat Key

| 영역 소개 |

현대백화점그룹의 자료해석 영역은 꾸준히 출제되고 있는 유형으로 크게 변화가 없는 유형이기도 하다. 표 자체는 어렵지 않게 출제되지만, 문제에서 소수점 세 자리, 네 자리까지 계산을 요구하는 경우도 있기 때문에 실수하지 않고 정확히 계산하고 해석하는 연습을 하는 것이 중요하다.

1 자료추론

제시된 표나 그래프 등의 자료를 이해하고, 그중 필요한 자료를 수집하여 문제 해결에 적용하는 유형이다. 자료를 모두 확인하기에는 주어진 시간이 매우 짧기 때문에 문제를 읽음과 동시에 필요한 자료가 무엇인지를 파악하여 필요한 부분만을 선택적으로 분석하는 능력이 필요하다.

2 자료계산

제시된 공식을 활용하거나 비율, 증감률, 평균 등을 구하는 공식을 활용하여 일정한 값을 도출하는 문제가 출제된다.

┤ 학습 포인트 ├

• 표, 꺾은선 그래프, 막대그래프, 원그래프 등 다양한 형태의 자료를 눈에 익힌다. 그래야 실제 시험에서 자료가 제시되었을 때 중점을 두고 파악해야 할 부분이 더욱 선명하게 보일 것이다.

• 문제에서 제시되는 정보의 양이 매우 많으므로 시간을 절약하기 위해서는 문제를 읽은 후 바로 자료 분석에 들어가는 것보다는, 선택지를 먼저 읽고 필요한 정보만 추출하여 답을 찾는 것이 좋다.

04 | 이론점검

1. 도표

(1) 꺾은선(절선) 그래프

① 시간적 추이(시계열 변화)를 표시하는 데 적합하다.

　예 연도별 매출액 추이 변화 등

② 경과 · 비교 · 분포를 비롯하여 상관관계 등을 나타낼 때 사용한다.

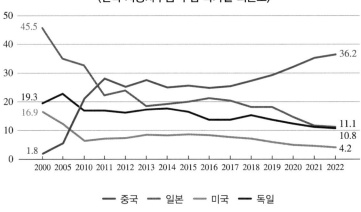

〈한국 자동차부품 수입 국가별 의존도〉

(2) 막대그래프

① 비교하고자 하는 수량을 막대 길이로 표시하고, 그 길이를 비교하여 각 수량 간의 대소 관계를 나타내는 데 적합하다.
   예 영업소별 매출액, 성적별 인원분포 등
② 가장 간단한 형태로 내역 · 비교 · 경과 · 도수 등을 표시하는 용도로 사용한다.

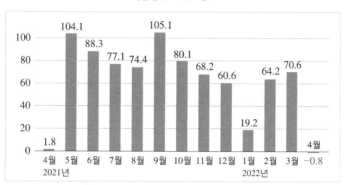

〈경상수지 추이〉

(3) 원그래프

① 내역이나 내용의 구성비를 분할하여 나타내는 데 적합하다.
   예 제품별 매출액 구성비 등
② 원그래프를 정교하게 작성할 때는 수치를 각도로 환산해야 한다.

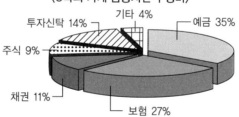

〈C국의 가계 금융자산 구성비〉

(4) 점그래프

① 지역분포를 비롯하여 도시, 지방, 기업, 상품 등의 평가나 위치, 성격을 표시하는 데 적합하다.

예 광고비율과 이익률의 관계 등

② 종축과 횡축에 두 요소를 두고, 보고자 하는 것이 어떤 위치에 있는가를 알고자 할 때 사용한다.

〈OECD 국가의 대학졸업자 취업률 및 경제활동인구 비중〉

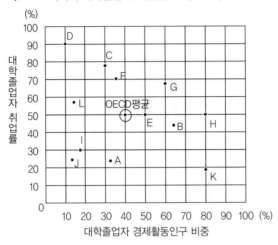

(5) 층별그래프

① 합계와 각 부분의 크기를 백분율로 나타내고 시간적 변화를 보는 데 적합하다.

② 합계와 각 부분의 크기를 실수로 나타내고 시간적 변화를 보는 데 적합하다.

예 상품별 매출액 추이 등

③ 선의 움직임보다는 선과 선 사이의 크기로써 데이터 변화를 나타내는 그래프이다.

〈경제고통지수 추이〉

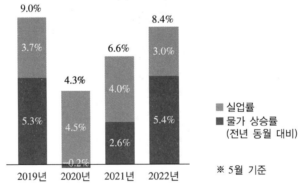

(6) 레이더 차트(거미줄그래프)

① 다양한 요소를 비교할 때, 경과를 나타내는 데 적합하다. 예 매출액의 계절변동 등

② 비교하는 수량을 직경, 또는 반경으로 나누어 원의 중심에서의 거리에 따라 각 수량의 관계를 나타내는 그래프이다.

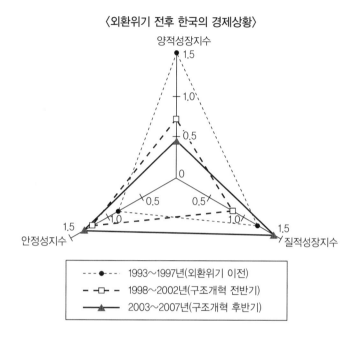

〈외환위기 전후 한국의 경제상황〉

--- ● --- 1993~1997년(외환위기 이전)
--- □ --- 1998~2002년(구조개혁 전반기)
―― ▲ ―― 2003~2007년(구조개혁 후반기)

01 | 자료추론

| 유형분석 |

- 주어진 자료를 분석하여 올바르게 이해하였는지를 평가하는 유형이다.
- 다양하게 제시된 정보 속에서 필요한 것들을 추려내는 능력이 요구된다.

다음은 2022년에 조사한 여가를 위해 가장 중요한 정책 1순위에 관한 통계 자료이다. 〈조건〉에 따라 A와 C에 해당하는 연령대를 바르게 나열한 것은?

연령대	시설 확충	프로그램 개발 및 보급	소외계층 여가지원	전문 인력 양성	휴가 법적보장	동호회 육성 및 지원
A	29.7	22.3	12.0	12.5	15.4	7.3
B	31.2	22.3	9.5	11.7	16.2	8.1
10대	29.1	23.1	10.2	10.6	17.1	8.8
40대	31.8	21.3	11.0	10.7	18.1	8.6
C	34.0	19.7	10.8	11.8	16.7	8.6
D	31.3	19.5	14.6	11.3	15.1	10.4
70대 이상	36.7	17.9	19.0	9.0	13.0	7.5

조건
- 연령대는 10대, 20대, 30대, 40대, 50대, 60대, 70대 이상이다.
- 전문 인력 양성의 비율이 가장 높은 두 연령대는 20대와 30대이다.
- 프로그램 개발 및 보급의 비율이 가장 낮은 두 연령대는 60대와 70대 이상이다.
- 1순위 정책으로 동호회 육성 및 지원을 뽑은 비율은 20대가 30대보다 낮다.
- 1순위 정책으로 휴가의 법적보장을 뽑은 비율은 50대가 20대보다 높다.

	A	C
①	20대	30대
②	20대	50대
③	60대	20대
④	30대	30대

두 번째 조건에 따라 전문 인력 양성을 뽑은 비율이 각각 12.5%, 11.8%로 가장 높은 A와 C는 20대와 30대 중 각각 하나에 해당된다. 세 번째 조건에 따라 D가 60대이므로 나머지 B는 50대임을 알 수 있다.

네 번째 조건에 따라 A와 C 중 동호회 육성 및 지원 응답비율이 낮은 A가 20대이고, C는 30대가 된다. 다섯 번째 조건에 따르면 휴가의 법적보장을 선택한 비율이 16.2%인 50대가 15.4%인 20대보다 높다.

따라서 A에 해당되는 연령대는 20대이고, C는 30대이다.

기호	연령대
A	20대
B	50대
C	30대
D	60대

30초 컷 풀이 Tip

주어진 자료를 전부 읽느라 시간을 허비할 필요는 없다. 제시된 자료 안에는 문제풀이에 필요하지 않은 정보 또한 상당수 포함되어 있으므로 조건 혹은 선택지를 먼저 파악하여 필요한 정보를 확인한 뒤 문제를 풀어 시간을 줄일 수 있도록 한다.

02 | 자료계산

| 유형분석 |

- 주어진 자료를 분석하여 비율과 증감, 각각의 수치를 정확하게 계산할 수 있는지 평가하는 유형이다.

서울에 사는 A씨는 인터넷이 가능한 휴대폰을 구입하기 위해 매장에 들렀다. 통화품질, 데이터 이용편의성, 디자인 등의 조건은 동일하기 때문에, 아래 제시된 모델 결정 계수가 가장 높은 제품을 구입할 것으로 예상된다. 그렇다면 A씨가 선택할 휴대폰은?

〈휴대폰 모델별 구분〉

모델명	통신속도	할부 개월(개월)	단말기 가격(원)	월납부요금(원)
A	LTE	24	300,000	34,000
B	LTE	24	350,000	38,000
C	3G	36	250,000	25,000
D	3G	36	200,000	23,000

※ (결정 계수)＝(할부 개월)×10,000＋(단말기 가격)×0.5＋(월납부요금)×0.5

① A
② B
③ C
④ D

정답 ③

각 모델의 휴대폰 결정 계수를 구하면 다음과 같다.
- A모델 결정 계수 : $24 \times 10,000 + 300,000 \times 0.5 + 34,000 \times 0.5 = 407,000$
- B모델 결정 계수 : $24 \times 10,000 + 350,000 \times 0.5 + 38,000 \times 0.5 = 434,000$
- C모델 결정 계수 : $36 \times 10,000 + 250,000 \times 0.5 + 25,000 \times 0.5 = 497,500$
- D모델 결정 계수 : $36 \times 10,000 + 200,000 \times 0.5 + 23,000 \times 0.5 = 471,500$
따라서 A씨는 결정 계수가 가장 높은 C모델을 구입한다.

30초 컷 풀이 Tip

계산법은 동일하되 할부 개월과 단말기 가격, 월 납부요금에서 차이가 나므로, 계산하기 전에 수치에서 크게 차이나는 경우는 없는지 먼저 확인해보도록 한다.

01 다음은 2013~2022년 물이용부담금 총액에 관한 자료이다. 이에 대한 〈보기〉의 설명 중 적절하지 않은 내용을 모두 고르면?

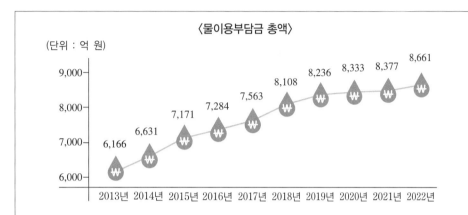

〈물이용부담금 총액〉

(단위 : 억 원)

※ 상수원 상류지역에서의 수질개선 및 주민지원 사업을 효율적으로 추진하기 위한 재원 마련을 위해 최종 수요자에게 물 사용량에 비례하여 물이용부담금 부과
※ 물이용부담금 단가는 한강, 낙동강, 영·섬유역은 170원/m³, 금강유역은 160원/m³

보기

㉠ 물이용부담금 총액은 지속적으로 증가하는 추세를 보이고 있다.
㉡ 2014년~2022년 중 물이용부담금 총액이 전년 대비 가장 많이 증가한 해는 2015년이다.
㉢ 2022년 물이용부담금 총액에서 금강유역 물이용부담금 총액이 차지하는 비중이 20%라면, 2022년 금강유역에서 사용한 물의 양은 약 10.83억m³이다.
㉣ 2022년 물이용부담금 총액은 전년 대비 3% 이상 증가했다.

① ㉠   ② ㉡
③ ㉢   ④ ㉠, ㉣

02 다음은 예식장 사업 형태에 대한 자료이다. 이에 대한 설명으로 적절하지 않은 것은?

〈예식장 사업 형태〉

(단위 : 개, 백만, m²)

구분	개인경영	회사법인	회사 이외의 법인	비법인 단체	합계
사업체 수	1,160	44	91	9	1,304
매출	238,789	43,099	10,128	791	292,807
비용	124,446	26,610	5,542	431	157,029
면적	1,253,791	155,379	54,665	3,534	1,467,369

※ (수익률)=(매출)÷(비용)

① 예식장 사업은 대부분 개인경영 형태로 이루어지고 있다.
② 사업체당 매출액이 평균적으로 제일 큰 것은 회사법인 예식장이다.
③ 예식장 사업은 매출액의 약 50% 이하로 수익이 나는 사업이다.
④ 수익률이 가장 높은 예식장 사업 형태는 회사법인 형태이다.

※ 다음은 구매하고자 하는 공기청정기에 대하여 인터넷 쇼핑몰 세 곳을 비교한 표이다. 이어지는 물음에 답하시오(단, 각 쇼핑몰의 혜택 적용 시 낮은 가격으로 비교한다). **[3~4]**

구분	정상가격	회원혜택	할인쿠폰	중복할인	배송비
A쇼핑몰	129,000원	7,000원 할인	5%	불가	2,000원
B쇼핑몰	131,000원	3,500원 할인	3%	가능	무료
C쇼핑몰	130,000원	7% 할인	5,000원	불가	2,500원

03 자료에 제시된 모든 혜택을 적용하였을 때, 공기청정기의 배송비를 포함한 가장 저렴한 구매가격 순으로 나열한 것은?

① A − B − C   ② A − C − B
③ B − C − A   ④ C − B − A

04 공기청정기의 배송비를 포함한 실제 구매가격이 가장 비싼 쇼핑몰과 가장 싼 쇼핑몰 간의 가격 차이는?(단, 중복할인이 불가한 쇼핑몰은 회원혜택을 적용한다)

① 500원   ② 550원
③ 600원   ④ 650원

※ 다음은 대한민국 공직사회에 대한 부패인식을 조사 및 분석한 자료이다. 이어지는 물음에 답하시오.
[5~6]

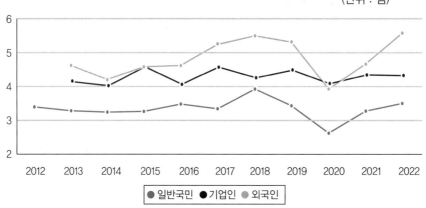

〈부패인식 응답비율〉

(단위 : %)

구분	2017년	2018년	2019년	2020년	2021년	2022년
일반국민	56.7	42.4	54.3	69.4	57.8	51.9
기업인	28.9	36.0	34.5	41.7	37.0	37.7
외국인	21.8	16.8	23.4	48.5	30.2	16.0

〈부패인식 점수 10점 평균〉

(단위 : 점)

● 일반국민 ● 기업인 ● 외국인

〈부패인식도 수치해석방법〉

항목별 응답유형	10점 환산점수
매우 부패	0.0
부패한 편	2.5
보통	5.0
부패하지 않음	7.5
거의 부패하지 않음	10.0

05 다음 중 주어진 자료에서 부패인식 응답비율의 전년 대비 증감폭이 가장 큰 것은?

① 2020년 일반국민
② 2020년 외국인
③ 2021년 일반국민
④ 2021년 외국인

Easy

06 다음 중 주어진 자료를 해석한 것으로 적절하지 않은 것은?

① 부패인식 응답비율과 부패인식 점수는 비례 관계이다.
② 부패인식도는 부패에 대한 인식이 높을수록 점수가 낮게 설정되어 있다.
③ 일반국민들은 기업인이나 외국인보다 공직사회가 부패했다고 인식하고 있다.
④ 외국인의 부패인식 응답비율이 가장 높았던 해는 다른 응답군의 응답비율 또한 가장 높았다.

※ 다음은 OECD 주요국가의 연도별 경제성장률(GDP)과 인터넷 이용률 자료이다. 이어지는 물음에 답하시오. **[7~8]**

〈OECD 주요국 연평균 경제성장률(GDP)〉

(단위 : %)

구분	2020년	2021년	2022년
독일	1.6	1.7	1.9
미국	2.4	2.6	1.6
스페인	1.4	3.2	3.2
영국	3.1	2.2	1.8
일본	0.3	1.2	1.0
캐나다	2.6	0.9	1.5
폴란드	3.3	3.8	2.7
프랑스	0.9	1.1	1.2
한국	3.3	2.8	2.8
호주	2.6	2.4	2.8

〈OECD 주요국 인터넷 이용률〉

(단위 : %)

구분	2020년	2021년	2022년
독일	86.2	87.6	89.6
미국	73.0	74.6	76.2
스페인	76.2	78.7	80.6
영국	91.6	92.0	94.8
일본	89.1	91.1	92.0
캐나다	87.1	88.5	89.8
폴란드	66.6	68.0	73.3
프랑스	83.8	84.7	85.6
한국	87.6	89.6	92.7
호주	84.0	84.6	88.2

07 다음 중 주어진 자료를 해석한 것으로 가장 적절한 것은?

① 경제성장률과 인터넷 이용률은 반비례 관계이다.

② 2021년과 2022년에 전년 대비 경제성장률이 하락하지 않은 국가는 총 4곳이다.

③ 2020년부터 2022년까지 인터넷 이용률이 감소한 국가는 총 1곳이다.

④ 2022년 2% 이상의 경제성장률과 더불어 90% 이상의 인터넷 이용률을 기록한 국가는 총 1곳이다.

08 다음 중 전년 대비 경제성장률의 증감폭이 가장 근접한 나라끼리 묶여있는 것은?

① 2021년 스페인－폴란드

② 2021년 영국－호주

③ 2022년 독일－프랑스

④ 2022년 일본－한국

※ 다음은 2022년 하반기 부동산시장 소비심리지수에 관한 자료이다. 이어지는 물음에 답하시오.
[9~10]

〈2022년 하반기 부동산시장 소비심리지수〉

구분	7월	8월	9월	10월	11월	12월
서울특별시	128.8	130.5	127.4	128.7	113.8	102.8
인천광역시	123.7	127.6	126.4	126.6	115.1	105.6
경기도	124.1	127.2	124.9	126.9	115.3	103.8
부산광역시	126.5	129.0	131.4	135.9	125.5	111.5
대구광역시	90.3	97.8	106.5	106.8	99.9	96.2
광주광역시	115.4	116.1	114.3	113.0	109.3	107.0
대전광역시	115.8	119.4	120.0	126.8	118.5	113.0
울산광역시	101.2	106.0	111.7	108.8	105.3	95.5
강원도	135.3	134.1	128.3	131.4	124.4	115.5
충청북도	109.1	108.3	108.8	110.7	103.6	103.1
충청남도	105.3	110.2	112.6	109.6	102.1	98.0
전라북도	114.6	117.1	122.6	121.0	113.8	106.3
전라남도	121.7	123.4	120.7	124.3	120.2	116.6
경상북도	97.7	100.2	100.0	96.4	94.8	96.3
경상남도	103.3	108.3	115.7	114.9	110.0	101.5

09 다음 중 자료를 보고 판단한 내용으로 적절하지 않은 것은?

① 7월 소비심리지수가 100 미만인 지역은 두 곳이다.
② 8월 소비심리지수가 두 번째로 높은 지역의 소비심리지수와 두 번째로 낮은 지역의 소비심리지수의 차는 30.3이다.
③ 11월 모든 지역의 소비심리지수가 전월보다 감소했다.
④ 서울특별시의 7월 대비 12월의 소비심리지수 감소율은 19% 미만이다.

Hard
10 경상북도의 전월 대비 10월의 소비심리지수 감소율과 대전광역시의 9월 대비 12월의 소비심리지수 감소율의 합은?(단, 소수점 둘째 자리에서 반올림한다)

① 9.0%   ② 9.2%
③ 9.4%   ④ 9.6%

교육이란 사람이 학교에서 배운 것을
잊어버린 후에 남은 것을 말한다.

– 알버트 아인슈타인 –

수열추리

합격 Cheat Key

| 영역 소개 |

수열추리는 일정한 규칙으로 수를 나열했을 때, 빈칸에 들어갈 알맞은 수를 고르는 유형의 문제가 출제된다. 기본적인 등차, 등비, 계차수열과 관련하여 이를 응용한 문제와 건너뛰기 수열(홀수 항, 짝수 항에 규칙이 따로 적용되는 수열)이 많이 출제되는 편이며, 군수열이 출제되기도 한다.

또한 나열되는 수는 자연수뿐만 아니라 분수, 소수, 정수 등 다양하게 제시된다. 수가 변화하는 규칙을 빠르게 파악하는 것이 관건이므로, 많은 문제를 풀어보며 유형을 익히는 것이 중요하다.

| 유형 소개 |

대부분의 대기업 적성검사에서 흔히 볼 수 있는 수열추리 유형이다. 나열된 수열을 보고 규칙을 찾아서 빈칸에 들어갈 알맞은 숫자를 고르는 유형으로, 간단해 보이지만 실제 수험생들의 후기를 보면 가장 어려운 영역이라고 말한다. 기본적인 수열뿐 아니라 복잡한 형태의 종잡을 수 없는 규칙도 나오기도 하고, 현대백화점그룹의 경우 특징적인 문제로 영어나 한글과 같은 문자가 출제되기도 한다.

┤ 학습 포인트 ├

- 표, 꺾은선 그래프, 막대그래프, 원그래프 등 다양한 형태의 자료를 눈에 익힌다. 그래야 실제 시험에서 자료가 제시되었을 때 중점을 두고 파악해야 할 부분이 더욱 선명하게 보일 것이다.
- 문제에서 제시되는 정보의 양이 매우 많으므로 시간을 절약하기 위해서는 문제를 읽은 후 바로 자료 분석에 들어가는 것보다는, 선택지를 먼저 읽고 필요한 정보만 추출하여 답을 찾는 것이 좋다.

1. 수추리

(1) 등차수열 : 앞의 항에 일정한 수를 더해 이루어지는 수열

예

(2) 등비수열 : 앞의 항에 일정한 수를 곱해 이루어지는 수열

예

(3) 계차수열 : 앞의 항과의 차가 일정하게 증가하는 수열

예

(4) 피보나치 수열 : 앞의 두 항의 합이 그 다음 항의 수가 되는 수열

$a_n = a_{n-1} + a_{n-2}$ ($n \geq 3$, $a_1 = 1$, $a_2 = 1$)

예 1   1 $\underset{1+1}{\underline{2}}$ $\underset{1+2}{\underline{3}}$ $\underset{2+3}{\underline{5}}$ $\underset{3+5}{8}$ $\underset{5+8}{\underline{13}}$ $\underset{8+13}{\underline{21}}$

(5) 건너뛰기 수열 : 두 개 이상의 수열이 일정한 간격을 두고 번갈아가며 나타나는 수열

예 1   1   3   7   5   13   7   19

• 홀수 항 : 1   3   5   7
　　　　　　　+2 +2 +2

• 짝수 항 : 1   7   13   19
　　　　　　　+6 +6 +6

(6) 군수열 : 일정한 규칙성으로 몇 항씩 묶어 나눈 수열

예 ・1 1 2 1 2 3 1 2 3 4

$\Rightarrow \underline{1}\ \ \underline{1\ \ 2}\ \ \underline{1\ \ 2\ \ 3}\ \ \underline{1\ \ 2\ \ 3\ \ 4}$

・1 3 4 6 5 11 2 6 8 9 3 12

$\Rightarrow \underset{1+3=4}{\underline{1\ \ 3\ \ 4}}\ \ \underset{6+5=11}{\underline{6\ \ 5\ \ 11}}\ \ \underset{2+6=8}{\underline{2\ \ 6\ \ 8}}\ \ \underset{9+3=12}{\underline{9\ \ 3\ \ 12}}$

・1 3 3 2 4 8 5 6 30 7 2 14

$\Rightarrow \underset{1\times3=3}{\underline{1\ \ 3\ \ 3}}\ \ \underset{2\times4=8}{\underline{2\ \ 4\ \ 8}}\ \ \underset{5\times6=30}{\underline{5\ \ 6\ \ 30}}\ \ \underset{7\times2=14}{\underline{7\ \ 2\ \ 14}}$

2. 문자추리

주로 영문 알파벳 대소문자, 한글 자음과 모음, 숫자 등이 서로 대응하는 문제가 출제된다. 시간적 여유가 있다면 각각의 숫자들을 대응시켜 풀거나 아래 표와 같이 대응되는 문자를 암기하면 좀 더 빠르게 풀 수 있다.

1	2	3	4	5	6	7	8	9	10	11	12	13
A	B	C	D	E	F	G	H	I	J	K	L	M
ㄱ	ㄴ	ㄷ	ㄹ	ㅁ	ㅂ	ㅅ	ㅇ	ㅈ	ㅊ	ㅋ	ㅌ	ㅍ
ㅏ	ㅑ	ㅓ	ㅕ	ㅗ	ㅛ	ㅜ	ㅠ	ㅡ	ㅣ	ㅏ	ㅑ	ㅓ

14	15	16	17	18	19	20	21	22	23	24	25	26
N	O	P	Q	R	S	T	U	V	W	X	Y	Z
ㅎ	ㄱ	ㄴ	ㄷ	ㄹ	ㅁ	ㅂ	ㅅ	ㅇ	ㅈ	ㅊ	ㅋ	ㅌ
ㅕ	ㅗ	ㅛ	ㅜ	ㅠ	ㅡ	ㅣ	ㅏ	ㅑ	ㅓ	ㅕ	ㅗ	ㅛ

01 | 수추리

| 유형분석 |

- 나열된 수를 분석하여 그 안의 규칙을 찾고 적용할 수 있는지를 평가하는 유형이다.

※ 일정한 규칙으로 수를 나열할 때 다음 중 빈칸에 들어갈 알맞은 수를 고르시오. [1~2]

01

| 25 1,975 250 1,750 555 1,445 600 ( ) |

① 1,225
② 1,400
③ 1,550
④ 1,720

02

| 8 43,923 27 3,993 64 363 125 ( ) 216 |

① 24
② 27
③ 30
④ 33

01

정답 ②

항을 두 개씩 묶었을 때 합이 2,000인 수열이다.
따라서 ( )=2,000-600=1,400이다.

02

정답 ④

홀수 항은 2^3, 3^3, 4^3, 5^3 …이고, 짝수 항은 ÷11인 수열이다.
따라서 ( )=363÷11=33이다.

30초 컷 풀이 Tip

수추리에 분수나 소수가 나오면 어려운 문제인 것처럼 보이지만 오히려 규칙은 단순한 경우가 많다. 또한, 일반적인 방법으로 규칙이 보이지 않는다면 홀수 항과 짝수 항을 분리해서 파악하거나, 군수열을 의심하고 n개의 항을 묶어 생각한다.

02 | 문자추리

| 유형분석 |

- 나열된 문자를 분석하여 그 안의 규칙을 찾고 적용할 수 있는지를 평가하는 유형이다.
- 숫자 대신 알파벳이나 한글 자음·모음이 나열되는 경우가 대부분이다.

일정한 규칙으로 문자를 나열할 때 다음 중 빈칸에 들어갈 알맞은 문자는?

| B X D L H F P ( ) |

① W   ② X

③ Z   ④ C

정답 ④

홀수 항은 ×2, 짝수 항은 ÷2로 나열된 수열이다.

B	X	D	L	H	F	P	(C)
2	24	4	12	8	6	16	3

30초 컷 풀이 Tip

문자열이 출제되는 경우, 문제를 풀기 전에 알파벳이나 한글을 번호에 맞춰 쓰고 풀이를 시작하면 오히려 시간을 절약할 수 있다. 또한 한글 자음, 한글 모음, 알파벳이 숫자로 제시되는 경우 각각의 주기를 갖는다. 이를 고려하여 풀이에 활용한다.

- 한글 자음 : 14
- 한글 모음 : 10
- 알파벳 : 26

05 | 유형점검

정답 및 해설 p.012

※ 일정한 규칙으로 수를 나열할 때 다음 중 빈칸에 들어갈 알맞은 수를 고르시오. [1~10]

Easy
01

| 3   9   27   81   (   )   729 |

① 242   ② 243
③ 244   ④ 245

02

| 3   14   25   36   (   )   58   69 |

① 44   ② 45
③ 46   ④ 47

Easy
03

| 320   160   80   40   20   (   )   5 |

① 18   ② 15
③ 13   ④ 10

04

| 12.3   15   7.5   10.2   (   )   7.8   3.9 |

① 4.2   ② 5.1
③ 6.3   ④ 7.2

05

$$4 \quad 3 \quad 1 \quad 2 \quad -1 \quad 3 \quad (\quad)$$

① -3 ② -4

③ -5 ④ -6

06

$$1 \quad 5 \quad 5 \quad 9 \quad (\quad) \quad 21$$

① 10   ② 11

③ 13   ④ 15

07

$$6 \quad 8 \quad 16 \quad 26 \quad (\quad) \quad 72$$

① 32   ② 36

③ 40   ④ 44

08

$$(\quad) \quad 3 \quad 6 \quad 18 \quad 108 \quad 1,944$$

① 0   ② 1

③ 2   ④ 3

Hard

09

$$3 \quad (\quad) \quad 20 \quad 54 \quad 148 \quad 404 \quad 1,104$$

① 3   ② 5

③ 7   ④ 9

10

31	71	27	64	( )	57	19	50	

① 9   ② 23
③ 41   ④ 63

※ 일정한 규칙으로 문자를 나열할 때 다음 중 빈칸에 들어갈 알맞은 문자를 고르시오. [11~20]

11

H ㄷ ( ) ㅂ ㄴ ㅌ

① B   ② D
③ J   ④ I

Easy
12

Y ( ) Q M I E

① W   ② X
③ V   ④ U

13

ㅜ ㄷ ( ) ㅅ ㅓ ㅋ

① ㅠ   ② ㅂ
③ ㅅ   ④ ㅗ

14

C P ㅂ H ㅌ ( ) X B

① B   ② ㅑ
③ ㄹ   ④ R

15

A B D ( ) P

① F   ② G
③ H   ④ I

16

ㄴ ㅁ ( ) ㅋ ㅎ

① ㅂ   ② ㅇ
③ ㅊ   ④ ㅌ

17

D ( ) E J F M G P

① A   ② C
③ E   ④ G

Hard
18

( ) ㅏ ㄷ ㅓ ㅅ ㅗ ㅍ ㅜ

① ㄱ   ② ㄴ
③ ㄷ   ④ ㄹ

19

| B D H N ( ) |

① T ② U
③ V ④ W

20

| A B C E ( ) M U |

① E ② F
③ G ④ H

훌륭한 가정만한 학교가 없고,
덕이 있는 부모만한 스승은 없다.

— 마하트마 간디 —

CHAPTER 06

시각적주의집중력

합격 Cheat Key

| 영역 소개 |

시각적주의집중력은 주어진 문자나 기호들 간의 차이를 비교하여 빠르게 감별할 수 있는 능력을 평가하는 영역이다. 특별한 이론이나 기술이 필요한 영역은 아니기 때문에 꾸준히 연습한다면 어렵지 않게 문제를 해결할 수 있다.

| 유형 소개 |

제시되는 문자나 기호는 그 종류가 매우 다양하다. 한글은 물론이고 영어, 한자, 숫자, 특수문자 뿐 아니라 아랍어와 태국어 등 익숙하지 않은 문자가 출제되어 문제를 푸는 데 시간을 지체하게 만든다. 또한 명확한 이론이 있는 영역이 아니기 때문에 부단한 연습으로 시간을 줄이는 것만이 유일한 방법이다. 따라서 찾아야 할 숫자나 기호, 문자 등의 특징적인 부분을 빠르게 분별하는 연습을 해야 한다.

┌ 학습 포인트 ├

• 명확한 이론이 있는 영역이 아니기 때문에 부단한 연습으로 시간을 줄이는 것만이 유일한 방법이다.
• 구분선을 그려 넣는 등 찾아야 할 숫자나 기호, 문자 등의 특징적인 부분을 빠르게 분별할 수 있는 자신만의 방법을 찾아 연습을 해야 한다.

01 | 좌우비교

| 유형분석 |

- 유사한 한글, 영어, 한자, 숫자, 기호 중에서 제시된 문자를 빠른 시간 안에 정확히 찾아낼 수 있는지 평가하는 유형이다.

01 다음 중 좌우를 비교했을 때 다른 것은 몇 개인가?

| 2018053182940991 − 2018853181940999 |

① 1개 ② 2개 ③ 3개 ④ 4개

02 다음 중 좌우를 비교했을 때 같은 것은 몇 개인가?

| 力至壬夫刀丁可力任壬午河可陸睦任 − 刀至任芙力丁河刀荏壬年河訶陸陸任 |

① 5개 ② 6개 ③ 7개 ④ 8개

03 다음 중 좌우가 서로 다른 것은?

① LUNCHISLAUNCHINGNOW − LUNCHISLAUNCHINGNOW
② 886686855559932 − 886686855559932
③ 時代考試教育愛斗企劃人 − 時代考試教育愛斗企獲人
④ 토쿄톡쿄교캬쿄쿠츄챠치 − 토쿄톡쿄교캬쿄쿠츄챠치

01
정답 ③

2018053182940991 − 2018853181940999

02
정답 ②

力至壬夫刀丁可力任壬午河可陸睦任 − 刀至任芙力丁河刀荏壬年河訶陸陸任

03
정답 ③

時代考試教育愛斗企劃人 − 時代考試教育愛企獲人

02 | 문자조합

| 유형분석 |

- 주어진 규칙을 빠르게 파악하여 적용할 수 있는지를 파악하는 유형이다.
- 한 번의 변환을 거칠 뿐 기본적으로는 사칙연산 수준에서 벗어나지 않으므로 침착하게 풀이할 수 있도록 한다.

다음 중 어느 알파벳을 더해야 21이 나오는가?

| D : 7 E : 8 L : 15 M : 11 Q : 6 S : 9 T : 12 |

① QS   ② LQ
③ DT   ④ EM

정답 ②

$L+Q=15+6=21$

오답분석
① $Q+S=6+9=15$
③ $D+T=7+12=19$
④ $E+M=8+11=19$

30초 컷 풀이 Tip

문제풀이 자체는 사칙연산 수준에서 벗어나지 않지만 한 번의 변환을 거쳐야 하며, 무엇보다 20문제를 푸는 데 주어진 시간이 2분 남짓으로 매우 짧다. 따라서 제시된 알파벳 중 가장 큰 수 또는 가장 작은 수를 확인하여 제시된 수와 대조 후 넘치거나 부족한 선지를 먼저 제외하며 풀 수 있도록 한다.

03 | 문자찾기

| 유형분석 |

- 유사한 한글, 영어, 한자, 숫자, 기호 중에서 제시된 문자를 빠른 시간 안에 정확히 찾아낼 수 있는지 평가하는 유형이다.

다음 제시된 문자와 같은 것의 개수는?

ⓘ

ⓐ	ⓑ	ⓓ	ⓗ	ⓢ	ⓙ	ⓦ	ⓑ	ⓓ	ⓕ	ⓩ	ⓗ
ⓖ	ⓙ	ⓘ	ⓙ	ⓖ	ⓙ	ⓘ	ⓒ	ⓗ	ⓖ	ⓥ	ⓙ
ⓢ	ⓩ	ⓘ	ⓓ	ⓓ	ⓘ	ⓙ	ⓕ	ⓤ	ⓓ	ⓦ	ⓘ
ⓙ	ⓤ	ⓢ	ⓩ	ⓗ	ⓨ	ⓑ	ⓖ	ⓣ	ⓜ	ⓤ	ⓙ

① 0개   ② 2개   ③ 4개   ④ 6개

정답 ③

ⓐ	ⓑ	ⓓ	ⓗ	ⓢ	ⓙ	ⓦ	ⓑ	ⓓ	ⓕ	ⓩ	ⓗ
ⓖ	ⓙ	ⓘ	ⓙ	ⓖ	ⓙ	ⓘ	ⓒ	ⓗ	ⓖ	ⓥ	ⓙ
ⓢ	ⓩ	ⓘ	ⓓ	ⓓ	ⓘ	ⓙ	ⓕ	ⓤ	ⓓ	ⓦ	ⓘ
ⓙ	ⓤ	ⓢ	ⓩ	ⓗ	ⓨ	ⓑ	ⓖ	ⓣ	ⓜ	ⓤ	ⓙ

30초 컷 풀이 Tip

제시된 문자의 가장 특징적인 부분을 중점으로 비교하거나 구분선을 그려 넣어 시각적인 혼동을 줄이면 시간과 오류를 줄일 수 있다. 또한, 다시 확인하는 일이 없도록 처음부터 하나씩 꼼꼼하게 문자를 대조하는 것이 시간 단축과 정답률에 도움이 된다.

06 | 유형점검

정답 및 해설 p.014

※ 제시된 문자의 좌우를 비교하여 앞이 서로 다르면 ①, 뒤가 서로 다르면 ②, 둘 다 같거나 다르면 ③을 고르시오. [1~2]

01

| 아야여유이예얘야 ― 아야여유이예얘야 | 댜뎌됴대디댜드두 ― 댜뎌됴대디댜드두 |

①　　　　　　　　　　　②　　　　　　　　　　　③

02

| ㄴㄷㅂㅇㄱㅋㅊㅎ ― ㄴㄷㅂㅇㄱㅋㅊㅎ | ⓄⓅⓈⓇⒺⓌⓍ ― ⓄⓅⓈⓇⒺⓌⓍ |

①　　　　　　　　　　　②　　　　　　　　　　　③

※ 다음 제시된 문자를 비교하여 같으면 ①, 다르면 ②를 표기하시오. [3~5]

03

↓↓↑∕∕↗↓↓←[　]↓↓↑∕∕↗↓↓←

04

잉몸잉줌골좀엉곰뱅범[　]잉몸잉줌골줌엉곰뱅범

05

852515462185 [　　] 852515462185

※ 다음에서 왼쪽에 표시된 굵은 글씨체와 같은 문자·기호의 개수를 고르시오. [6~8]

06

| ← | →↓＼→←↗↑↑↓＼↗↗↓↙←↓＼↘←→↓＼↗→↙←↗↙↙←→↓ |

① 5개　　　　　　　　　　　② 6개
③ 7개　　　　　　　　　　　④ 8개

07

| % | 1#%&(2＝5($43!^%&9&#＝0)9%#＝!)^60!*3#%2×6+0#%!@($^)5)%&!5*68$1 |

① 5개　　　　　　　　　　　② 6개
③ 7개　　　　　　　　　　　④ 8개

Hard
08

| ソ | サナヌプクグクソキゾノホヘヌナピサクソレ リラプリリルスソゼテトソソノペハア |

① 5개　　　　　　　　　　　② 6개
③ 7개　　　　　　　　　　　④ 8개

---

09 다음 중 어느 알파벳을 더해야 11이 나오는가?

| B : 3　F : 10　H : 5　J : 7　K : 6　O : 3　X : 8 |

① BH　　　　　　② BF　　　　　　③ OX　　　　　　④ JX

10 다음 중 어느 알파벳을 더해야 9가 나오는가?

A : 6   B : 5   H : 14   C : 12   K : 4   M : 3   P : 11

① AK   ② BC   ③ KB   ④ AP

11 다음 중 어느 알파벳을 더해야 24가 나오는가?

A : 14   C : 16   G : 8   N : 10   O : 15   P : 11   Z : 9

① CG   ② NO   ③ AZ   ④ CP

12 다음 제시된 문자와 같은 문자의 개수는?

XO

XQ	XG	XL	XD	XE	XV	XI	XO	XG	XX	X0	X7
XO	X0	X8	XD	XQ	XV	XE	XD	XX	XG	XL	XD
XL	XE	XD	XG	XO	XA	Xo	XQ	XC	XC	XD	XK
XK	XG	XQ	XD	Xo	XO	XG	XK	XL	XA	XT	X5

① 1개   ② 2개
③ 3개   ④ 4개

CHAPTER 07

형태·공간지각

합격 Cheat Key

| 영역 소개 |

현대백화점그룹의 형태·공간지각 영역은 다양한 유형의 문제가 출제되며, 지원자의 형태지각 능력과 공간지각 능력, 그리고 변화된 도형의 모습을 예측하는 추리력을 평가하는 영역이다. 크게 평면도형과 입체도형으로 나눌 수 있으며, 평면도형 및 입체도형과 관련한 다양한 문제들이 출제된다. 타기업 적성검사의 도형 문제와 비교하여 어렵지 않게 출제된다고 알려져 있으나, 그만큼 많은 문제를 정확하게 풀 수 있도록 충분한 연습을 해야 한다.

| 유형 소개 |

1 평면도형

주어진 도형을 회전하였을 때 일치하는 도형을 찾는 유형과 주어진 도형을 회전·대칭한 후의 모양을 찾는 유형이 출제된다.

┌─ 학습 포인트 ├─
- 공부를 하다가 잘 이해가 되지 않는 경우에는 머릿속으로 상상하는 것에 그치지 말고 실제로 도형을 회전해 보며 도형의 모양 변화를 익혀두는 것이 좋다.

2   회전체

주어진 도형을 회전축을 중심으로 회전시켰을 때 나타나는 회전체를 찾는 유형과 어떤 도형을 회전시켰을 때 주어진 회전체가 나올지 찾는 유형이다.

> ┤ 학습 포인트 ├
> • 주어진 도형의 회전축을 중심으로 좌우대칭을 시켜 이와 같은 단면도를 가진 입체도형을 찾는다.

3   전개도

전개도를 보고 어떤 입체도형인지 파악하는 유형과 주어진 입체도형을 보고 알맞은 전개도를 고르는 유형이 출제된다.

> ┤ 학습 포인트 ├
> • 전개도상에서는 떨어져 있지만 입체도형으로 만들었을 때 서로 연결되는 면을 주의 깊게 살핀다.
> • 마주보는 면과 인접하는 면을 구분하여 학습한다.
> • 평면이었던 전개도가 입체도형이 되면서 면의 그림이 회전되는 모양을 확인한다.

01 | 그림비교

| 유형분석 |

- 유사한 도형의 차이점을 발견해내는 지각력과 주의력을 동시에 평가하는 유형이다.
- 제시된 도형을 회전하여 비교해야 하는 경우도 있으므로 주의한다.

다음 중 제시된 도형과 같은 것은?(단, 도형은 회전이 가능하다)

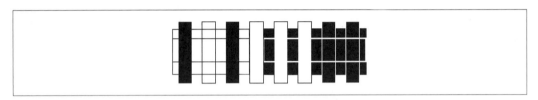

①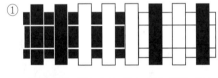

②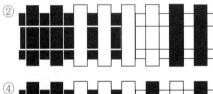

③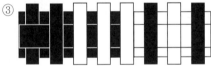

④

정답 ④

오답분석

①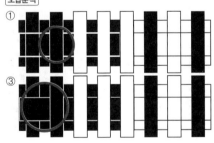

②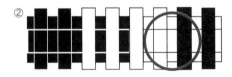

③

02 | 회전체

| 유형분석 |

- 만들어지지 않은 도형의 전개도를 보고 완성된 입체도형을 연상할 수 있는지를 평가하는 유형이다.

다음 도형을 축을 중심으로 회전시켰을 때 만들어지는 입체도형으로 알맞은 것은?

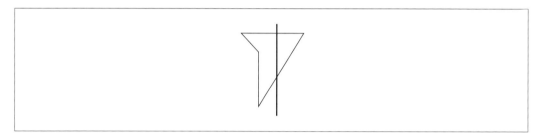

①

②

③

④

정답 ②

 의 대칭을 해보면 과 같이 나온다.

우측 삼각형 부분은 좌측 도형 안쪽에 위치하므로 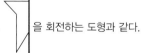 을 회전하는 도형과 같다.

03 | 전개도

| 유형분석 |

• 평면도형에 대한 형태지각 능력과 추리 능력을 평가한다.

다음 중 주어진 전개도로 정육면체를 만들 때, 만들어질 수 없는 것은?

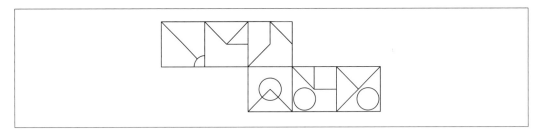

①

②

③

④

먼저, 정육면체를 만들었을 때 꼭짓점이 만들어지는 부분을 표시하면 다음과 같다.

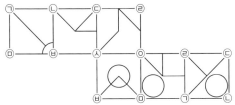

④의 경우 ◎을 기준으로 다음과 같이 좌측면이 180° 회전되어 있어야 한다. 따라서 ④가 답이 된다.

오답분석

꼭짓점을 기준으로 ①~③을 비교해 보면, ①은 ㅁ, ②는 ㅅ, ③은 ㄹ을 중심으로 세 면이 전개도와 일치함을 알 수 있다.

30초 컷 풀이 Tip

전개도와 비교하기 전에 보기 간의 비교를 통해 오답을 제거하는 것도 문제를 빠르게 푸는 방법 중 하나이다. 예를 들어 위 문제의 경우, ①과 ④를 비교하면 ①의 우측면을 좌측에 오도록 놓았을 때 ④가 될 수 없으므로, ①이나 ④ 중 하나가 답이 된다는 것을 알 수 있다. 따라서 ②, ③은 확인할 필요 없이 ①, ④만 전개도와 비교하여 한결 빠르고 수월하게 답을 고를 수 있다.

※ 다음 제시된 도형을 회전하였을 때 나올 수 없는 도형을 고르시오. [1~3]

Easy
01

①

②

③

④

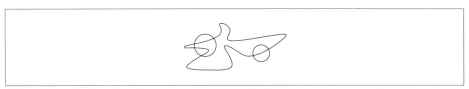

①

②

③

④

03

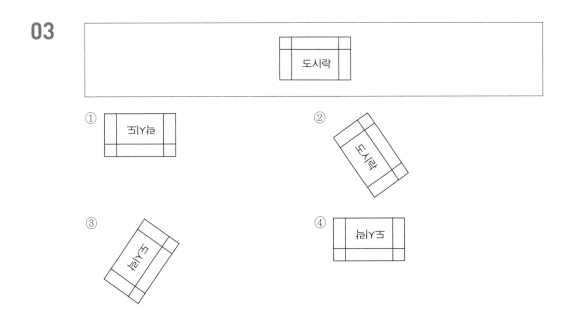

※ 다음 도형을 축을 중심으로 회전시켰을 때 만들어지는 입체도형을 고르시오. [4~6]

04

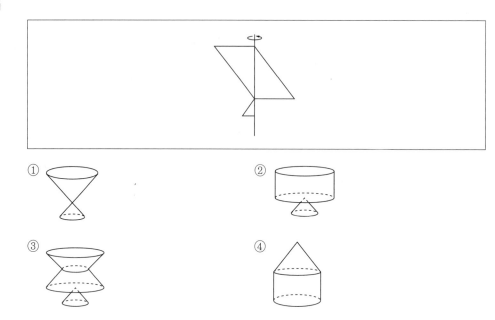

05

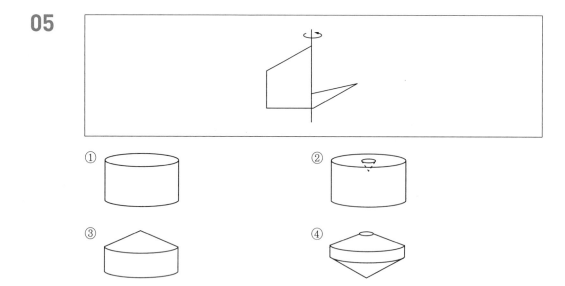

06

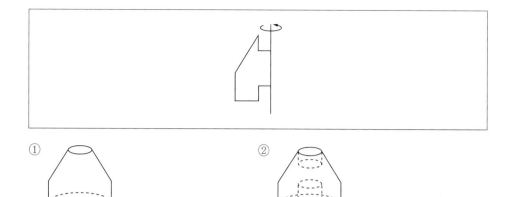

①

②

③

④

※ 다음 제시된 전개도로 만들 수 있는 입체도형을 고르시오. [7~9]

Easy
07

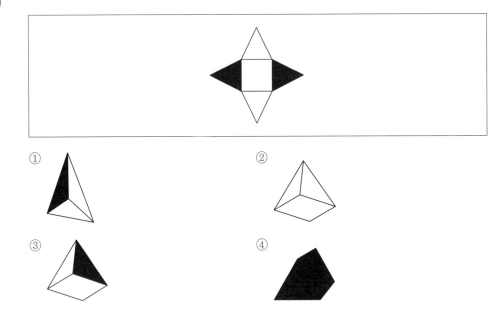

08

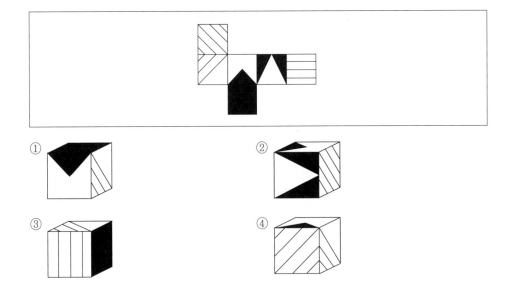

09

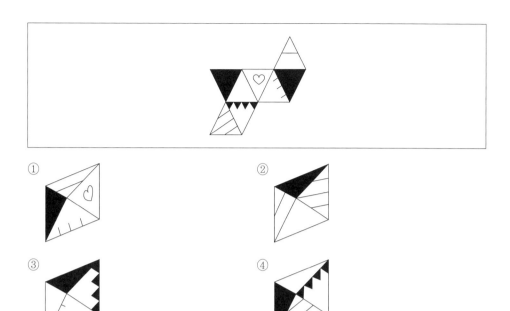

① ② ③ ④

공간·상징추리

합격 Cheat Key

| 영역 소개 |

공간·상징추리에서는 공간능력을 보유하고 있는지, 제한된 시간 내에 주어진 자료를 이용하여 적절하게 응용할 수 있는지와 입체적이고 종합적인 사고력을 갖추고 있는지를 평가한다.

1   도형치환

도형치환 유형은 도형 또는 기호가 제시되고, 이것들이 각각 의미하는 바가 정보로 주어진다. 그리고 이러한 도형 또는 기호를 조합하여 만든 그림이 제시되고, 이 그림을 통해 어떤 문장을 유추할 수 있는지 물어본다.

2   도식추리

도식추리 유형은 문자가 변화하는 과정을 보고 기호의 의미를 파악한 후, 제시된 문자가 어떻게 변화하는지 판단하는 유형이다.

┤ 학습 포인트 ├

- 그동안 시험에서는 각 자릿수 ±4까지의 연산, 문자의 이동 등의 규칙이 출제되었다. 따라서 문자에 대응하는 숫자를 숙지하고 있으면 문제 푸는 시간을 단축할 수 있을 것이다.
- 규칙을 추론해야 한다는 사실에 겁부터 먹는 지원자들이 있는데, 사실 규칙의 대부분이 문자의 배열을 서로 바꾸거나 일정한 앞 또는 뒤의 문자로 치환하는 정도이므로 그리 복잡하지 않다. 또한 거치는 과정도 생각보다 많지 않으므로, 기본 논리 구조를 이해하고 연습한다면 실전에서 어렵지 않게 문제를 풀어낼 수 있을 것이다.
- 각 규칙들이 2개 이상 한꺼번에 적용되어 제시되기 때문에 각각의 예시만 봐서는 규칙을 파악하기 어렵다. 공통되는 규칙이 있는 예시를 찾아 서로 비교하여 각 문자열의 위치가 바뀌었는지/숫자의 변화가 있었는지 등을 확인하며 규칙을 찾아야 한다.

01 | 도형치환 ①

| 유형분석 |

- 주어진 정보를 빠르게 인지하고 적용할 수 있는지를 평가하는 유형이다.
- 제시된 도형을 사물이나 풍경으로 치환하여 인식하는 능력이 필요하다.

※ 다음 중 도형에 대한 해석으로 가장 적절한 것을 고르시오. [1~2]

> ☆ 철수 ∞ 눈사람 □ 액자 ◎ 탁자 △ 산

01

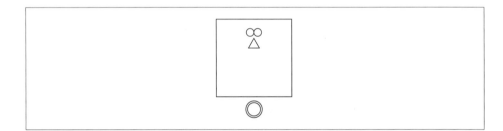

① 탁자 위에는 눈사람이 놓여 있고, 그 옆의 벽에는 액자가 걸려 있다.

② 산 위에 서 있는 눈사람 그림이 그려진 액자가 탁자 위에 놓여 있다.

③ 산 위에서 만들어 온 눈사람이 탁자 위에서 녹고 있다.

④ 눈사람 옆의 산에서 찍은 사진을 넣어 놓은 액자를 세워 놓았다.

02

① 산 밑에 눈사람이 서 있고, 철수는 탁자를 들고 그 옆을 지나가고 있다.

② 철수는 산 밑에서 눈사람을 만들고 그 앞에서 사진을 찍었다.

③ 철수는 산 속 깊은 곳에 눈사람이 덩그러니 서 있는 그림을 샀다.

④ 철수는 산 아래에서 눈사람과 함께 찍은 사진을 탁자 한가운데에 놓았다.

01

정답 ②

산(△) 위에 서 있는 눈사람(∞) 그림이 그려진 액자(□)가 탁자(◎) 위에 놓여 있다.

02

정답 ④

철수(☆)는 산(△) 아래에서 눈사람(∞)과 함께 찍은 사진을 탁자(◎) 한가운데에 놓았다.

■ 30초 컷 풀이 Tip

가장 큰 도형의 경우 문제의 배경이 되는 경우가 대부분이므로 문제를 풀 때 가장 큰 도형부터 치환한 뒤 점점 작은 도형을
치환할 수 있도록 한다. 또한 인물로 치환되는 도형이 있는 경우 도형만으로는 알기 어려운 행위가 추가되는 경우가 많으
므로 주의한다.

02 | 도형치환 ②

| 유형분석 |

- 주어진 정보를 빠르게 인지하고 적용할 수 있는지를 평가하는 유형이다.
- 앞선 도형치환과 달리 문장을 도형으로 치환하여 읽을 수 있는 능력이 필요하다.

※ 다음 주어진 표를 통해 제시된 문장을 알맞게 변형한 것을 고르시오. [1~4]

●	○	★	☆	♠	♤	■	□	※	⊂
에/에서	불었다	풍선	을/를	신나게	모였다	봤다	동생	공원	노래
╲	＼	／	╱	◇	◆	Σ	∬	∴	⊃
동물원	서커스	코끼리	앞	함께	했다	와/과	이/가	가족	로/으로

01

> 가족과 동물원에서 서커스를 봤다.

① ∴ Σ ╲ ○ ╲ ※ ■
② ∴ Σ ╲ ◇ ╲ ∬ ⊂
③ ∴ Σ ╲ ● ╲ ☆ ■
④ ∴ Σ ╲ ● ⊃ ☆ ♠

02

> 가족과 함께 신나게 노래했다.

① ∴ Σ ◇ ♠ ⊂ ◆
② ∴ Σ ／ ■ ⊂ Σ
③ ∴ Σ ∬ ╲ ⊂ ⊃
④ ∴ Σ ♤ □ ⊃ ★

03

> 동생과 공원에서 풍선을 불었다.

① □ Σ ※ ⊂ ★ ∴ ⊃
② □ ◇ ※ ＼ ★ ／ ⊂
③ □ ／ ※ ∬ ★ Σ ♤
④ □ Σ ※ ● ★ ☆ ○

04

> 동생이 가족 앞에서 코끼리를 신나게 봤다.

① □ ∬ ∴ ／ ● ／ ☆ ♠ ■
② □ ∬ ∴ ／ □ ⊃ ＼ ● ＼
③ □ ∬ ∴ ／ ☆ ♠ ■ ○ ⊃
④ □ ∬ ∴ ◇ ♠ ⊂ ☆ ● ＼

01

정답 ③

가족 과 동물원 에서 서커스 를 봤다. → ∴ Σ ＼ ● ＼ ☆ ■

02

정답 ①

가족 과 함께 신나게 노래 했다. → ∴ Σ ◇ ♠ ⊂ ◆

03

정답 ④

동생 과 공원 에서 풍선 을 불었다. → □ Σ ※ ● ★ ☆ ○

04

정답 ①

동생 이 가족 앞 에서 코끼리 를 신나게 봤다. → □ ∬ ∴ ／ ● ／ ☆ ♠ ■

30초 컷 풀이 Tip

명사나 동사 등 단어의 경우 선지끼리 중복되는 경우가 많아 대조하는 데 시간이 걸리는 경우가 많다. 따라서 가장 헷갈리기 쉬운 조사의 도형들을 먼저 구분하여 분류한 뒤 선지와 대조하여 추려낼 수 있도록 한다.

03 | 도식추리

| 유형분석 |

- 문자를 바꾸는 규칙을 파악한 후, 제시된 규칙이 적용되었을 때 물음표에 들어갈 알맞은 문자를 고르는 유형이다.
- 각 규칙들이 2개 이상 한꺼번에 적용되어 제시되므로 공통되는 규칙이 있는 예시를 찾아 서로 비교하여 변화를 확인하면서 규칙을 찾아야 한다.

※ 다음 도식에서 기호들은 일정한 규칙에 따라 문자를 변화시킨다. ?에 들어갈 알맞은 문자를 고르시오.
[1~3]

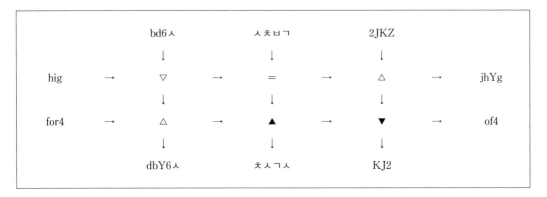

01

$$x3L4 \rightarrow \triangle \rightarrow \blacktriangledown \rightarrow \blacktriangle \rightarrow ?$$

① 3Lx
② 4xL
③ 3xL
④ 4Lx

02

$$5 ㄷ bp \rightarrow = \rightarrow \blacktriangledown \rightarrow \triangledown \rightarrow ?$$

① Y6ㄷb ② Yㄴ5b
③ Y4ㄴc ④ Y5ㄷc

03

$$kk9ㄹㅎ \rightarrow \blacktriangledown \rightarrow \blacktriangle \rightarrow ? \rightarrow ㄹ9kk$$

① △ ② ▼
③ ▲ ④ ▽

01

정답 ③

▽ : 맨 앞에 'Y' 붙이기
▼ : 마지막 문자 삭제
△ : 첫 번째와 세 번째 문자 자리 바꾸기
▲ : 첫 번째 문자 맨 뒤로 보내기
= : 세 번째 문자 +1

x3L4	→	L3x4	→	L3x	→	3xL
	△		▼		▲	

02

정답 ④

5ㄷbp	→	5ㄷcp	→	5ㄷc	→	Y5ㄷc
	=		▼		▽	

03

정답 ①

kk9ㄹㅎ	→	kk9ㄹ	→	k9ㄹk	→	ㄹ9kk
	▼		▲		△	

30초 컷 풀이 Tip

문제를 보고 규칙을 찾기 전에 사용된 문자를 순서대로 적어놓으면 빠르게 문제풀이를 할 수 있다. 또한 규칙을 한 번에 파악하기 어려운 경우 두 가지 이상의 규칙을 한 묶음으로 생각하여 접근하는 것도 방법 중 하나이다.

※ 다음 중 도형에 대한 해석으로 가장 적절한 것을 고르시오. [1~2]

○ 계란 ▤ 프라이팬 ♣ 요리사 ◈ 소금 ♡ 도구

Easy
01

① 소금과 프라이팬이 주방 조리대에 있다.
② 삶은 계란과 소금이 식탁에 놓여 있다.
③ 요리사가 프라이팬 앞에 뒤집개를 들고 서 있다.
④ 요리사가 프라이팬 위에 계란을 올렸다.

02

① 요리사가 소금으로 간을 한 계란 요리를 먹고 있다.
② 요리사가 프라이팬으로 계란 요리를 하고 있다.
③ 소금통에 소금이 들어 있다.
④ 계란을 삶는 냄비에 소금을 넣었다.

※ 다음 중 도형에 대한 해석으로 가장 적절한 것을 고르시오. [3~4]

□ 레스토랑 🍱 테이블 🍳 도구 ♣ 사람 ☞ 입구

03

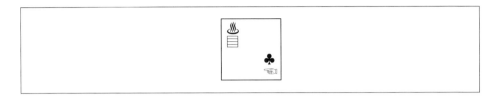

① 분위기 좋은 레스토랑에 사람이 북적이고 있다.
② 레스토랑의 입구에 지배인이 대기 중이며 테이블 위엔 꽃병이 있다.
③ 레스토랑의 테이블은 식탁보로 덮여있으며 식기들도 아름답다.
④ 손님이 식사를 마치고 계산을 하기 위해 기다리고 있다.

04

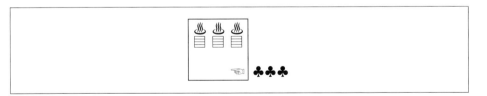

① 사람들이 손을 잡고 레스토랑 옆을 지나가고 있다.
② 텅 빈 레스토랑 안에 식기들이 가지런히 정리되어 있다.
③ 레스토랑에는 테이블들이 가지런히 정돈되어 있고 종업원들이 대기 중이다.
④ 조명이 반짝이는 테이블들이 있는 레스토랑 입구는 대기 손님으로 북적인다.

※ 다음 주어진 표를 통해 제시된 문장을 알맞게 변형한 것을 고르시오. [5~6]

●	○	★	☆	♠	♤	■	□	※	⊂
에/에서	받고	친구들	을/를	몰래	모였다	했다	준비	소풍	부름
↘	↘	↗	↙	◇	◆	Σ	∫∫	∴	⊃
실험실	선생님	어머니	의	함께	결석	와/과	이/가	학교	오셨다

05

선생님 몰래 학교에 결석했다.

① ↗♠∴●◆■
② ↘♠∴●◆⊃
③ ↘♠∴●◆■
④ ↘♠※●◇■

06

학교의 친구들과 소풍을 준비했다.

① ∴↙★Σ※☆□■
② ∴↗↘Σ※☆■□
③ ※↙★●∴☆□■
④ ∴∫∫↘★Σ☆□◆

ㄱ	ㄴ	ㄷ	ㄹ	ㅁ	ㅂ	ㅅ	ㅇ	ㅈ	ㅊ	ㅋ	ㅌ	ㅍ	ㅎ
B	M	W	d	E	x	Y	G	K	r	b	i	J	a
ㅏ	ㅑ	ㅓ	ㅕ	ㅗ	ㅛ	ㅜ	ㅠ	ㅡ	ㅣ				
R	U	n	c	l	s	f	z	H	j				

07

적립금

① WnBdjaBME
② GnBdixEHB
③ KsBbjxBHE
④ KnBdjxBHE

08

WlGxfMYnKf

① 동부남부
② 동분서주
③ 독우상부
④ 독운낭주

※ 다음 도식에서 기호들은 일정한 규칙에 따라 문자를 변화시킨다. ?에 들어갈 알맞은 문자를 고르시오.
  [9~11]

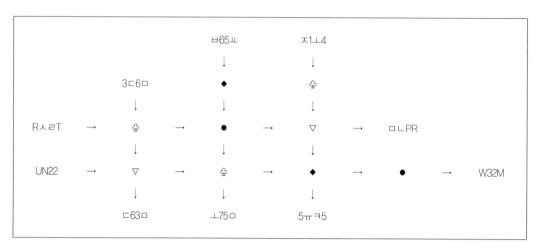

09

6C4H → ▽ → ● → ?

① 2E4J   ② A2F4

③ 8A6F   ④ E6J4

10

5ㅋㄷ7 → ◆ → ♧ → ● → ?

① 43ㄱㅈ   ② 6ㄴㅊ7

③ 4ㄷㅌ3   ④ 6ㅌㄷ7

Hard
11

ㅡ76ㅅ → ● → ▽ → ◆ → ?

① 8ㅇ9ㅜ   ② 9ㅇㅜ8

③ ㅠ87ㅅ   ④ 97ㅅㅠ

PART **2**

최종점검 모의고사

| 제1회 | 최종점검 모의고사 |
| 제2회 | 최종점검 모의고사 |

현대백화점그룹 인적성검사		
영역	문항 수	제한시간
언어이해	30문항	4분
언어추리	25문항	4분
수 계산	15문항	10분
자료해석	10문항	10분
수열추리	20문항	10분
시각적주의집중력	20문항	2분
형태 · 공간지각	20문항	4분
공간 · 상징추리	20문항	6분

※ 영역별 제한시간이 종료되고 OMR 답안지에 마킹하거나 이전 영역의 시험지를 넘기는 행동은 부정행위로 간주한다.

01   언어이해

※ 다음 중 제시된 단어와 같거나 비슷한 의미를 가진 것을 고르시오. [1~7]

01

호평

① 악평   ② 단평   ③ 만평   ④ 정평

02

어릿하다

① 쓰리다   ② 짜다   ③ 흐리다   ④ 어리숙하다

03

곤궁

① 의존   ② 빈곤   ③ 피곤   ④ 개선

Easy
04

거부

① 솔직   ② 억제   ③ 거절   ④ 지도

05

읍소하다

① 읍례하다   ② 간색하다   ③ 가붓하다   ④ 애걸하다

Hard
06

무녀리

① 못난이   ② 어룽이   ③ 암무당   ④ 더펄이

07

양육하다

① 기르다   ② 매진하다   ③ 조력하다   ④ 고려하다

※ 다음 중 제시된 단어와 반대의 의미를 가진 것을 고르시오. [8~15]

08

포용

① 배척   ② 질투   ③ 관용   ④ 냉정

09

만성

① 항성   ② 상성   ③ 급성   ④ 고성

Easy
10

겸손

① 거만   ② 고정   ③ 기발   ④ 염세

11

도심

① 강건   ② 단축   ③ 교외   ④ 문명

Hard
12

든직하다

① 붓날다   ② 사랑옵다   ③ 무덕지다   ④ 얄망궂다

Hard
13

꼽꼽하다

① 강샘하다   ② 꽁꽁하다   ③ 강마르다   ④ 눅눅하다

14

초청

① 접대   ② 제출   ③ 초래   ④ 축출

15

풍만하다

① 납신하다   ② 궁핍하다   ③ 농단하다   ④ 몽매하다

※ 다음 중 밑줄 친 부분과 같은 의미로 쓰인 것을 고르시오. [16~22]

16

이름만 걸어 놓고 나타나지 않는 유령회원들은 정리하자.

① 자신의 일에 나를 걸고 나오는 그가 미웠다.
② 그가 아들에게 거는 기대가 크다는 것은 모두가 아는 사실이다.
③ 차는 시동이 걸려 있었으며 그들이 올라타자 무섭게 쿨렁이기 시작했다.
④ 문단에 이름을 걸어 놓은 작가는 많지만 작품 활동을 하는 작가는 그렇게 많지 않다.

17

어제 산 김에 기름이 잘 먹지 않는다.

① 나는 마음을 독하게 먹고 그녀를 외면하였다.
② 그 친구가 계속 큰 판을 먹는다.
③ 옷에 좀이 먹어 못 입게 되었다.
④ 얼굴에 화장이 잘 먹지 않고 들뜬다.

18

오랜만에 그도 숙면을 취했다.

① 아버지는 나의 직업 선택에 대하여 관망하는듯한 태도를 취하고 계셨다.
② 수술 후 어머니는 조금씩 음식을 취하기 시작하셨다.
③ 그는 엉덩이를 의자에 반만 붙인 채 당장에라도 일어설 자세를 취하고 있었다.
④ 동생으로부터 몇 가지 필요한 물건들을 취한 대가로 여자 친구를 소개해 주기로 했다.

19

> 이 연구는 일반적으로 유권자들의 투표 성향, 즉 투표 참여 태도나 동기 등을 조사하여 이것이 투표 결과와 어떤 상관관계가 있는지를 밝혔다.

① 그는 돈과 지위를 지나치게 밝힌다.
② 그녀는 경찰에게 이름과 신분을 밝혔다.
③ 동생이 불을 밝혔는지 장지문이 환해졌다.
④ 학계에서는 사태의 진상을 밝히기 위해 애썼다.

Easy
20

> 그는 자신을 보면 반가워할 아내와 아이들을 그리며 선물을 준비했다.

① 친구는 나에게 약도를 자세히 그려 주었다.
② 그는 갑자기 무슨 용기라도 얻은 듯 표정을 환하게 그리며 말문을 열었다.
③ 그는 오래전에 상처했으나 아직도 옛날 부인을 그리고 있다.
④ 그녀는 이미 머릿속에 아버지를 만나는 장면들을 무수히 그려 넣고 있었다.

21

> 미래 환경을 생각해서 쓰레기를 줄여 나갑시다.

① 아무리 생각해도 뾰족한 수가 없다.
② 옛일을 생각하니 감개가 무량하였다.
③ 은영이는 그와 결혼하려고 생각했다.
④ 건강을 생각하여 아침 운동을 시작했다.

22

> 남편은 친구와 짝을 지어 복식 경기에 출전했다.

① 엄마는 매일 아침 일찍 일어나 아침밥을 짓는다.
② 친구와 나는 서로 나쁜 관계를 짓지 않도록 노력하고 있다.
③ 소가 힘든 일을 도와주기 때문에 소 없이는 농사를 짓기가 어렵다.
④ 이제 이쯤에서 끝내는 것이 좋겠다고 결론을 지었다.

23

> 우리 회사가 글로벌 금융위기와 국내외 경기침체에도 아랑곳없이 성장을 지속해 연간 매출 100 조 원을 _____ 했다.

① 경신　　　　　　　　　　　② 갱신
③ 돌파　　　　　　　　　　　④ 돌진

24

> 과소비를 _____하는 과대광고를 하지 말아야 한다.

① 열망　　　　　　　　　　　② 공개
③ 의심　　　　　　　　　　　④ 조장

※ 다음 빈칸에 들어갈 말을 순서대로 바르게 나열한 것을 고르시오. [25~29]

25

> 아리랑 민요는 지방에 따라 여러 가지가 있는데, 지금까지 발굴된 것은 약 30종 가까이 된다. 그 중 대표적인 것으로는 서울의 본조 아리랑을 비롯하여 강원도 아리랑, 정선 아리랑, 밀양 아리랑, 진도 아리랑, 해주 아리랑, 원산 아리랑 등을 들 수 있다. 거의 도마다 대표적인 아리랑이 있지만, 평안도와 제주도가 없는데, 발굴하지 못했기 때문이고 　⑦　 는 울릉도 아리랑까지 발견하였을 정도이니 실제로 더 존재하는 것으로 보인다.
> 이들 민요는 가락과 가사의 차이는 물론 후렴의 차이까지 있다. 그중 정선 아리랑이 느리고 구성진 데 비해, 밀양 아리랑은 흥겹고 힘차며, 진도 아리랑은 서글프면서도 해학적인 멋이 있다. 서울 아리랑은 이들의 특징이 응집되어 구성지거나 서글프지 않으며, 　ⓒ　 흥겹지도 않은 중간적인 은근한 느낌을 주는 것이 특징이다. 　ⓒ　 서울 아리랑은 그 형성 시기도 지방의 어느 것보다도 늦게 이루어진 것으로 짐작된다.

	⑦	ⓒ	ⓒ
①	최근에	그래서	또한
②	최근에	또한	때문에
③	과거에	왜냐하면	때문에
④	과거에	그러나	그럼에도 불구하고

PART 2

각 시대에는 그 시대의 특징을 나타내는 문학이 있다고 한다. 우리나라도 무릇 사천 년이 넘는 생활의 역사를 가진 만큼 그 발전 시기마다 각각 특색을 가진 문학이 없을 수 없고, 문학이 있었다면 그 중추가 되는 것은 아무래도 시가 문학이라고 볼 수밖에 없다. ___㉠___ 대개 어느 민족을 막론하고 인간 사회가 성립하는 동시에 벌써 각자의 감정과 의사를 표시하려는 욕망이 생겼을 것이며, 삼라만상의 대자연은 자연 그 자체가 율동적이고 음악적이라고 할 수 있기 때문이다. 다시 말하면 인간이 생활하는 곳에는 자연적으로 시가가 발생하였다고 할 수 있다. ___㉡___ 사람의 지혜가 트이고 비교적 언어의 사용이 능란해짐에 따라 종합 예술체의 한 부분으로 있었던 서정문학적 요소가 분화 · 독립되어 제요나 노동요 따위의 시가의 원형을 이루고 다시 이 집단적 가요는 개인적 서정시로 발전하여 갔으리라 추측된다. ___㉢___ 다른 나라도 마찬가지겠지만 우리 문학사상 시가의 지위는 상당히 중요하다.

	㉠	㉡	㉢
①	왜냐하면	그리고	그러므로
②	그리고	결국	그러므로
③	그러므로	그리고	왜냐하면
④	왜냐하면	그러나	결국

27

오늘날의 민주주의는 자본주의가 성숙함에 따라 함께 성장한 것이라고 볼 수 있다. ___㉠___ 자본주의가 발달함에 따라 민주주의가 함께 발달한 것이다. ___㉡___ 이러한 자본주의의 성숙을 긍정적으로만 해석할 수는 없다. ___㉢___ 자본주의의 성숙이 민주주의와 그 성장에 부정적 영향을 끼칠 수도 있기 때문이다. 자본주의가 발달하면 돈 많은 사람이 그렇지 않은 사람보다 더 많은 권리 내지는 권력을 갖게 된다. ___㉣___ 시장에서의 권리나 권력뿐만 아니라 정치 영역에서도 그럴 수 있다는 것이 문제다.

	㉠	㉡	㉢	㉣
①	즉	그러나	왜냐하면	비단
②	그러나	즉	비단	왜냐하면
③	비단	즉	그러나	왜냐하면
④	즉	그러나	비단	왜냐하면

28

시의 본질은 시인의 내적 경험이 통일되는 것에서부터 시작된다. ___㉠___ 대부분의 시가 고백의 형식과 1인칭으로 표현되는 형식을 가지고 있는 것이다. 본질적으로 시인의 개별적 경험으로부터 파생되는 시가 독자들의 공감을 끌어낼 수 있는 이유는 시인의 고백이 언어와 보편적인 정서를 매개로 독자들의 '무언가'를 건들기 때문이다. 내적 경험이 통일되는 그러한 고백은 정직하기 마련이다. ___㉡___ 이렇게 정직한 고백은 반드시 아픔을 동반한다. 내가 숨기고 싶은 그 무엇, 저 심연 속에 감추어진 불편한 진실을 관통하고 나서야 비로소 정직한 고백이 그 실체를 드러낼 수 있기 때문이다. ___㉢___ 고백은 바꾸어 말하자면, 시인에게는 고통스러운 것이다. ___㉣___ 시인이 이러한 고백 위에 미적인 언어 형식을 덧입혀야 한다는 것까지 생각하면 시 창작이라는 것이 얼마나 힘든 것인지를 알 수 있다.

	㉠	㉡	㉢	㉣
①	그런데	게다가	따라서	때문에
②	때문에	그런데	따라서	게다가
③	때문에	그런데	게다가	따라서
④	그런데	게다가	때문에	따라서

29

강력한 국가의 등장, ___㉠___ 경찰이나 안보 기구의 등장은 해방 이후 필연적으로 발생하게 된 '힘의 공백', 아노미 상태에 대처하는 데에는 나름의 기여를 했다고 볼 수 있을 것이다. ___㉡___ 이 힘이 워낙 강력하다 보니, 다양한 세력의 경쟁을 통해 정의로운 체제나 이념을 도출하는 데는 무리가 있었다. ___㉢___ 강한 세력이 약한 세력을 억압하면서 그들의 목소리는 철저하게 배제될 수밖에 없었기 때문이다. ___㉣___ 강력한 국가의 등장은 정의로운 체제를 만드는 것이 아니라 강자의 이익을 중심으로 체제를 형성하게 되는 악영향을 끼치게 된다.

	㉠	㉡	㉢	㉣
①	그러나	왜냐하면	즉	결과적으로
②	그러나	하지만	즉	다시 말해
③	즉	또는	왜냐하면	결과적으로
④	즉	그러나	왜냐하면	결과적으로

30 다음 글의 빈칸에 들어갈 문장으로 가장 적절한 것은?

일본 젊은이의 '자동차 이탈(차를 사지 않는 것)' 현상은 어제오늘 일이 아니다. 니혼게이자이신문이 2007년 도쿄의 20대 젊은이 1,270명을 조사했을 때 자동차 보유비율은 13%였다. 2000년 23.6%에서 10%p 이상 떨어졌다. 자동차를 사지 않는 풍조를 넘어, 자동차 없는 현실을 멋지게 받아들이는 단계로 접어들었다는 것이다. _____ '못' 사는 것을 마치 '안' 사는 것인 양 귀엽게 포장한 것이다. 사실 일본 젊은이들의 자동차 이탈에는 장기 침체와 청년 실업이라는 경제적 배경이 버티고 있다.

① 이런 상황에는 자동차 산업 불황이 한몫했다.
② 이런 풍조는 사실 일종의 자기 최면이다.
③ 이런 현상은 젊은이들의 사행심에서 비롯되었다.
④ 이는 젊은이들의 의식이 건설적으로 바뀐 결과이다.

※ 제시된 단어와 동일한 관계가 되도록 빈칸에 들어갈 가장 적절한 단어를 고르시오. [1~4]

01

미비 : 완구 = 진취 : (　　)

① 완비(完備)　　　　　　② 퇴각(退却)
③ 퇴출(退出)　　　　　　④ 퇴영(退嬰)

02

문무왕 : 삼국통일 = 신문왕 : (　　)

① 신라　　　　　　　　② 백제멸망
③ 녹읍폐지　　　　　　④ 화랑도창설

Hard
03

미켈란젤로 : 다빈치 = (　　) : 살리에르

① 슈베르트　　　　　　② 고흐
③ 모차르트　　　　　　④ 샤갈

04

열 : 스티로폼 = (　　) : 고무

① 보온　　　　　　　　② 보냉
③ 탄성　　　　　　　　④ 전기

※ 제시된 낱말과 단어와 관계가 되도록 빈칸에 들어갈 단어를 순서대로 바르게 나열한 것을 고르시오.
[5~7]

Hard
05

연극 : (   ) = 희곡 : (   )

① 희곡, 해설   ② 대사, 배우
③ 드라마, 각본   ④ 지문, 연기

06

(   ) : 다툼 = 성공 : (   )

① 사과, 발전   ② 싸움, 목표
③ 화해, 실패   ④ 친구, 도전

Easy
07

(   ) : 수선 = 마트 : (   )

① 시장, 운동   ② 세탁소, 판매
③ 정류장, 진료   ④ 병원, 개발

※ 다음 명제를 통해 얻을 수 있는 결론으로 타당한 것을 고르시오. [8~12]

Easy

08

- 정직한 사람은 이웃이 많을 것이다.
- 성실한 사람은 외롭지 않을 것이다.
- 이웃이 많은 사람은 외롭지 않을 것이다.

① 이웃이 많은 사람은 성실할 것이다.
② 성실한 사람은 정직할 것이다.
③ 정직한 사람은 외롭지 않을 것이다.
④ 외롭지 않은 사람은 정직할 것이다.

09

- 사과를 좋아하면 배를 좋아하지 않는다.
- 귤을 좋아하면 배를 좋아한다.
- 귤을 좋아하지 않으면 오이를 좋아한다.

① 사과를 좋아하면 오이를 좋아하지 않는다.
② 배를 좋아하면 오이를 좋아한다.
③ 귤을 좋아하면 사과를 좋아한다.
④ 사과를 좋아하면 오이를 좋아한다.

10

- 만수는 어제 복실이네 집에 갔다.
- 영록이는 그제 만수네 집에 갔다.
- 복실이와 만수는 같은 마을에 산다.

① 영록이와 만수는 같은 마을에 산다.
② 영록이는 복실이가 사는 마을에 간 적이 있다.
③ 영록이는 만수보다 영희네 집에 먼저 갔다.
④ 만수는 영록이가 사는 마을에 간 적이 있다.

11

> • A팀장은 B과장보다 야근을 한 시간 더 했다.
> • C대리는 B과장보다 야근을 30분 덜 했다.
> • D차장은 C대리보다 10분 야근을 더 했다.

① D차장은 B과장과 같은 시간을 야근했다.
② B과장은 C대리보다 야근을 덜 했다.
③ 네 사람 중 A팀장이 야근을 가장 오래 했다.
④ D차장이 네 사람 중 가장 먼저 퇴근했다.

12

> • 갑과 을과 병은 수학시험을 보았다.
> • 갑의 점수는 을의 점수보다 15점이 낮다.
> • 병의 점수는 갑의 점수보다 5점이 높다.

① 갑의 점수가 가장 높다.
② 갑의 점수가 병의 점수보다 높다.
③ 을의 점수가 병의 점수보다 낮다.
④ 갑의 점수가 가장 낮다.

※ 마지막 명제가 참일 때 다음 빈칸에 들어갈 명제로 가장 적절한 것을 고르시오. [13~17]

13

> • 제주도로 신혼여행을 가면 몰디브로 여름휴가를 간다.
> • _____
> 그러므로 몰디브로 여름휴가를 가지 않으면 겨울에 세부를 간다.

① 제주도로 신혼여행을 가지 않으면 겨울에 세부를 간다.
② 몰디브로 여름휴가를 가지 않으면 제주도로 신혼여행을 간다.
③ 겨울에 세부를 가면 몰디브로 여름휴가를 간다.
④ 겨울에 세부를 가지 않으면 제주도로 신혼여행을 가지 않는다.

14

> • 수정이는 훠궈를 먹으면 디저트로 마카롱을 먹는다.
> • _____
> 그러므로 수정이는 훠궈를 먹으면 아메리카노를 마신다.

① 수정이는 아메리카노를 마시지 않으면 디저트로 마카롱을 먹지 않는다.
② 수정이는 디저트로 마카롱을 먹지 않으면 훠궈를 먹는다.
③ 수정이는 훠궈를 먹지 않으면 디저트로 마카롱을 먹지 않는다.
④ 수정이는 훠궈를 먹으면 오렌지에이드를 마신다.

PART 2

15

> • 비가 내리면 검은색 옷을 입는다.
> • _____
> 그러므로 검은색 옷을 입지 않으면 흰색 모자를 쓰지 않는다.

① 검은색 옷을 입으면 비가 내린다.
② 비가 내리면 흰색 모자를 쓴다.
③ 비가 내리지 않으면 흰색 모자를 쓰지 않는다.
④ 흰색 모자를 쓰면 비가 내리지 않는다.

16

> • 겨울에 눈이 오면 여름에 비가 온다.
> • _____
> 그러므로 여름에 비가 오지 않으면 가을에 서리가 내린다.

① 겨울에 눈이 오지 않으면 가을에 서리가 내린다.
② 여름에 비가 오지 않으면 겨울에 눈이 온다.
③ 가을에 서리가 내리면 여름에 비가 온다.
④ 가을에 서리가 내리지 않으면 겨울에 눈이 오지 않는다.

17

> • 하은이는 노란 재킷을 입으면 빨간 운동화를 신는다.
> • _____
> 그러므로 하은이는 노란 재킷을 입으면 파란 모자를 쓴다.

① 하은이는 파란 모자를 쓰지 않으면 빨간 운동화를 신지 않는다.
② 하은이는 빨간 운동화를 신지 않으면 노란 구두를 신는다.
③ 하은이는 노란 재킷을 입지 않으면 빨간 운동화를 신지 않는다.
④ 하은이는 노란 재킷을 입으면 파란 운동화를 신는다.

※ 다음 중 제시된 내용을 바탕으로 내린 A, B의 결론에 대한 판단으로 항상 옳은 것을 고르시오.
  [18~20]

Easy
18

> • 스낵 코너는 가장 오른쪽에 있다.
> • 분식 코너는 양식 코너보다 왼쪽에 있다.
> • 일식 코너는 분식 코너보다 왼쪽에 있다.
> • 가게들은 일렬로 위치하고 있다.

> A : 일식 코너는 양식 코너보다 왼쪽에 있다.
> B : 스낵 코너는 분식 코너보다 오른쪽에 있다.

① A만 옳다.
② B만 옳다.
③ A, B 모두 옳다.
④ A, B 모두 틀리다.

19

- A직장이 B직장보다 월급이 많다.
- C직장이 A직장보다 월급이 많다.
- 모든 사람은 월급이 많은 직장을 선택한다.

A : 취업준비생 영호는 C직장을 선택할 것이다.
B : C직장이 직원을 채용하지 않으면, 취업준비생들은 A직장을 선택할 것이다.

① A만 옳다.
② B만 옳다.
③ A, B 모두 옳다.
④ A, B 모두 틀리다.

PART 2

20

- 주현이는 수지의 바로 오른쪽에 있다.
- 지은이와 지영이는 진리의 옆에 있지 않다.
- 지은이와 지영이는 주현이의 옆에 있지 않다.
- 지은이와 진리는 수지의 옆에 있지 않다.

A : 수지가 몇 번째로 서 있는지는 정확히 알 수 없다.
B : 지영이는 수지 옆에 있지 않다.

① A만 옳다.
② B만 옳다.
③ A, B 모두 옳다.
④ A, B 모두 틀리다.

- 월요일부터 금요일까지 5일간 세 형제가 1박 2일로 당번을 서기로 했다.
- 아무도 당번을 서지 않는 날은 없다.
- 첫째는 월요일부터, 둘째는 목요일부터 당번을 선다.

21 다음 중 항상 참인 것은?

① 둘째와 셋째는 당번을 서는 날이 겹칠 것이다.
② 첫째는 이틀 내내 혼자 당번을 선다.
③ 셋째는 이틀 중 하루는 형들과 같이 당번을 선다.
④ 셋째가 화요일과 수요일에 당번을 서면 화요일에 둘째와 같이 서게 된다.

22 다음 중 항상 참이 아닌 것은?

① 첫째는 월요일과 수요일에 당번을 선다.
② 셋째의 당번 요일은 정확히 알 수 없다.
③ 첫째와 둘째는 겹치는 날이 없다.
④ 셋째가 둘째와 같이 당번을 서려면 둘째가 수요일과 목요일에 당번을 서야 한다.

Hard

23 갑, 을, 병 세 사람이 피아노, 조각, 테니스를 함께 하는데 각각 서로 다른 것 한 가지를 잘한 다. 그런데 조각을 잘하는 사람은 언제나 진실을 말하고, 테니스를 잘하는 사람은 항상 거짓을 말한다. 이들이 서로에 대해 다음과 같이 진술했다면 누가 무엇을 잘하는가?

- 갑 : 병이 조각을 잘한다.
- 을 : 아니다. 병은 피아노를 잘한다.
- 병 : 둘 다 틀렸다. 나는 조각도 피아노도 잘하지 못한다.

① 갑－피아노　　　　　　② 갑－테니스
③ 을－피아노　　　　　　④ 병－조각

24 면접 시험장에 간 A~F는 각각 1번부터 6번까지의 번호를 부여받았고, 이 순서대로 면접을 보게 된다고 한다. 이에 대해 다음과 같은 정보가 주어질 때, A가 3번이라면 첫 번째로 면접을 보는 사람은 누구인가?

- 1, 2, 3번은 오전에, 4, 5, 6번은 오후에 면접을 보게 된다.
- C, F는 오전에 면접을 본다.
- C 다음에는 A가, A 다음에는 D가 면접을 본다.
- B는 2번 아니면 6번이다.

① B   ② C

③ E   ④ F

PART 2

25 초등학교 담장에 벽화를 그리기 위해 바탕색을 칠하려고 한다. 5개의 벽에 바탕색을 칠해야 하고, 벽은 일자로 나란히 배열되어 있다고 한다. 아래와 같은 〈조건〉을 지켜가며 색을 칠한다고 했을 때, 항상 옳은 것은?(단, 색칠해야 할 색은 빨간색, 주황색, 노란색, 초록색, 파란색이다)

조건
- 주황색과 초록색은 이웃해서 칠한다.
- 빨간색과 초록색은 이웃해서 칠할 수 없다.
- 파란색은 양 끝에 칠할 수 없으며, 빨간색과 이웃해서 칠할 수 없다.
- 노란색은 왼쪽에서 두 번째에 칠할 수 없다.

① 노란색을 왼쪽에서 첫 번째에 칠할 때 주황색은 오른쪽에서 세 번째에 칠한다.

② 빨간색은 왼쪽 끝 또는 오른쪽 끝이다.

③ 주황색은 왼쪽에서 첫 번째에 칠할 수 없다.

④ 초록색은 왼쪽에서 두 번째에 칠할 수 없다.

Hard

01 20%의 소금물 100g이 있다. 소금물 xg을 덜어내고, 덜어낸 양만큼의 소금을 첨가하였다. 거기에 11%의 소금물 yg을 섞었더니 26%의 소금물 300g이 되었다. 이때 $x+y$의 값은?

① 240   ② 245

③ 250   ④ 255

02 내일 비가 올 확률은 $\dfrac{1}{3}$이다. 비가 온 다음 날 비가 올 확률은 $\dfrac{1}{4}$, 비가 안 온 다음 날 비가

올 확률은 $\dfrac{1}{5}$일 때, 내일 모레 비가 올 확률은?

① $\dfrac{13}{60}$ ② $\dfrac{9}{20}$

③ $\dfrac{11}{20}$ ④ $\dfrac{29}{60}$

03 A와 B는 각각 20,000원, 41,000원을 가지고 있다. 매달 A는 5,000원씩, B는 1,000원씩 예금을 한다고 할 때, A가 B보다 통장의 예금액이 많아지는 것은 최소 몇 개월 후인가?

① 5개월   ② 6개월

③ 7개월   ④ 8개월

Easy

04 A, B 주사위 2개를 동시에 던졌을 때, A에서는 짝수의 눈이 나오고, B에서는 3 또는 5의 눈이 나오는 경우의 수는?

① 2가지   ② 3가지

③ 5가지   ④ 6가지

05 A~F 여섯 명이 한 줄로 서려고 할 때, A와 B는 이웃하고, C가 맨 앞에 서는 경우의 수는?

① 24가지   ② 48가지

③ 56가지   ④ 64가지

Easy

06 일반적으로 마트에서 1+1행사를 할 때 가격을 조금 올리는 대신, 각 내용물의 양을 줄인다. 어느 마트에서는 정상가로 판매하는 제품이 200g에 2,000원이고, 1+1을 하면 각각 150g씩 들어가지만 2,900원이다. 이때 총 3kg의 제품을 구매한다면 1+1 제품을 사는 것이 얼마나 이득인가?

① 1,000원   ② 2,000원

③ 3,000원   ④ 4,000원

07 어느 동물원의 단체 관람객 입장 기준은 20명 이상이다. 개인 관람객은 8,000원이고, 단체 관람객은 15%의 할인을 받는다. 24명이 동물원에 들어가려고 할 때 단체 관람객으로 들어가면 얼마를 절약할 수 있는가?

① 20,000원   ② 23,200원

③ 26,000원   ④ 28,800원

08 어느 가정의 1월과 6월의 난방요금 비율이 7 : 3이다. 1월의 난방요금에서 2만 원을 뺄 경우에 그 비율이 2 : 1이면, 1월의 난방요금은?

① 10만 원   ② 12만 원

③ 14만 원   ④ 16만 원

09   8% 식염수와 13% 식염수를 혼합하여 10% 식염수 500g을 만들었다. 13%의 식염수는 몇 g 이 필요한가?

① 100g   ② 150g

③ 200g   ④ 300g

10   보혜는 지갑에 50원, 100원, 500원짜리 동전을 각각 5개씩 가지고 있다. 금액이 중복되는 것을 신경 쓰지 않는다고 할 때, 돈을 낼 수 있는 방법의 가짓수는?(단, 0원을 내는 경우는 제외한다)

① 115가지   ② 205가지

③ 125가지   ④ 215가지

11   흰 공 3개, 빨간 공 1개, 노란 공 2개, 파란 공 2개가 들어 있는 주머니가 있다. 여기에서 임의로 4개의 공을 동시에 꺼낼 때, 공의 색깔이 모두 다를 확률은?

① $\dfrac{3}{35}$ ② $\dfrac{6}{35}$

③ $\dfrac{4}{33}$ ④ $\dfrac{3}{32}$

※ 다음 빈칸에 들어갈 알맞은 숫자 또는 기호를 고르시오. [12~15]

12

$$15 \times 108 - 303 \div 3 + 7 = \square$$

① 1,526   ② 1,626

③ 1,536   ④ 1,636

13

$$74+\square-12=98$$

① 25   ② 26

③ 35   ④ 36

14

$$35+29\square5-3=177$$

① +   ② −

③ ×   ④ ÷

15

$$3\square15+4\times13=97$$

① +   ② −

③ ×   ④ ÷

※ 다음은 2020~2022년 우리나라의 13대 수출 주력 품목에 관한 자료이다. 이를 보고 이어지는 질문에 답하시오. [1~5]

〈전체 수출액 대비 13대 수출 주력 품목의 수출액 비중〉

(단위 : %)

품목 ＼ 연도	2020년	2021년	2022년
가전	1.83	2.35	2.12
무선통신기기	6.49	6.42	7.28
반도체	8.31	10.04	11.01
석유제품	9.31	8.88	6.09
석유화학	8.15	8.35	7.11
선박류	10.29	7.09	7.75
섬유류	2.86	2.81	2.74
일반기계	8.31	8.49	8.89
자동차	8.16	8.54	8.69
자동차부품	4.09	4.50	4.68
철강제품	6.94	6.22	5.74
컴퓨터	2.25	2.12	2.28
평판디스플레이	5.22	4.59	4.24
합계	82.21	80.40	78.62

〈13대 수출 주력 품목별 세계수출시장 점유율〉

(단위 : %)

품목 ＼ 연도	2020년	2021년	2022년
가전	2.95	3.63	2.94
무선통신기기	6.77	5.68	5.82
반도체	8.33	9.39	8.84
석유제품	5.60	5.20	5.18
석유화학	8.63	9.12	8.42
선박류	24.55	22.45	21.21
섬유류	2.12	1.96	1.89
일반기계	3.19	3.25	3.27
자동차	5.34	5.21	4.82
자동차부품	5.55	5.75	5.50
철강제품	5.47	5.44	5.33
컴퓨터	2.23	2.11	2.25
평판디스플레이	23.23	21.49	18.50

01 13대 수출 주력 품목 중 2020~2022년까지 수출액이 매년 가장 컸던 품목들이 전체 수출액에서 차지하는 비중을 모두 더한 값은?

① 31.34%

② 31.44%

③ 32.34%

④ 32.44%

02 다음 중 제시된 자료에 대한 설명으로 적절한 것을 〈보기〉에서 모두 고르면?

> **보기**
>
> ㄱ. 13대 수출 주력 품목 중 2021년 수출액이 큰 상위 5가지 품목부터 차례대로 나열하면 반도체, 석유제품, 자동차, 일반기계, 석유화학 순서이다.
> ㄴ. 13대 수출 주력 품목 중 2022년에 전체 수출액 대비 수출액 비중이 2020년보다 상승한 품목은 총 7개이다.
> ㄷ. 13대 수출 주력 품목 중 세계수출시장 점유율 상위 5개 품목의 순위는 2020년과 2021년이 동일하다.

① ㄱ

② ㄴ

③ ㄱ, ㄴ

④ ㄱ, ㄴ, ㄷ

03 2022년 전체 수출액이 600,000백만 달러일 때 이 해의 13대 수출 주력 품목 중 비중이 가장 적은 것의 수출액은?

① 12,720백만 달러

② 13,680백만 달러

③ 16,440백만 달러

④ 16,800백만 달러

Easy

04 13대 수출 주력 품목 중 세계수출시장 점유율이 2020~2022년 사이에 지속적으로 증가하고 있는 품목은?

① 자동차부품

② 석유화학

③ 반도체

④ 일반기계

05 2020~2022년 우리나라의 전체 수출액이 다음과 같을 때, 컴퓨터의 수출액이 큰 순서대로 연도를 바르게 나열한 것은?

(단위 : 백만 달러)

구분	2020년	2021년	2022년
전체 수출액	420,000	446,000	415,000

① 2022년>2021년>2020년

② 2022년>2020년>2021년

③ 2021년>2020년>2022년

④ 2021년>2022년>2020년

06 다음은 2016년 이후 우리나라 지진 발생 현황에 대한 자료이다. 이에 대한 해석으로 가장 적절한 것은?

〈2016년 이후 우리나라 지진 발생 현황〉

구분	지진 횟수	최고 규모
2016년	42회	3.3
2017년	52회	4.0
2018년	56회	3.9
2019년	93회	4.9
2020년	49회	3.8
2021년	44회	3.9
2022년	492회	5.8

① 2016년 이후 지진발생 횟수가 꾸준히 증가하고 있다.

② 2019년에는 2018년보다 지진이 44회 더 발생했다.

③ 2019년에 일어난 규모 4.9의 지진은 2016년 이후 우리나라에서 발생한 지진 중 가장 강력한 규모이다.

④ 2022년에 발생한 지진 횟수는 2016년부터 2021년까지 평균 지진 발생 횟수 대비 약 8.8배로 급증한 상태이다.

다음은 국내 의료기관 수 변동 현황에 대한 자료이다. 〈보기〉를 참고하여 A, B, C, D, E에 들어갈 항목을 바르게 짝지은 것은?

〈국내 의료기관 수 변동 현황〉

(단위 : 개)

구분	2007년 12월	2022년 12월
A	43	43
B	28	1,337
C	10,855	16,377
D	21,342	28,883
E	677	1,474
전체	32,945	48,114

보기

• 상급종합병원 수는 정체된 것으로 조사되었다.
• 노인인구 증가와 정부의 육성정책으로 요양병원 수가 가장 높은 비율로 증가하였다.
• 진료과목의 경영환경의 개선으로 신경과, 내과, 치과 순서로 의원의 증감률이 높은 것으로 나타났다.

	A	B	C	D	E
①	요양병원	상급종합병원	신경과의원	치과의원	내과의원
②	요양병원	상급종합병원	치과의원	신경과의원	내과의원
③	상급종합병원	요양병원	신경과의원	내과의원	치과의원
④	상급종합병원	요양병원	내과의원	치과의원	신경과의원

08 다음은 가구 인터넷 보급률 및 컴퓨터 보유율을 나타낸 자료이다. 이에 대한 설명으로 가장 적절한 것은?

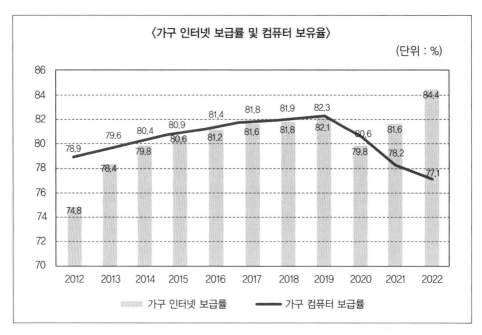

① 가구 인터넷 보급률은 2019년 이후 꾸준히 감소하였다.

② 2015년과 2020년의 가구 컴퓨터 보유율은 같다.

③ 2022년에는 가구 인터넷 보급률이 2020년에 비해 3.6%p 증가했다.

④ 2018년부터 2021년까지의 가구 인터넷 보급률은 증감을 반복하고 있다.

09 다음은 서울에서 부산으로 귀성할 경우 귀성길 교통수단별 비용을 비교한 것이다. 이에 대한 설명으로 적절하지 않은 것은?

〈서울 → 부산 가족 귀성길 교통수단별 비용 비교〉

(단위 : 원)

구분	승용차	
	경차	경차 외
주유비	74,606	74,606
통행료	12,550	25,100

(단위 : 원)

구분	고속버스	KTX
어른요금(2명)	68,400	114,600
아동요금(2명)	34,200	57,200

① 경차 외 승용차로 가는 비용은 9만 9,706원이고, 만약 경차를 이용할 경우 통행료에서 50% 할인이 적용돼 8만 7,156원이 든다.

② 4인 가족(어른 2명, 아동 2명)이 고속버스를 이용하면 승용차를 이용하는 것보다 비용이 저렴해진다.

③ 어른 두 명이 고속버스로 귀성길에 오를 경우 경차를 이용하는 경우보다 비용이 저렴해진다.

④ 4인 가족(어른 2명, 아동 2명)이 서울에서 부산으로 귀성할 경우 비용이 가장 많이 드는 교통수단은 KTX이다.

10 다음은 한국과 일본을 찾아오는 외국인 관광객의 국적을 분석한 자료이다. 이에 대한 설명으로 적절하지 않은 것은?

〈최근 한국 및 일본의 외국인 관광객 국적별 추이〉

(단위 : 만 명, %)

구분	국적	2016년	2017년	2018년	2019년	2020년	2021년	2022년 1~6월
방한 관광객	중국	101 (74.1)	131 (29.7)	203 (54.9)	314 (54.4)	477 (52.0)	471 (−1.3)	327 (36.0)
	기타	536 (4.9)	589 (10.0)	662 (12.4)	594 (−10.4)	615 (3.7)	542 (−11.9)	326 (17.2)
	일본	295 (−1.1)	321 (8.9)	342 (6.8)	263 (−23.1)	217 (−17.5)	174 (−19.8)	100 (11.5)
	일본 제외	241 (13.4)	268 (11.4)	320 (19.2)	330 (3.2)	398 (20.6)	368 (−7.6)	227 (19.9)
방일 관광객	중국	83 (72.7)	45 (−45.5)	83 (83.0)	70 (−15.0)	175 (148.8)	424 (141.7)	−
	기타	553 (29.3)	360 (−34.8)	521 (44.6)	726 (39.2)	913 (25.8)	1,273 (39.5)	−

※ ( ) 안은 전년 동기 대비 증가율

① 2016년과 2017년에 일본을 방문한 총 중국인 관광객 수는 같은 기간 한국을 방문한 총 중국인 관광객 수와 동일하다.

② 2017년부터 2020년까지 한국을 방문한 중국인 관광객 수는 전년 대비 꾸준히 증가하였다.

③ 2017년부터 2020년까지 일본을 방문한 중국인 관광객 수는 증감을 반복하고 있다.

④ 한국을 방문한 중국인 관광객의 수가 가장 많은 때는 2020년도이다.

※ 일정한 규칙으로 수를 나열할 때, 다음 중 빈칸에 들어갈 알맞은 수를 고르시오. **[1~16]**

Easy
01

$$-3 \quad 9 \quad 4 \quad 11 \quad 13 \quad 22 \quad 33 \quad (\quad)$$

① 45   ② 53
③ 58   ④ 64

PART 2

02

$$-2 \quad -3 \quad -5 \quad (\quad) \quad -13 \quad -21$$

① -6 ② -7
③ -8 ④ -9

03

$$15 \quad 3 \quad 60 \quad 12 \quad 6 \quad 2 \quad 21 \quad 7 \quad 72 \quad 24 \quad 9 \quad 3 \quad 18 \quad 6 \quad (\quad) \quad 8$$

① 28   ② 25
③ 24   ④ 18

04

$$60 \quad 30 \quad 40 \quad 20 \quad 30 \quad 15 \quad (\quad)$$

① 15   ② 20
③ 25   ④ 30

05

−15 −9 −4 0 3 5 ( )

① 8   ② 7

③ 6   ④ 5

06

−20 −15 ( ) −5 −2 5 7

① −15   ② −13

③ −11   ④ −10

Hard
07

10 42 58 66 70 72 ( )

① 68   ② 69

③ 71   ④ 73

08

$$\frac{3}{2} \quad 8 \quad 12 \quad \frac{7}{20} \quad \frac{5}{3} \quad \frac{7}{12} \quad \frac{2}{5} \quad \frac{5}{6} \quad (\ )$$

① $\dfrac{5}{6}$ ② $\dfrac{2}{3}$

③ $\dfrac{1}{3}$ ④ $\dfrac{1}{6}$

Hard
09

$$9 \quad 2 \quad 5 \quad 4 \quad 2 \quad 0 \quad 15 \quad (\quad) \quad -11$$

① 2　　　　　　　　　　　② 6
③ 9　　　　　　　　　　　④ 13

Easy
10

$$10 \quad 7 \quad 7 \quad 14 \quad (\quad) \quad 21 \quad 1$$

① 14　　　　　　　　　　② 17
③ 4　　　　　　　　　　　④ 7

11

$$5 \quad 4 \quad 8 \quad 0 \quad 11 \quad (\quad) \quad 14 \quad -8$$

① -6　　　　　　　　　　② -4
③ 4　　　　　　　　　　　④ 6

Hard
12

$$13 \quad 16 \quad 22 \quad 34 \quad 58 \quad 106 \quad (\quad)$$

① 152　　　　　　　　　　② 178
③ 202　　　　　　　　　　④ 216

13

$$37 \quad 30 \quad 34 \quad 27 \quad 31 \quad 24 \quad (\quad)$$

① 28　　　　　　　　　　② 29
③ 30　　　　　　　　　　④ 33

14

| 64 −24 ( ) −16 16 −8 8 |

① −36　　　　　　　② −32
③ 32　　　　　　　④ 36

15

| 91 9 10 8 ( ) −1 15 6 −21 |

① 3　　　　　　　② 1
③ 0　　　　　　　④ −1

16

| 5 5 6 12 14 42 45 ( ) |

① 178　　　　　　② 180
③ 182　　　　　　④ 184

※ 일정한 규칙으로 문자를 나열할 때, 다음 중 빈칸에 들어갈 알맞은 문자를 고루시오. [17~20]

17

| ㅈ ㄷ ㅅ ㅁ ㅁ ( ) |

① ㄷ　　　　　　　② ㅁ
③ ㅅ　　　　　　　④ ㅊ

18

$$E \quad N \quad (\quad) \quad K \quad T \quad H$$

① D   ② I
③ J   ④ L

19

$$ㅁ \quad ㅕ \quad ㅇ \quad ㅓ \quad (\quad) \quad ㅑ$$

① ㅋ   ② ㅜ
③ ㅅ   ④ ㅍ

Easy
20

$$J \quad L \quad N \quad (\quad) \quad R \quad T$$

① M   ② Q
③ O   ④ P

※ 다음 제시된 문자와 같은 것을 고르시오. [1~3]

01

알로줄제탈독장블

① 알로줄제탈독장불   ② 알로줄제탈독장블
③ 알로줄정탈독장블   ④ 얄루줄제탈독장블

Easy
02

A98X4DD9

① A98X4ED9   ② A99X4DD9
③ A98X4DD9   ④ A98X4DD7

03

RM90425584_2

① BM90425584_2   ② RM90425584_3
③ RM90425584_2   ④ RM90425584-2

※ 다음 제시된 문자 또는 숫자와 다른 것을 고르시오. [4~6]

04

> 6 Yishun Industrial Street 1, #02 — 01

① 6 Yishun Industrial Street 1, #02 — 01
② 6 Yishun Industrial Street 1, #02 — 01
③ 6 Yishun Industrial Street 1, #02 — 01
④ 6 Yishum Industrlal Street 1, #02 — 01

Hard
05

> Amonium Bikarbonat E503(ii)

① Amonium Bikarbonat E503(ii)
② Amonium Bikarbonat E503(ii)
③ Amonium Bikarbanat E503(ii)
④ Amonium Bikarbonat E503(ii)

06

> 서울 강동구 일원동 355 — 14

① 서울 강동구 임원동 355 — 14
② 서울 강동구 일원동 355 — 14
③ 서울 강동구 일원동 355 — 14
④ 서울 강동구 일원동 355 — 14

※ 다음 제시된 문자 또는 숫자를 비교하여 같으면 ①, 다르면 ②를 표기하시오. [7~9]

Easy
07

보조사의격표시기능 [   ] 보조사의격표시기능

08

)%&_*&×(:?> [   ])%&_*&×(:?>

09

アヒナニヌネラパ [   ] アピナニヌネラパ

※ 제시된 문자를 비교하여 앞이 서로 다르면 ①, 뒤가 서로 다르면 ②, 둘 다 같거나 다르면 ③을 고르시오. [10~13]

10

①m⑨ℤℊ⑨ip － ①m⑨⑤ℊ⑨ip   ★◎◇♦♧♥◑♣ － ★◎◇♦♧♥◑♣

①   ②   ③

11

ざしでぱやゆめは － ざしでぱやゆぬは   24766558 － 24766538

①   ②   ③

12

所反車研海主 ー 所反車研海主　　①/④/⑨/1/ ー ①/④/⑧/1/

① ② ③

13

093487 ー 093487　　*bz*,sleip ー *bz*,sleip

① ② ③

Easy

14 다음 중 어느 알파벳을 더해야 12가 나오는가?

A : 2　B : 5　D : 7　I : 6　J : 10　L : 4　O : 9

① AI　　② BD　　③ DI　　④ LO

15 다음 중 어느 알파벳을 더해야 21이 나오는가?

C : 10　E : 8　H : 12　K : 14　N : 9　Q : 15　R : 7

① CK　　② EQ　　③ HR　　④ KR

16 다음 중 어느 알파벳을 더해야 18이 나오는가?

F : 10　G : 6　S : 13　T : 8　X : 9　Y : 11　Z : 7

① TY　　② FX　　③ SZ　　④ FT

17 다음 중 어느 알파벳을 더해야 21이 나오는가?

| A : 6 G : 10 K : 12 L : 11 P : 9 U : 15 W : 16 |

① AK   ② AU   ③ GP   ④ LP

※ 다음 제시된 문자와 같은 것의 개수를 구하시오. [18~20]

Hard
18

| ↔ |

←	↑	↔	↔	↖	←	↔	↛	⇒	⊕	⇐	↔
⇐	⇌	↑	⊕	←	↛	⊕	∽	⇛	←	↖	⇉
←	↖	∽	⇒	⇛	⇐	⇛	↑	←	⇐	↛	⊕
↑	←	↔	↛	↖	↔	↑	⇌	←	⇉	↔	←

① 2개   ② 3개
③ 4개   ④ 5개

19

| QO |

QO	OQ	FI	HK	FO	SX	KL	LJ	AI	XS	BC	NP
MN	DE	QQ	CU	ER	QO	SV	UU	YW	TJ	AQ	IT
PQ	ZR	BG	EH	SI	QA	QO	RX	WP	VI	JW	PC
FK	QN	YR	AB	XO	CQ	OC	MQ	NJ	QO	GH	DX

① 1개   ② 2개
③ 4개   ④ 5개

						r					

n	m	j	d	u	n	o	l	b	d	e	s
r	a	l	p	q	x	z	w	i	v	a	b
c	u	v	e	k	j	t	f	h	r	x	m
b	y	g	z	t	n	e	k	d	s	j	p

① 1개 ② 2개
③ 3개 ④ 4개

※ 다음 제시된 도형을 회전하였을 때 나올 수 있는 도형을 고르시오. [1~3]

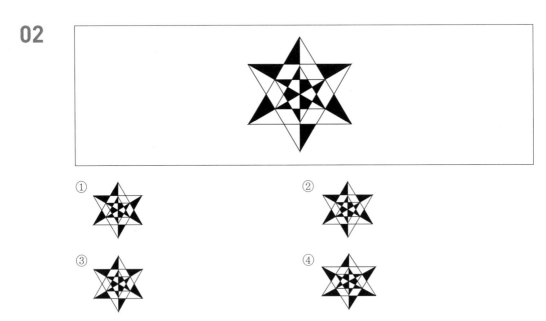

01

②

②

③

④

02

①

②

③

④

①   ②

③   ④

04 다음 그림을 시계 반대 방향으로 90° 회전한 후 좌우 대칭한 것은?

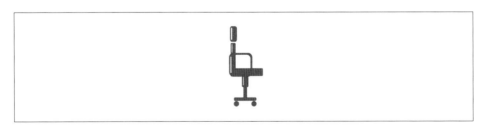

①    ②

③    ④

05 다음 그림을 시계 반대 방향으로 90° 회전하고, 상하 대칭 후 시계 방향으로 45° 회전한 것은?

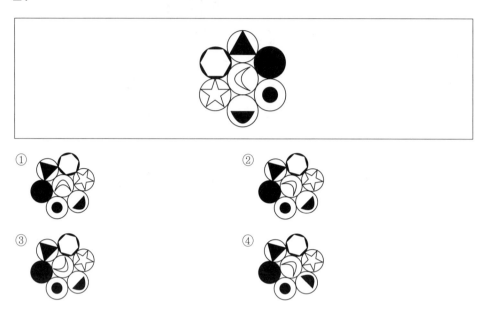

06 다음 도형을 시계 방향으로 90° 회전하고, 상하 대칭 후 오른쪽에서 거울에 비추었을 때의 모양은?

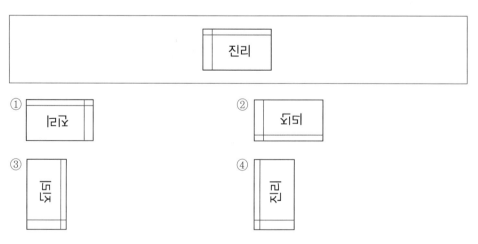

※ 축을 중심으로 평면도형을 회전시켰을 때, 다음과 같은 회전체가 나타나는 것을 고르시오. [7~9]

07

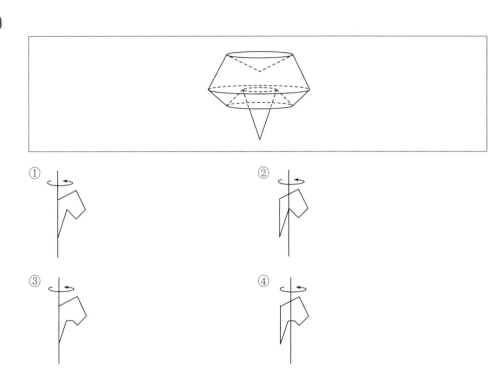

① ② ③ ④

08

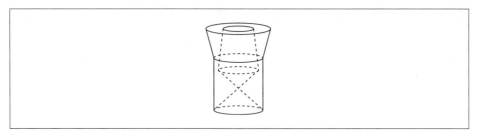

①

②

③

④

09

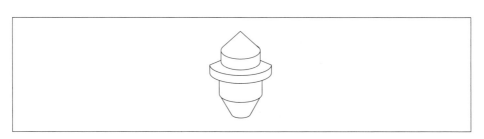

①

②

③

④

※ 다음 도형을 축을 중심으로 회전시켰을 때 만들어지는 입체도형을 고르시오. [10~12]

10

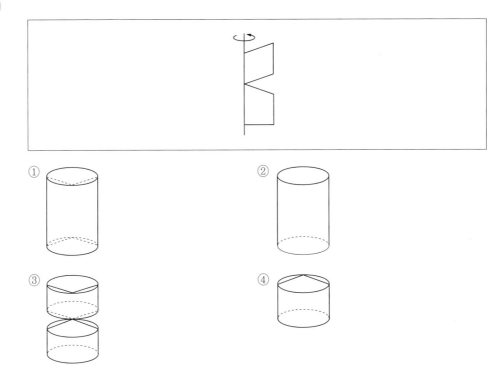

Easy
11

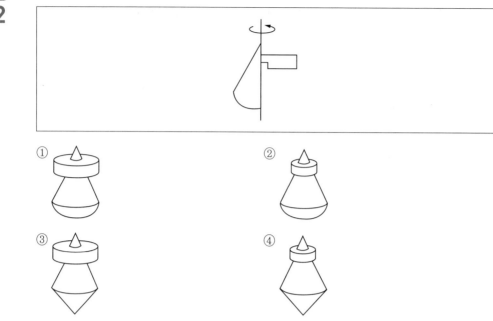

※ 다음 제시된 전개도로 만들 수 있는 입체도형을 고르시오. [13~16]

13

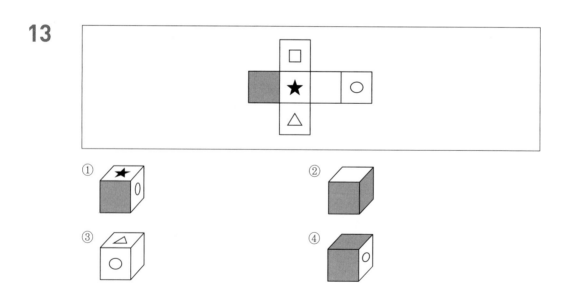

14

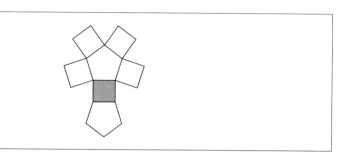

①

③

②

④

15

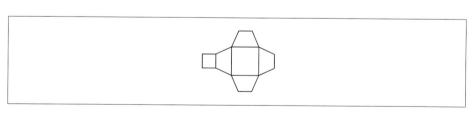

①

②

③

④

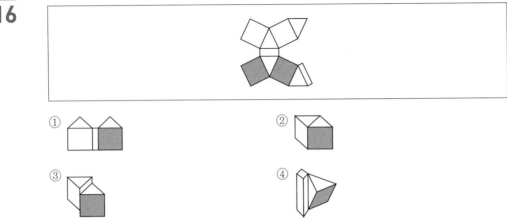

① ② ③ ④

※ 다음 도형의 전개도로 알맞은 것을 고르시오. [17~18]

17

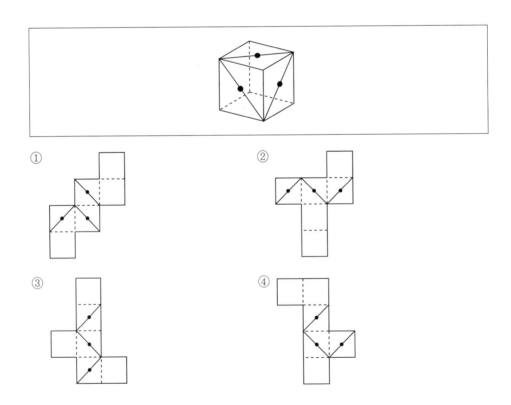

① ② ③ ④

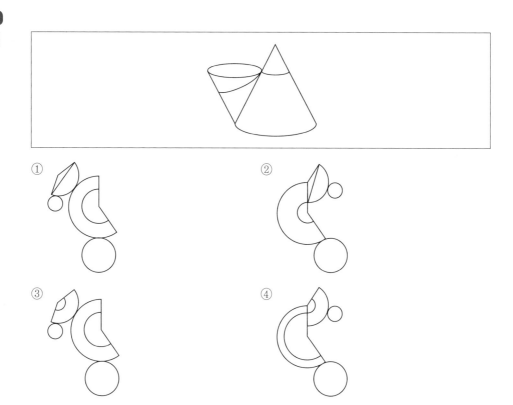

① ② ③ ④

PART 2

19 다음 입체도형의 전개도로 옳지 않은 것은?

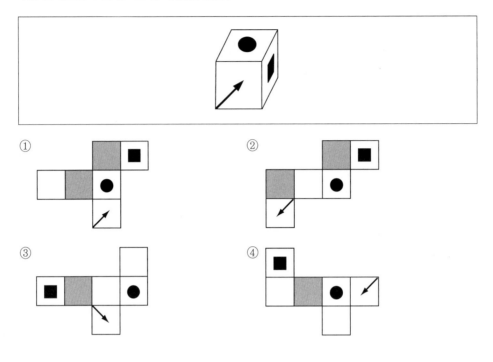

20 다음 전개도를 이용하여 정육면체를 만들 때, 선분 CD와 맞닿는 것은?

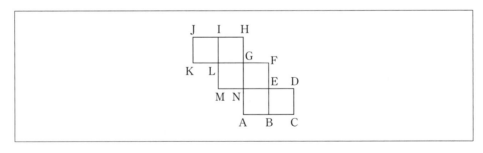

① 선분 IH 　　　　　　② 선분 GF
③ 선분 JI 　　　　　　④ 선분 LK

※ 다음 중 도형에 대한 해석으로 가장 적절한 것을 고르시오. [1~2]

∂ 동물 § 사람 × 물 ○ 우리 ◎ 무대

01

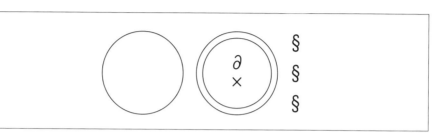

① 우리 옆에 있는 무대 안에서 물개가 물놀이하는 모습을 관객들이 구경하고 있다.
② 무대 안 굶주린 사자에게 조련사들이 먹이를 주고 있다.
③ 사람들이 우리 안 물놀이를 하고 있는 수달을 보고 사진을 찍고 있다.
④ 무대 안에서는 원숭이가 공연을 하고 있고 밖에는 토끼들이 뛰어다닌다.

02

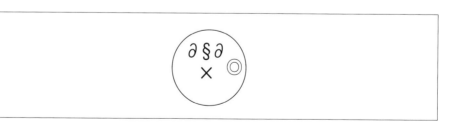

① 우리 안에는 작은 연못과 무대가 있고 그 옆에는 조련사와 펭귄 두 마리가 쉬고 있다.
② 우리 안 무대 위에서 공연을 위해 세 마리의 원숭이가 준비를 하고 있다.
③ 사람들이 무대 옆에서 물놀이를 하는 북극곰을 구경하고 있다.
④ 우리 안에서 놀던 판다가 물에 빠져 이를 구하기 위해 두 사람이 애를 쓰고 있다.

※ 다음 중 도형에 대한 해석으로 가장 적절한 것을 고르시오. [3~5]

▷ 사람 ◇ 놀이터 ■ 목걸이 ∞ 시계 ○ 도구

03

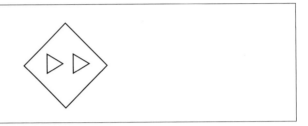

① 유모차에 갓난아기가 타고 있다.
② 놀이터에서 어린아이 두 명이 뛰어 놀고 있다.
③ 유모차는 놀이터에 들어올 수 없다.
④ 놀이터 앞에는 자동차가 주차되어 있다.

04

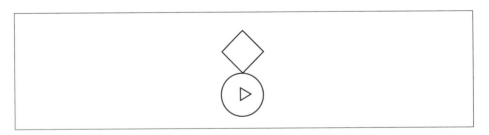

① 놀이터에는 놀이기구가 하나 있다.
② 놀이터 앞에는 자동차가 많다.
③ 놀이터에서 아이들이 놀이기구를 타며 놀고 있다.
④ 놀이터 앞에 아저씨가 자동차를 주차하고 있다.

05

① 차 앞에 두 사람이 서 있다.
② 차 안에 탄 연인이 서로에게 시계와 목걸이를 선물하고 있다.
③ 차 안에는 시계와 목걸이가 있다.
④ 시계와 목걸이를 든 두 사람이 차를 바라보고 서 있다.

PART 2

※ 다음 주어진 표를 통해 제시된 문장 또는 도형을 알맞게 변형한 것을 고르시오. [6~9]

╲	╲	╱	╱	♠	♤	■	□	※	⊂
철수	경제학	전공과목	있다	이다	금요일	영희	을/를	에/에서	매주
●	○	★	☆	◇	◆	Σ	∬	∴	⊃
와/과	듣는다	수요일	은/는	물리학	함께	의	수업	대학교	월요일

06

> 철수의 대학교 전공과목은 물리학이다.

① ╲Σ∴╱☆◇♠   ② ╲Σ◆Σ※●♠
③ ╲Σ∴╱♤○╱   ④ ╲∬■╱☆◇♠

07

| 영희와 함께 경제학 수업을 매주 월요일에 듣는다. |

① ■ ● ∴ ╱ ☆ ◇ ⊂ ⊃ ※ ○   ② ■ ● ◆ ╲ ∬ □ ⊂ ⊃ ※ ○
③ ■ ● ◆ ╲ ∬ ★ ◆ ⊂ ◆ ♤   ④ ■ ♤ ☆ ◆ ♧ ○ ⊂ ∬ ∴ ※

08

| ∴ ◇ ∬ ☆ ⊂ ★ ※ ╱ |

① 대학교 경제학 수업은 매주 수요일에 듣는다.
② 대학교 물리학 수업은 매주 수요일에 있다.
③ 대학교 전공과목 수업은 매주 월요일에 있다.
④ 대학교 수업은 철수와 월요일에 듣는다.

09

| ◇ ● ╲ ☆ ╲ ● ■ Σ ∴ ╱ ♠ |

① 경제학과 물리학은 철수와 영희의 전공과목이다.
② 물리학과 함께 경제학을 철수는 영희와 듣는다.
③ 물리학과 경제학은 철수와 영희의 대학교 전공과목이다.
④ 물리학은 수요일에, 경제학은 금요일에 수업이 있다.

※ 다음 주어진 표를 통해 제시된 단어 또는 문자를 알맞게 변형한 것을 고르시오. [10~13]

ㄱ	ㄴ	ㄷ	ㄹ	ㅁ	ㅂ	ㅅ	ㅇ	ㅈ	ㅊ	ㅋ	ㅌ	ㅍ	ㅎ
1	z	v	2	i	E	w	e	y	5	j	K	B	9

ㅏ	ㅑ	ㅓ	ㅕ	ㅗ	ㅛ	ㅜ	ㅠ	ㅡ	ㅣ				
C	7	6	H	X	3	F	4	g	a				

10

바느질

① ECzgya2
③ eCzgjaz

② EczGyaz
④ eczGja2

11

줄탁동기

① yF2gC1vje1a
③ yF2BH1vXe1a

② Yf2Kj2vXe1a
④ yF2KC1vXe1a

12

E6yzCiF

① 벗나무
③ 밭나무

② 벗타무
④ 벛나무

13

1He5C2w6

① 경찰소
③ 길청소

② 경찰서
④ 벽난로

※ 다음 도식에서 기호들은 일정한 규칙에 따라 문자를 변화시킨다. ?에 들어갈 알맞은 문자를 고르시오.
[14~16]

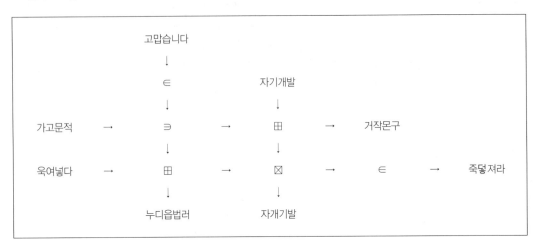

14

마리오 → ⊠ → ㅋ → ?

① 머우리   ② 마오리   ③ 우머리   ④ 오마리

15

포트폴리오 → ∈ → 田 → ?

① 호포홀미조   ② 호미홀프조   ③ 포호홀미초   ④ 초미홀포프

Hard
16

아이작뉴턴 → 田 → ㅋ → ⊠ → ?

① 아작이턴뉴   ② 아작이탄뇨   ③ 어적이탄뇨   ④ 어작이탄뇨

※ 다음 도식에서 기호들은 일정한 규칙에 따라 문자를 변화시킨다. ?에 들어갈 알맞은 문자를 고르시오.
   [17~20]

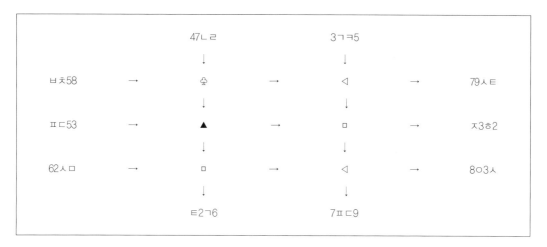

Hard

17

ㄷ5ㅇ6 → ◁ → ▲ → ?

① ㅊ4ㅂ6 ② ㅂ3ㅊ7 ③ ㄴ6ㅎ9 ④ ㄱ3ㅅ7

18

ㅇ2ㄴ8 → ㅁ → ♣ → ?

① 35ㄷㅇ ② 24ㅊㅅ ③ 28ㅇㄴ ④ 12ㅈㅎ

19

ㅅ7ㄷ3 → ▲ → ㅁ → ?

① ㄷ2ㄱ4 ② ㄷ24ㄱ ③ ㄷ42ㄱ ④ ㄷㄱ42

20

ㄱKN2 → ♣ → ◁ → ?

① ㄴP3M ② ㄱPN2 ③ P3ㄴK ④ P3ㄴM

최종점검 모의고사

🕐 응시시간 : 50분   📋 문항 수 : 160문항

01 언어이해

※ 다음 중 제시된 단어와 같거나 비슷한 의미를 가진 것을 고르시오. [1~7]

01

촉망

① 사려   ② 기대   ③ 환대   ④ 부담

02

개선

① 개량   ② 부족   ③ 허용   ④ 승낙

Hard
03

살강

① 옴팡   ② 부뚜막   ③ 시렁   ④ 상고대

04

빌미

① 총기(聰氣)   ② 걸식(乞食)   ③ 축의(祝儀)   ④ 화근(禍根)

05

일치하다

① 주저하다   ② 실신하다   ③ 부합하다   ④ 조치하다

06

선행하다

① 앞서다   ② 이행하다   ③ 기술하다   ④ 조망하다

07

비난하다

① 책망하다   ② 부르다   ③ 일어나다   ④ 비열하다

※ 다음 중 제시된 단어와 반대의 의미를 가진 것을 고르시오. [8~14]

08

침착

① 착수   ② 경망   ③ 차분   ④ 침전

09

철폐

① 혹사   ② 취소   ③ 피폐   ④ 제정

PART 2

10

연장
① 단축　　　② 객사　　　③ 혼탁　　　④ 집산

11

긴장
① 골몰　　　② 몰두　　　③ 해이　　　④ 몰각

12

민주주의
① 전제주의　　② 폭정　　　③ 압제　　　④ 사회주의

Hard
13

무람없다
① 거만하다　　② 정중하다　　③ 우울하다　　④ 물색없다

14

호젓하다
① 쓸쓸하다　　② 후미지다　　③ 고적하다　　④ 복잡하다

※ 다음 중 밑줄 친 부분과 같은 의미로 쓰인 것을 고르시오. [15~22]

15

> 알람이 <u>울리는</u> 소리에 잠이 깼다.

① 천둥이 <u>울리고</u> 번개가 쳤다.
② 아기가 밤새 <u>울어</u> 잠을 설쳤다.
③ 문풍지가 바람에 <u>울고</u> 있다.
④ 귀뚜라미 <u>우는</u> 소리에 귀를 기울였다.

16

> 적성에 <u>맞추어</u> 학과를 결정해야 한다.

① 조각을 모두 <u>맞추자</u> 감쪽 같았다.
② 나는 가장 친한 친구와 답을 <u>맞추어</u> 보았다.
③ 규민이는 자신의 결혼식 예복을 <u>맞췄다</u>.
④ 모든 사람의 기준에 <u>맞추기는</u> 어렵다.

17

> 그는 농기구를 <u>만들어서</u> 시장에 내다 팔았다.

① 경기 규칙을 새로이 <u>만들거나</u> 바꾸었다.
② 황토와 볏짚을 섞어 흙벽돌을 <u>만들었다</u>.
③ 여행 경비를 <u>만들기</u> 위해 열심히 일을 했다.
④ 그는 실수로 넘어져 얼굴에 상처를 <u>만들었다</u>.

18

> 그는 졸업하려면 <u>멀었지만</u>, 취직 준비에 여념이 없다.

① 그는 작년에 교통사고로 한쪽 눈이 <u>멀었다</u>.
② 우리 집에서 회사까지 걸어가기에는 너무 <u>멀다</u>.
③ 배탈이 난 상걸이는 십 분이 <u>멀다</u> 하고 화장실을 들락거린다.
④ 오늘따라 남자친구가 <u>멀게만</u> 느껴졌다.

19

> 휴가를 앞두고 모두가 붕 <u>떠</u> 있었다.

① 시냇물 위로 나뭇잎이 동동 <u>떠다닌다</u>.
② 아침에 눈을 <u>뜨자마자</u> 빵을 먹기 시작했다.
③ 소녀는 일찍 세상을 <u>뜨고</u> 말았다.
④ 마음이 <u>떠서</u> 공부가 쉽사리 손에 잡히지 않는다.

Easy
20

> 발표를 잘한 학생에게 가산점을 <u>주었다</u>.

① 고양이에게 먹이를 <u>주었다</u>.
② 옆 사람에게 피해를 <u>주어</u> 사과하였다.
③ 연줄을 더 많이 <u>주었다</u>.
④ 먼저 온 사람에게 우선권을 <u>주었다</u>.

21

> 한 천체의 질량은 다른 천체의 운동에 영향을 <u>미친다</u>.

① 상욱이의 기록은 세계신기록에 훨씬 못 <u>미친다</u>.
② 그 기업에 대출을 하라는 압력이 그에게 <u>미쳤다</u>.
③ 지민이가 진실을 알고 있을 것이라는 데 생각이 <u>미쳤다</u>.
④ 사고는 열차가 역에 채 못 <u>미쳐</u> 발생했다.

22

> 나는 얼마 전 어느 국어학자가 정년을 맞이하면서 자신과 제자들의 글을 모아서 엮어 낸 수상집의 차례를 보고, 우리말을 가꾸는 <u>길</u>이란 결코 먼 데 있는 것이 아니라는 사실을 깊이 깨달은 일이 있다.

① 집에 돌아오는 <u>길</u>에 친구를 만났다.
② 그는 지금 의사의 <u>길</u>을 걷고 있다.
③ 어제 잃어버린 책을 찾을 <u>길</u>이 없다.
④ 우리 부모님이 살아오신 <u>길</u>은 참으로 험난하였다.

23

그가 선친에게 유산으로 받은 것은 논 여섯 _____ 이(가) 전부였다.

① 가마니   ② 마지기
③ 바리   ④ 자밤

24

해인사의 자락은 가야산 전체의 중심지로, 그 자세가 당당하고 환경이 뛰어나게 아름다워 풍채가 수려한 위인이 칼을 잡고 설교하는 것 같다. 완연히 움직이는 한 폭의 그림이다. 해인사는 단지 산수가 아름다운 곳이라고 말하기보다 _____ 땅이다. 나는 국내외의 사찰을 다소 보았으나 해인사에 필적할 만한 절터를 보지 못하였다. 거룩하다는 말 이외에 무슨 형용사를 붙일 수가 없다.

① 은밀한   ② 한적한
③ 소박한   ④ 성스러운

Hard
25

수지는 친구들과 장난을 치다 _____ 를 밟아 발바닥에 상처를 입었다.

① 주전부리   ② 사시랑이
③ 마수걸이   ④ 사금파리

다음 빈칸에 들어갈 알맞은 말을 순서대로 나열한 것은?

> 귤동마을 지나 다산초당이 있는 다산을 오르자면 갑자기 청신한 바람이 답사객의 온몸을 휘감고 돈다. ____㉠____ 들어서 하늘이 감추어진 대밭과 아름드리 소나무가 ____㉡____ 자라 초당으로 오르는 길은 언제나 어둡고 서늘하다. 이것도 올봄에 갔더니 높은 데서 지시했는지 대밭도 솔밭도 시원스레 솎아내서 ____㉢____ 훤해졌는데 그래도 ____㉣____ 울창했던 것인지라 청신한 공기에는 변함이 없었다.
>
> – 『나의 문화유산답사기 1』

	㉠	㉡	㉢	㉣
①	빽빽이	무성히	미처	자못
②	무성히	촘촘히	겨우	미처
③	촘촘히	빽빽이	워낙에	겨우
④	빽빽이	무성히	자못	워낙에

27 다음 빈칸에 들어갈 말로 가장 적절한 것은?

> "말을 없앤다는 건 멋있는 일이야. 없애는 건 동의어뿐만이 아니지. 반의어도 있어. _____ '좋다(Good)'라는 낱말을 생각해 보게. '좋다'라는 말이 있으면 구태여 '나쁘다(Bad)'라는 말이 필요하겠나? '안 좋다(Ungood)'로 충분하지. '좋다'는 것을 더욱 강조하고 싶을 때 '훌륭하다(Excellent)'느니 '멋있다(Splendid)'느니 하는 따위의 말들이 필요할까? '더 좋다(Plusgood)'라는 말이면 충분하고 그걸 더욱 강조하고 싶으면 '더욱 더 좋다(Doubleplusgood)'로 하면 되지. 결국 신어사전(新語辭典) 최종판에는 '좋다(Good)' 하나만 남을 걸세. 멋있지 않나, 윈스턴? 물론 이건 애초에 빅브라더의 아이디어야."

① 하지만　　　　　　　　② 예를 들어
③ 그런데　　　　　　　　④ 게다가

28

> 19세기 중반 화학자 분젠은 불꽃 반응에서 나타나는 물질 고유의 불꽃색에 대한 연구를 진행하고 있었다. 그는 버너 불꽃의 색을 제거한 개선된 버너를 고안함으로써 물질의 불꽃색을 더 잘 구별할 수 있도록 하였다. ＿＿＿＿＿＿＿＿＿＿＿＿＿＿＿＿＿
> 이에 물리학자 키르히호프는 프리즘을 통한 분석을 제안했고 둘은 협력하여 불꽃의 색을 분리시키는 분광 분석법을 창안했다. 이것은 과학사에 길이 남을 업적으로 이어졌다.

① 이를 통해 잘못 알려져 있었던 물질 고유의 불꽃색을 정확히 판별할 수 있었다.
② 하지만 두 종류 이상의 금속이 섞인 물질의 불꽃은 색깔이 겹쳐서 분간이 어려웠다.
③ 그러나 불꽃색은 물질의 성분뿐만 아니라 대기의 상태에 따라 큰 차이를 보였다.
④ 이 버너는 현재에도 실험실에서 널리 이용되고 있다.

Hard
29

> 민주주의의 목적은 다수가 소수의 폭군이나 자의적인 권력 행사를 통제하는 데 있다. 민주주의의 이상은 모든 자의적인 권력을 억제하는 것으로 이해되었는데 이것이 오늘날에는 자의적 권력을 정당화하기 위한 장치로 변화되었다. 이렇게 변화된 민주주의는 민주주의 그 자체를 목적으로 만들려는 이념이다. 이것은 법의 원천과 국가권력의 원천이 주권자 다수의 의지에 있기 때문에, 국민의 참여와 표결 절차를 통하여 다수가 결정한 법과 정부의 활동이라면 그 자체로 정당성을 갖는다는 것이다. 즉, 유권자 다수가 원하는 것이면 무엇이든 실현할 수 있다는 말이다.
> 이런 민주주의는 '무제한적 민주주의'이다. 어떤 제약도 없는 민주주의라는 의미이다. 이런 민주주의는 자유주의와 부합할 수가 없다. 그것은 다수의 독재이고 이런 점에서 전체주의와 유사하다. 폭군의 권력이든, 다수의 권력이든, 군주의 권력이든, 위험한 것은 권력 행사의 무제한성이다. 중요한 것은 이러한 권력을 제한하는 일이다.
> 민주주의 그 자체를 수단이 아니라 목적으로 여기고 다수의 의지를 중시한다면, 그것은 다수의 독재를 초래할 뿐만 아니라 전체주의만큼이나 위험하다. 민주주의 존재 그 자체가 언제나 개인의 자유에 대한 전망을 밝게 해 준다는 보장은 없다. 개인의 자유와 권리를 보장하지 못하는 민주주의는 본래의 민주주의가 아니다. 본래의 민주주의는 ＿＿＿＿＿＿＿＿＿＿＿＿＿＿

① 다수의 의견을 수렴하여 이를 그대로 정책에 반영해야 한다.
② 서로 다른 목적의 충돌로 인한 사회적 불안을 해소할 수 있어야 한다.
③ 무제한적 민주주의를 과도기적으로 거치며 개인의 자유와 권리 보장에 기여해야 한다.
④ 민주적 절차 준수에 그치지 않고 과도한 권력을 실질적으로 견제할 수 있어야 한다.

30

우리는 도시의 세계에 살고 있다. 2010년에 인류 역사상 처음으로 세계 전체에서 도시 인구수가 농촌 인구수를 넘어섰다. 이제 우리는 도시가 없는 세계를 상상하기 힘들며, 세계 최초의 도시들을 탄생시킨 근본적인 변화가 무엇이었는지를 상상하는 것도 쉽지 않다.

인류는 약 1만 년 전부터 5천 년 전까지 도시가 아닌 작은 농촌 마을에서 살았다. 이 시기 농촌 마을의 인구는 대부분 약 2천 명 정도였다. 약 5천 년 전부터 이라크 남부, 이집트, 파키스탄, 인도 북서부에서 1만 명 정도의 사람이 모여 사는 도시가 출현하였다. 이런 세계 최초의 도시들을 탄생시킨 원인은 무엇인가? 이 질문에 대해서 몇몇 사람들은 약 1만 년 전부터 5천 년 전 사이에 일어난 농업의 발전에 의해서 농촌의 인구가 점차적으로 증가해 도시가 되었다고 말한다. 과연 농촌의 인구는 점차적으로 증가했는가? 고고학적 연구는 그렇지 않다고 말해주는 듯하다. 농업 기술의 발전에 의해서 마을이 점차적으로 거대해졌다면, 거주 인구가 2천 명과 1만 명 사이인 마을들이 빈번하게 발견되어야 한다. 그러나 2천 명이 넘는 인구를 수용한 마을은 거의 발견되지 않았다. 이 점은 약 5천 년 전 즈음 마을의 거주 인구가 비약적으로 증가했다는 것을 보여준다.

무엇 때문에 이런 거주 인구의 비약적인 변화가 가능했는가? 이 질문에 대한 답은 사회적 제도의 발명에서 찾을 수 있다. _____

따라서 거주 인구가 비약적으로 증가하기 위해서는 사람들을 조직하고, 이웃들 간의 분쟁을 해소하는 것과 같은 문제들을 해결하는 사회적 제도의 발명이 필수적이다. 이런 이유에서 도시의 발생은 사회적 제도의 발명에 영향을 받았다고 생각할 수 있다. 그리고 이런 사회적 제도의 출현은 이후 인류 역사의 모습을 형성하는 데 결정적인 역할을 한 사건이었다.

① 거주 인구가 2천 명이 넘지 않는 마을은 도시라고 할 수 없다.

② 농업 기술의 발전에 의해서 마을이 점차적으로 거대해졌다면, 약 1만 년 전 농촌 마을의 거주 인구는 2천 명 정도여야 한다.

③ 행정조직, 정치제도, 계급과 같은 사회적 제도 없이 사람들이 함께 모여 살 수 있는 인구 규모의 최대치는 2천 명 정도밖에 되지 않는다.

④ 2천 명 정도의 인구를 가진 농촌 마을도 행정조직과 같은 사회적 제도를 가지고 있었다.

※ 제시된 단어와 동일한 관계가 되도록 빈칸에 들어갈 단어로 가장 적절한 것을 고르시오. [1~6]

Hard
01

자유 : (   ) = 소크라테스 : 돼지

① 빵   ② 피
③ 물   ④ 소금

02

고전주의 : 낭만주의 = (   ) : 진보

① 혁명   ② 공산주의
③ 클래식   ④ 보수

03

흉내 : 시늉 = 권장 : (   )

① 장려   ② 조성
③ 구성   ④ 형성

04

얌전하다 : 참하다 = (   ) : 아결하다

① 반성하다   ② 고결하다
③ 참수하다   ④ 아름답다

PART 2

과일 : 화채 = ( ) : 식혜

① 음료   ② 수정과

③ 발효   ④ 쌀

06

( ) : 보강 = 비옥 : 척박

① 상쇄   ② 감소

③ 보건   ④ 후퇴

07 **다음 글의 내용이 참일 때, 반드시 거짓인 것은?**

> • 착한 사람들 중에서 똑똑한 여자는 모두 인기가 많다.
> • 똑똑한 사람들 중에서 착한 남자는 모두 인기가 많다.
> • '인기가 많지 않지만 멋진 남자가 있다.'라는 말은 거짓이다.
> • 순이는 멋지지 않지만 똑똑한 여자이다.
> • 철수는 인기가 많지 않지만 착한 남자이다.
> • 여자든 남자든 당연히 사람이다.

① 철수는 똑똑하지 않다.

② 철수는 멋지거나 똑똑하다.

③ 똑똑하지만 멋지지 않은 사람이 있다.

④ 순이가 인기가 많지 않다면, 그녀는 착하지 않다.

※ 다음 명제를 통해 얻을 수 있는 결론으로 타당한 것을 고르시오. [8~11]

Easy
08

> • 빵을 좋아하는 사람은 우유를 좋아한다.
> • 주스를 좋아하는 사람은 우유를 좋아하지 않는다.
> • 주스를 좋아하지 않는 사람은 치즈를 좋아한다.

① 주스를 좋아하지 않는 사람은 우유를 좋아한다.
② 주스를 좋아하는 사람은 치즈를 좋아한다.
③ 치즈를 좋아하는 사람은 빵을 좋아하지 않는다.
④ 빵을 좋아하는 사람은 치즈를 좋아한다.

09

> • 컴퓨터를 잘하는 사람은 사탕을 좋아한다.
> • 커피를 좋아하는 사람은 책을 좋아한다.
> • 수학을 잘하는 사람은 컴퓨터를 잘한다.

① 사탕을 좋아하는 사람은 수학을 못한다.
② 컴퓨터를 잘하는 사람은 커피를 좋아한다.
③ 책을 좋아하는 사람은 모두 커피를 좋아한다.
④ 수학을 잘하는 사람은 사탕을 좋아한다.

10

> • 연필을 좋아하는 사람은 지우개를 좋아한다.
> • 볼펜을 좋아하는 사람은 수정테이프를 좋아한다.
> • 지우개를 좋아하는 사람은 샤프를 좋아한다.
> • 성준이는 볼펜을 좋아한다.

① 볼펜을 좋아하는 사람은 연필을 좋아한다.
② 지우개를 좋아하는 사람은 볼펜을 좋아한다.
③ 성준이는 수정테이프를 좋아한다.
④ 연필을 좋아하는 사람은 수정테이프를 좋아한다.

11

> • 모든 1과 사원은 가장 실적이 많은 2과 사원보다 실적이 많다.
> • 가장 실적이 많은 4과 사원은 모든 3과 사원보다 실적이 적다.
> • 3과 사원 중 일부는 가장 실적이 많은 2과 사원보다 실적이 적다.

① 1과 사원 중 가장 적은 실적을 올린 사원과 같은 실적을 올린 사원이 4과에 있다.
② 3과 사원 중 가장 적은 실적을 올린 사원과 같은 실적을 올린 사원이 4과에 있다.
③ 모든 2과 사원은 4과 사원 중 일부보다 실적이 적다.
④ 어떤 3과 사원은 가장 실적이 적은 1과 사원보다 실적이 적다.

※ 마지막 명제가 참일 때 다음 빈칸에 들어갈 명제로 가장 적절한 것을 고르시오. [12~14]

12

> • 패배하지 않았다면 팀플레이가 안 되지 않았다는 것이다.
> • _____
> • 패스하지 않으면 패배한다.

① 팀플레이가 된다면 패스했다는 것이다.
② 팀플레이가 된다면 패배한다.
③ 패배하지 않았다면 패스했다는 것이다.
④ 팀플레이가 된다면 패배하지 않는다.

13

> • 인기가 하락했다면 호감을 못 얻은 것이다.
> • _____
> • 인기가 하락했다면 타인에게 잘 대하지 않은 것이다.

① 타인에게 잘 대하면 호감을 얻는다.
② 호감을 얻으면 인기가 상승한다.
③ 타인에게 잘 대하면 인기가 상승한다.
④ 호감을 얻으면 타인에게 잘 대한 것이다.

14

> • 너무 많이 먹으면 살이 찐다.
> • _____
> • 둔하지 않다면 너무 많이 먹지 않은 것이다.

① 둔하다면 적게 먹은 것이다.
② 너무 많이 먹으면 둔해진다.
③ 살이 찌면 둔해진다.
④ 너무 많이 먹어도 살이 찌지 않는다.

※ 다음 중 제시된 내용을 바탕으로 내린 A, B의 결론에 대한 판단으로 항상 옳은 것을 고르시오.
 [15~18]

15

> • 4명의 친구가 5층 건물에 각각 한 명씩 살고 있다.
> • 갑은 1층에 살고 있다.
> • 병은 을보다 아래층에 살고 있다.
> • 정은 을보다 위층에 살고 있다.

> A : 을은 3층에 살고 있다.
> B : 정은 4층이나 5층에 살고 있다.

① A만 옳다.
② B만 옳다.
③ A, B 모두 옳다.
④ A, B 모두 틀리다.

- 민호는 6곳의 도시를 여행했다.
- 춘천은 3번째 여행지였다.
- 대구는 6번째 여행지였다.
- 전주는 강릉의 바로 전 여행지였다.
- 부산은 안동의 바로 전 여행지였다.

A : 부산이 네 번째 여행지였다면 전주는 두 번째 여행지이다.
B : 부산이 첫 번째 여행지였다면 강릉은 다섯 번째 여행지이다.

① A만 옳다.
② B만 옳다.
③ A, B 모두 옳다.
④ A, B 모두 틀리다.

- 영어를 잘하면 중국어를 못한다.
- 스페인어를 잘하면 영어를 잘한다.
- 일본어를 잘하면 스페인어를 잘한다.

A : 스페인어를 잘하면 중국어를 못한다.
B : 일본어를 잘하면 중국어를 못한다.

① A만 옳다.
② B만 옳다.
③ A, B 모두 옳다.
④ A, B 모두 틀리다.

18

- A, B, C, D, E, F, G는 게스트하우스에서 1층에 방 3개, 2층에 방 2개를 빌렸다.
- 1인용 방은 꼭 혼자 사용해야 하고, 2인용 방은 혼자 또는 두 명이 사용할 수 있다.
- 1인용 방은 각 층에 하나씩 있으며 F, D가 사용한다.
- A와 F는 2층을 사용한다.
- B와 G는 같은 방을 사용한다.
- C와 E는 다른 층에 있다.

A : 1층에는 5명이 있다.
B : A는 혼자 방을 사용한다.

① A만 옳다.
② B만 옳다.
③ A, B 모두 옳다.
④ A, B 모두 틀리다.

PART 2

Hard

19 동성, 현규, 영희, 영수, 미영은 A의 이사를 도와주면서 A가 사용하지 않는 물건들을 각각 하나씩 받았다. 아래와 같은 〈조건〉을 만족할 때의 설명으로 옳지 않은 것은?

조건

- A가 사용하지 않는 물건은 세탁기, 컴퓨터, 드라이기, 로션, 핸드크림이고, 동성, 현규, 영희, 영수, 미영 순서로 물건을 고를 수 있다.
- 동성이는 세탁기 또는 컴퓨터를 받길 원한다.
- 현규는 세탁기 또는 드라이기를 받길 원한다.
- 영희는 로션 또는 핸드크림을 받길 원한다.
- 영수는 전자기기 이외의 것을 받길 원한다.
- 미영은 아무 것이나 받아도 상관없다.

① 동성이는 자신이 원하는 물건을 선택해서 받는다.
② 영희는 영수와 원하는 물건이 동일하다.
③ 미영이는 드라이기를 받을 수 없다.
④ 영수는 원하는 물건을 고를 수 있는 선택권이 없다.

20 갑, 을, 병, 정, 무를 포함하여 8명이 면접실 의자에 앉아 있다. 병이 2번 의자에 앉을 때, 항상 옳은 것은?(단, 의자에는 1번부터 8번까지의 번호가 있다)

- 갑과 병은 이웃해 앉지 않고, 병과 무는 이웃해 앉는다.
- 갑과 을 사이에는 2명이 앉는다.
- 을은 양 끝(1번, 8번)에 앉지 않는다.
- 정은 6번 또는 7번에 앉고, 무는 3번에 앉는다.

① 을은 4번에 앉는다.
② 갑은 1번에 앉는다.
③ 을과 정은 이웃해 앉는다.
④ 갑이 4번에 앉으면, 정은 6번에 앉는다.

21 취업을 준비하는 A∼E 다섯 사람이 지원한 분야는 각각 마케팅, 생산, 출판, 회계, 시설관리 중 한 곳이다. 다섯 사람은 모두 서류에 합격해 적성검사를 보러 가는데, 지하철, 버스, 택시 중 한 가지를 타고 가려고 한다. 이때, 다음 중 옳지 않은 것은?(단, 한 가지 교통수단은 최대 두 명까지 이용할 수 있으며, 한 사람도 이용하지 않은 교통수단은 없다)

- 택시는 생산, 시설관리, 마케팅을 지원한 사람의 회사에 갈 수 있다.
- A는 출판을 지원했다.
- E는 어떤 교통수단을 선택해도 지원한 회사에 갈 수 있다.
- 지하철에는 D를 포함한 두 사람이 타며, 둘 중 하나는 회계에 지원했다.
- B가 탈 수 있는 교통수단은 지하철뿐이다.
- 버스와 택시가 지나가는 회사는 마케팅을 제외하고 중복되지 않는다.

① B와 D는 같이 지하철을 이용한다.
② E는 택시를 이용했다.
③ A는 버스를 이용했다.
④ E는 회계를 지원했다.

22 A~E 5명을 일렬로 세웠더니 다음을 모두 만족한다고 한다. 이때, 앞에서부터 두 번째에 있는 사람은?

> • A는 B의 바로 앞에 이웃하여 있다.
> • A는 C보다 뒤에 있다.
> • E는 A보다 앞에 있다.
> • E와 D 사이에는 2명이 있다.

① B   ② C

③ D   ④ E

23 이번 학기에 4개의 강좌 A, B, C, D가 새로 개설된다. 담당자는 강의 지원자 甲, 乙, 丙, 丁, 戊 중 4명에게 각 한 강좌씩 맡기려 한다. 배정 결과를 궁금해 하는 5명은 다음과 같이 예측했다. 배정 결과를 보니 이 중 한 명의 진술만 거짓이고, 나머지는 참임이 드러났다. 다음 중 바르게 추론한 것은?

> 甲 : 乙이 A강좌를 담당하고, 丙은 강좌를 맡지 않을 것이다.
> 乙 : 丙이 B강좌를 담당한다.
> 丙 : 丁은 D가 아닌 다른 강좌를 담당할 것이다.
> 丁 : 戊가 D강좌를 담당할 것이다.
> 戊 : 乙의 말은 거짓일 것이다.

① 甲은 A강좌를 담당한다.

② 乙은 C강좌를 담당한다.

③ 丙은 강좌를 맡지 않는다.

④ 丁은 D강좌를 담당한다.

24 다음 명제를 통해 얻을 수 있는 결론으로 타당한 것은?

> • 영희는 영어 2등, 수학 2등, 국어 2등을 하였다.
> • 상욱이는 영어 1등, 수학 3등, 국어 1등을 하였다.
> • 수현이는 수학만 1등을 하였다.
> • 전체 평균 1등을 한 것은 영희이다.

① 총점이 가장 높은 것은 영희이다.
② 수현이의 수학 점수는 상욱이의 영어 점수보다 높다.
③ 상욱이의 영어 점수는 영희의 수학 점수보다 높다.
④ 영어와 수학 점수만을 봤을 때, 상욱이가 1등일 것이다.

Hard

25 8개의 칸이 일렬로 늘어서 있는 화단에 장미, 튤립, 백합을 심기로 했다. 다음과 같은 〈조건〉에 따라 꽃을 심으려고 할 때, 다음 중 항상 옳은 것이 아닌 것은?

> **조건**
> • 장미는 빨간색, 분홍색, 튤립은 빨간색, 분홍색, 노란색, 흰색, 백합은 주황색과 흰색이고, 각각 한 칸씩 심기로 했다.
> • 같은 색상이나 같은 종류의 꽃을 연속해서 심지 않는다.
> • 양 가장자리는 빨간색 꽃을 심는다.
> • 주황색 꽃은 노란색 꽃 옆에 심을 수 없다.
> • 분홍색 꽃은 두 칸을 사이에 두고 심는다.
> • 화단을 절반으로 나누었을 때, 화단의 오른편에는 백합을 심지 않는다.

① 왼쪽에서 1번째 칸에는 빨간색 튤립을 심는다.
② 분홍색 튤립의 양 옆은 모두 백합이다.
③ 노란색 튤립의 양 옆은 모두 장미이다.
④ 노란색 튤립은 분홍색 장미 바로 옆에 심는다.

※ 다음 빈칸에 들어갈 알맞은 숫자 또는 기호를 고르시오. [1~5]

Easy
01

$$297 \times 23 \div 3 = 2\square77$$

① 1　　　　　　　　　　　② 2
③ 3　　　　　　　　　　　④ 4

02

$$66 + 77 - 88 \times \square = -825$$

① 11　　　　　　　　　　② 22
③ 33　　　　　　　　　　④ 44

03

$$8,510 \div \square + 1,048 = 5,303$$

① 1　　　　　　　　　　　② 2
③ 3　　　　　　　　　　　④ 4

04

$$6.7 - 3\square0.9 = 4$$

① ＋　　　　　　　　　　② －
③ ×　　　　　　　　　　④ ÷

05

$$0.4 \times 125 \square 5 + 10 = 20$$

① ＋ ② －

③ × ④ ÷

Easy

06 용민이와 효린이가 호수를 같은 방향으로 도는데 용민이는 7km/h, 효린이는 3km/h로 걷는 다고 한다. 두 사람이 7시간 이후에 처음으로 다시 만났다면 호수의 둘레는 몇 km인가?

① 24km ② 26km

③ 28km ④ 30km

07 어떤 두 자리의 자연수를 4, 8, 12로 나누면 나머지가 모두 3이다. 이를 만족하는 자연수 중 가장 작은 것은?

① 20 ② 24

③ 27 ④ 33

08 서로 맞물려 도는 두 톱니바퀴 A, B가 있다. A의 톱니 수는 54개, B의 톱니 수는 78개이다. 두 톱니바퀴가 같은 톱니에서 출발하여 돌다가 그 톱니끼리 처음으로 다시 맞물리는 것은 톱니바퀴 B가 몇 바퀴 회전한 후인가?

① 8바퀴 ② 9바퀴

③ 10바퀴 ④ 11바퀴

PART 2

Easy

09 연속하는 세 홀수에 대하여, 가장 작은 수는 나머지 두 수의 합보다 11만큼 작다. 이때 가장 큰 수는?

① 5

② 7

③ 9

④ 11

10 지혜가 혼자 하면 4일, 윤호가 혼자 하면 6일 걸리는 일이 있다. 지혜가 먼저 2일 동안 일을 하고, 남은 양을 윤호가 끝내려고 한다. 윤호는 며칠 동안 일을 해야 하는가?

① 2일

② 3일

③ 4일

④ 5일

11 등산을 하는데 올라갈 때는 시속 3km로 걷고, 내려올 때는 올라갈 때보다 5km 더 먼 길을 시속 4km로 걷는다. 올라갔다가 내려올 때 총 3시간이 걸렸다면, 올라갈 때 걸은 거리는 몇 km인가?

① 3km

② 4km

③ 5km

④ 6km

12 집에서 2km 떨어진 도서관에 가는 데 처음에는 분속 80m의 속력으로 걷다가 늦을 것 같아 속력을 두 배로 올렸더니 총 20분이 걸렸다. 분속 80m로 걸은 거리는 얼마인가?

① 600m

② 800m

③ 1,000m

④ 1,200m

13 H건설에서 백화점 건물을 짓기 위해 포크레인 A, B 두 대로 작업을 하고 있다. A로만 작업을 하면 건물 하나를 완성하는 데 40일 걸리고, B만 사용하면 20일 걸린다. 공사 감독이 A로만 작업을 하다가 나중에는 B만 사용하여 총 21일만에 건물 하나를 완공했다고 할 때, B만 작업한 날은 총 며칠인가?

① 1일   ② 2일
③ 19일   ④ 20일

14 1부터 9까지의 자연수가 하나씩 적힌 9장의 카드가 있다. 갑은 숫자 2, 5, 9가 적힌 카드를, 을은 숫자 1, 7, 8이 적힌 카드를, 병은 숫자 3, 4, 6이 적힌 카드를 각각 가지고 있다. 갑, 을, 병 세 사람이 동시에 카드를 한 장씩 꺼낼 때, 카드에 적힌 숫자가 가장 큰 사람이 갑이 되는 경우의 수는?

① 8가지   ② 9가지
③ 10가지   ④ 11가지

Hard
15 한 인터넷 쇼핑몰의 등록 고객 중 여성이 75%, 남성이 25%라고 한다. 여성 등록 고객 중 우수고객의 비율은 40%, 일반 고객의 비율은 60%이다. 그리고 남성 등록 고객의 경우 우수고객이 30%, 일반고객이 70%이다. 등록 고객 중 한 명을 임의로 뽑았더니 우수고객이었을 때, 이 고객이 여성일 확률은?

① 75%   ② 80%
③ 85%   ④ 90%

※ 다음은 2009~2022년 내국인 국제기구 진출현황에 대한 그래프이다. 이를 보고 이어지는 질문에 답하시오. **[1~2]**

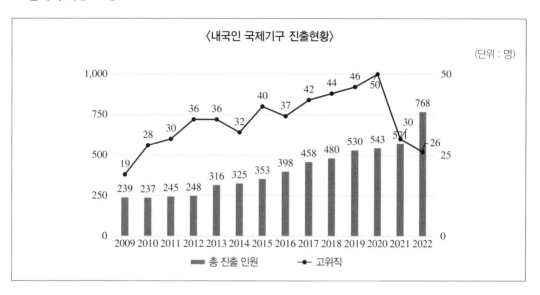

〈내국인 국제기구 진출현황〉

(단위 : 명)

Easy

01 다음 중 국제기구 총 진출 인원의 전년 대비 증가율이 두 번째로 높은 연도는?

① 2013년
② 2017년
③ 2019년
④ 2021년

Easy

02 다음 중 국제기구 총 진출 인원 중 고위직 진출 인원수의 비율이 가장 높은 연도는?

① 2012년
② 2013년
③ 2015년
④ 2017년

※ 다음은 공공연금 총 급여비에 대한 자료이다. 이를 보고 이어지는 질문에 답하시오. [3~4]

〈공공연금 총 급여비〉

(단위 : 백만 원)

연도	국민연금	공무원연금	사립학교 교직원연금
2004년	42,301	173,583	113,338
2005년	110,882	238,111	132,035
2006년	216,541	316,165	182,091
2007년	333,131	416,129	211,771
2008년	519,074	534,765	324,472
2009년	755,460	662,345	324,637
2010년	1,117,645	792,287	344,462
2011년	1,485,530	2,794,814	399,928
2012년	2,439,729	5,033,060	556,572
2013년	3,871,969	7,293,799	893,688
2014년	1,607,035	4,360,993	664,297
2015년	1,569,257	3,493,543	565,294
2016년	1,915,255	3,615,004	657,692
2017년	2,328,449	4,463,474	775,875
2018년	2,914,045	4,981,325	869,537
2019년	3,584,901	5,945,195	983,028
2020년	4,360,239	6,220,571	1,057,247
2021년	5,182,611	6,855,769	1,220,799
2022년	6,180,804	7,876,958	1,373,012

03 다음 〈보기〉에서 적절하지 않은 것을 모두 고르면?

> **보기**
>
> ㄱ. 국민연금 급여비가 공무원연금 급여비보다 최초로 많아진 해는 2009년이다.
> ㄴ. 사립학교 교직원연금 급여비는 매년 증가하고 있다.
> ㄷ. 2012년에 전년 대비 급여비가 가장 큰 폭으로 증가한 것은 국민연금이다.
> ㄹ. 국민연금 급여비가 전년 대비 줄어든 해에는 나머지 공공연금도 모두 줄어드는 현상을 보이고 있다.

① ㄱ, ㄴ

② ㄴ, ㄷ

③ ㄱ, ㄴ, ㄷ

④ ㄴ, ㄷ, ㄹ

04 2021년 대비 2022년의 공무원연금 총 급여비는 몇 % 증가했는가?

① 약 12.5%

② 약 13.1%

③ 약 13.7%

④ 약 14.9%

※ 다음은 지적재산권 심판청구 현황에 관한 자료이다. 이를 보고 이어지는 질문에 답하시오. [5~7]

〈지적재산권 심판청구 현황〉

구분		2019년	2020년	2021년	2022년
심판청구 건수	합계	20,990	17,124	15,188	15,883
	특허	12,238	10,561	9,270	9,664
	실용신안	906	828	559	473
	디자인	806	677	691	439
	상표	7,040	5,058	4,668	5,307
심판처리 건수	합계	19,473	16,728	15,552	16,554
	특허	10,737	9,882	9,632	9,854
	실용신안	855	748	650	635
	디자인	670	697	677	638
	상표	7,211	5,401	4,593	5,427
심판처리 기간	특허 · 실용신안	5.9	8.0	10.6	10.2
	디자인 · 상표	5.6	8.0	9.1	8.2

05 다음 중 자료를 보고 판단한 내용으로 적절하지 않은 것은?

① 2019년부터 2022년까지 수치가 계속 증가한 항목은 하나도 없다.
② 심판청구 건수보다 심판처리 건수가 더 많은 해도 있다.
③ 2019년부터 2022년까지 건수가 지속적으로 감소한 항목은 2개이다.
④ 2021년에는 모든 항목이 다른 해보다 건수가 적고 기간이 짧다.

06 2019년 대비 2022년 실용신안 심판청구 건수 감소율은 얼마인가?

① 약 45.6%
② 약 47.8%
③ 약 49.7%
④ 약 52.0%

Easy
07 2019년부터 2022년까지 상표에 대한 심판청구 건수의 총합과 같은 기간 동안의 상표에 대한 심판처리 건수의 총합과의 차이는 얼마인가?

① 559건　　　　　　　　　　　② 567건
③ 571건　　　　　　　　　　　④ 589건

08 다음은 각각 H기업의 지역별 매장 수 증감과, 지역별 매장의 평균 매출액을 나타내는 자료이다. 2019년 매장이 두 번째로 많은 지역의 매장 개수는?

〈지역별 매장 수 증감〉

(단위 : 개)

지역	2019년 대비 2020년 증감 수	2020년 대비 2021년 증감 수	2021년 대비 2022년 증감 수	2022년 매장 수
서울	2	2	-2	17
경기	2	1	-2	14
인천	-1	2	-5	10
부산	-2	-4	3	10

〈지역별 매장의 평균 매출액〉

(단위 : 억 원)

지역	2019년	2020년	2021년	2022년
서울	2.5	3.9	4.5	4.3
경기	1.8	1.5	1.9	1.5
인천	1.8	2.0	2.1	2.1
부산	2.1	3.8	3.5	3.1

① 10개　　　　　　　　　　　② 12개
③ 14개　　　　　　　　　　　④ 16개

※ 다음은 H백화점그룹의 주요경영지표를 나타낸 자료이다. 이를 보고 이어지는 질문에 답하시오.
[9~10]

〈H백화점그룹 주요경영지표〉

(단위 : 십억 원)

구분	공정자산 총액	부채총액	자본총액	자본금	매출액	당기순이익
2017년	2,610	1,658	952	464	1,139	170
2018년	2,794	1,727	1,067	481	2,178	227
2019년	5,383	4,000	1,383	660	2,666	108
2020년	5,200	4,073	1,127	700	4,456	−266
2021년	5,242	3,378	1,864	592	3,764	117
2022년	5,542	3,634	1,908	417	4,427	65

Hard

09 H백화점그룹의 A투자자는 당해 연도 당기순이익을 매출액으로 나눈 수치를 평가한 후 수치에 비례하여 다음 해 투자 규모를 결정한다고 한다. A투자자의 투자 규모가 가장 큰 해는?(단, 소수점 셋째 자리에서 반올림한다)

① 2018년　　　　　　　　　　② 2019년
③ 2020년　　　　　　　　　　④ 2021년

10 다음 중 자료에 대한 설명으로 옳은 것은?

① 자본금은 꾸준히 증가하고 있다.
② 직전 해의 당기순이익과 비교했을 때, 당기순이익이 가장 많이 증가한 해는 2018년이다.
③ 공정자산총액과 부채총액의 차가 가장 큰 해는 2022년이다.
④ 각 지표 중 총액 규모가 가장 큰 것은 매출액이다.

※ 일정한 규칙으로 수를 나열할 때 다음 중 빈칸에 들어갈 알맞은 수를 고르시오. [1~10]

Easy

01

| 3　5　(　)　75　1,125　84,375 |

① 10　　　　　　　　　　② 15
③ 20　　　　　　　　　　④ 25

02

| −3　1　1　9　17　(　)　81 |

① 33　　　　　　　　　　② 35
③ 39　　　　　　　　　　④ 41

03

| 4　12　6　14　7　(　)　7.5 |

① 9　　　　　　　　　　② 11
③ 13　　　　　　　　　　④ 15

04

| 82　41　−164　−82　328　164　(　) |

① −328　　　　　　　　② −492
③ −656　　　　　　　　④ −820

05

-4 20 ( ) -205 -409 2,045 4,091

① 40
② 41
③ 42
④ 43

06

2 ( ) 10 4 -3 -10 -5 2 -8

① 4
② 6
③ 8
④ 12

Hard
07

5 1 2 3 9 4 8 ( ) 6

① 2
② 7
③ 10
④ 11

08

3 7 16 -1 3 -8 ( ) -4 3

① 5
② 7
③ -1
④ -2

Hard
09

4 -9 5 -10 ( ) 4 7 40 3

① 84
② 86
③ 88
④ 90

10

| 2　15　4　18　8　21　（　　） |

① 11　　　　　　　　　　② 16
③ 24　　　　　　　　　　④ 27

※ 일정한 규칙으로 문자를 나열할 때, 다음 중 빈칸에 들어갈 알맞은 문자를 고르시오. [11~20]

PART 2

11

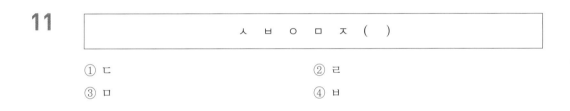

| ㅅ　ㅂ　ㅇ　ㅁ　ㅈ　（　　） |

① ㄷ　　　　　　　　　　② ㄹ
③ ㅁ　　　　　　　　　　④ ㅂ

12

| E　I　G　K　L　（　　）　S |

① B　　　　　　　　　　② G
③ H　　　　　　　　　　④ M

13

| F　K　P　U　（　　） |

① L　　　　　　　　　　② T
③ X　　　　　　　　　　④ Z

14

| D C E F F L ( ) X |

① C　　　　　　　　　　② G
③ J　　　　　　　　　　④ Q

Easy
15

| A ( ) G J M P |

① C　　　　　　　　　　② D
③ E　　　　　　　　　　④ F

16

| Z ( ) P K F A |

① W　　　　　　　　　　② X
③ V　　　　　　　　　　④ U

17

| c A ( ) D g P |

① b　　　　　　　　　　② c
③ d　　　　　　　　　　④ e

18

$$(\ \ )\ \ L\ \ O\ \ R\ \ U\ \ X$$

① I   ② Q
③ S   ④ X

Hard
19

$$G\ \ H\ \ J\ \ N\ \ V\ \ L\ \ (\ \ )$$

① K   ② O
③ Q   ④ R

20

$$\underline{A\ \ B\ \ E}\ \ \ \underline{C\ \ D\ \ Y}\ \ \ \underline{B\ \ D\ \ (\ \ )}$$

① W   ② F
③ X   ④ T

※ 제시된 문자를 비교하여 앞이 서로 다르면 ①, 뒤가 서로 다르면 ②, 둘 다 같거나 다르면 ③을 고르시오. [1~7]

01

| 맘몸임응믐음그 ― 맘몸임응믐음그 | MSVAMWMY ― MSVAMWMY |

①   ②   ③

02

| ㅖㅖㅑㅒㅡㅜ ― ㅖㅖㅑㅒㅡㅜ | 不白盤北膜黑子生 ― 下白盤北膜黑子生 |

①   ②   ③

03

①   ②   ③

04

| ☆●◎◇▲▽○■ ― ☆●◎◇▲▽○■ | agehdjeghew ― agehdfeghew |

①   ②   ③

05

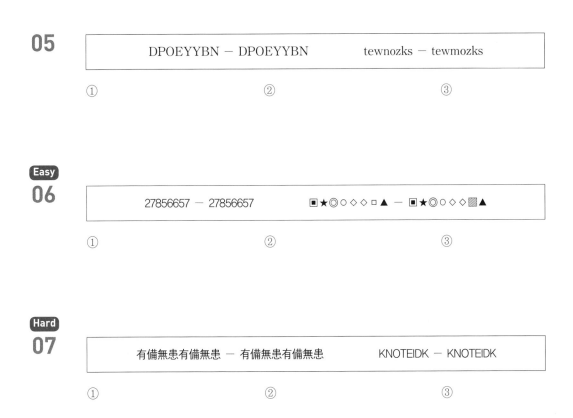

DPOEYYBN — DPOEYYBN　　　tewnozks — tewmozks

① 　　　　　② 　　　　　③

Easy
06

27856657 — 27856657　　　■★◎○◇◇□▲ — ■★◎○◇◇▨▲

① 　　　　　② 　　　　　③

Hard
07

有備無患有備無患 — 有備無患有備無患　　　KNOTEIDK — KNOTEIDK

① 　　　　　② 　　　　　③

※ 다음 중 좌우를 비교했을 때 다른 것은 몇 개인지 고르시오. [8~9]

08

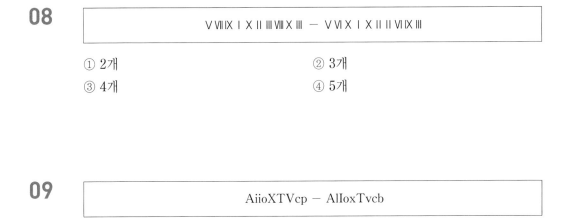

ⅤⅦⅨⅠⅩⅡⅢⅧⅩⅢ — ⅤⅥⅩⅠⅩⅡⅡⅥⅨⅢ

① 2개 　　　　② 3개
③ 4개 　　　　④ 5개

09

AiioXTVcp — AlIoxTvcb

① 2개 　　　　② 3개
③ 4개 　　　　④ 5개

※ 다음 중 좌우를 비교했을 때 같은 것은 몇 개인지 고르시오. [10~11]

10

＼＼∨←↑↓↑↓ － ＼＼∨→↓↑→↓

① 2개   ② 3개
③ 4개   ④ 5개

11

いゆょびてねぽみ － りゆよぴでぬぽみ

① 2개   ② 3개
③ 4개   ④ 5개

※ 다음 제시된 문자와 같은 것의 개수를 구하시오. [12~14]

12

1908

8190	7732	8190	1188	0616	1908	2957	1188	6112	8190	1890	2554
0616	8190	9081	1188	1908	9081	2957	1891	5468	1908	0616	2544
9081	9081	8190	1606	1188	2957	7732	1908	6112	1908	0616	9081
1908	9180	1890	1188	7732	1890	6111	2957	2544	7732	0616	2554

① 5개   ② 6개
③ 7개   ④ 8개

13

四

司	四	田	同	口	册	丘	句	田	四	旦	丹
丘	四	匹	口	月	丘	册	勺	田	四	口	册
司	四	旦	丘	句	丹	匹	司	田	月	四	旦
旦	田	丹	四	口	丘	册	田	口	丘	句	丹

① 5개 ② 6개
③ 7개 ④ 8개

Easy
14

잔

간	던	편	반	잔	단	뎐	전	쟌	잔	칸	탄
쟌	전	잔	던	단	뎐	탄	칸	간	간	반	쟌
잔	던	편	쟌	칸	탄	뎐	단	전	잔	전	간
편	탄	전	젼	잔	간	반	던	던	잔	전	뎐

① 7개 ② 8개
③ 9개 ④ 10개

15 다음 제시된 문자 또는 숫자와 같은 것은?

Mozart requiem K626

① Mozart requiem K626 ② Mozort requiem K626
③ Mozart requiem K629 ④ Mozart repuiem K626

16   다음 제시된 문자 또는 숫자와 다른 것은?

DeCapua&Listz(1968)

① DeCapua&Listz(1968)   ② DeCapua&Listz(1968)
③ DeCapua&Listz(1968)   ④ DeCaqua&Listz(1968)

17   다음 중 어느 알파벳을 더해야 10이 나오는가?

A : 3   F : 5   B : 8   D : 4   E : 7   H : 1   T : 0

① AB   ② BH
③ AE   ④ DB

18   다음 중 어느 알파벳을 더해야 27이 나오는가?

D : 18   F : 5   B : 17   E : 9   A : 11   W : 14   G : 21

① BE   ② ED
③ AD   ④ EW

※ 다음 제시된 문자를 비교하여 같으면 ①, 다르면 ②를 표기하시오. [19~20]

19

くうきおよめない [　] くうきおよぬない

20

故敎水盡籠山 [　] 故絞水盡籠山

※ 다음 제시된 도형을 회전하였을 때 나올 수 있는 도형을 고르시오. **[1~4]**

01

①

②

③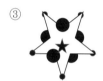

④

①

②

③

④

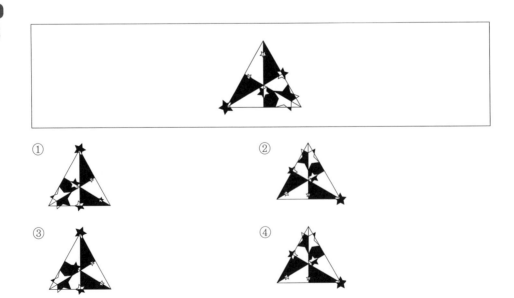

04

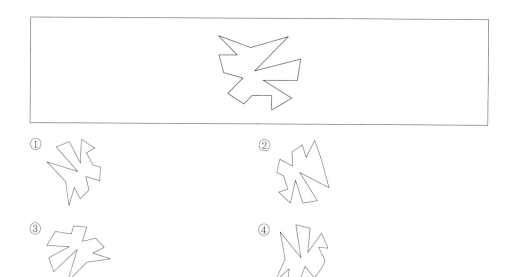

05 다음 그림을 상하 대칭 후 시계 방향으로 45° 회전한 것은?

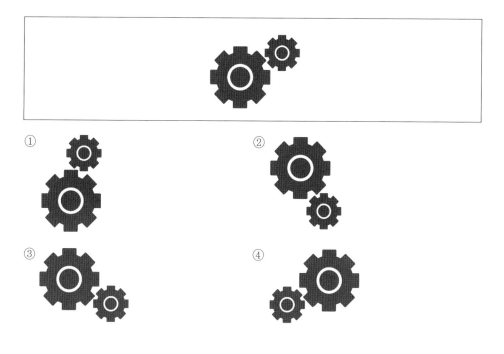

06 다음 그림을 좌우 대칭 후 시계 방향으로 270° 회전한 것은?

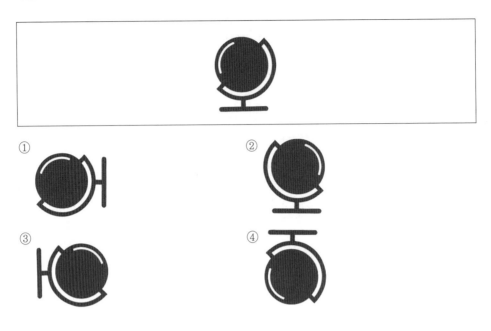

07 다음 그림을 180° 회전하고, 상하 대칭 후 시계 방향으로 45° 회전한 것은?

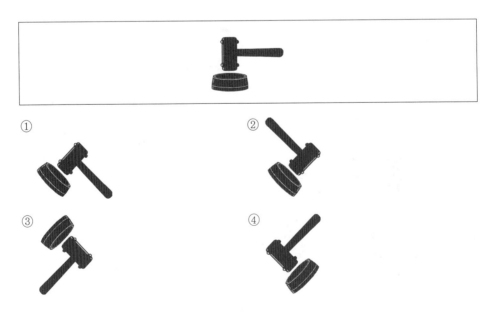

※ 다음 도형을 축을 중심으로 회전시켰을 때 만들어지는 입체도형을 고르시오. [8~11]

08

① 　　②

③ 　　④

09

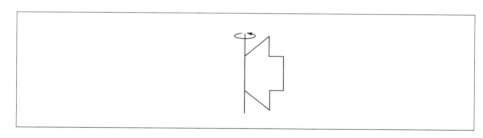

① 　　②

③ 　　④

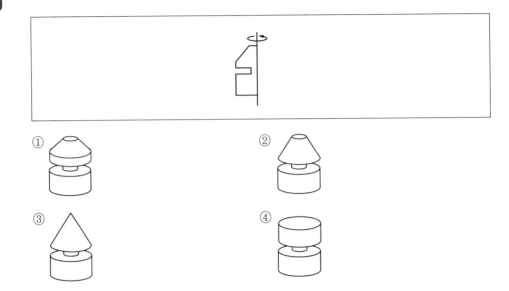

11

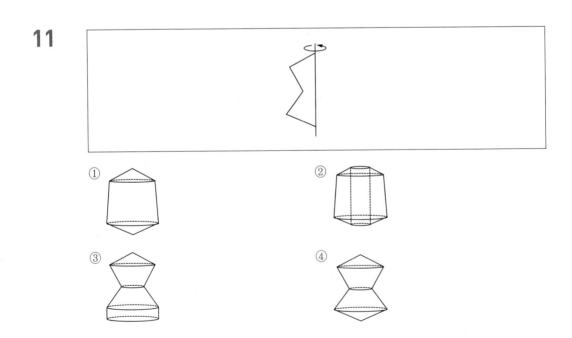

12 축을 중심으로 평면도형을 회전시켰을 때, 다음과 같은 회전체가 나타나는 것은?

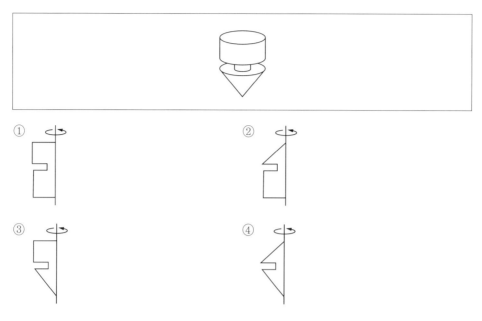

Easy

13 다음 제시된 전개도로 만들 수 있는 입체도형은?

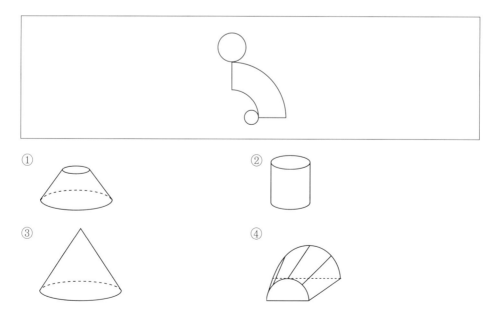

14 다음 도형의 전개도로 알맞은 것은?

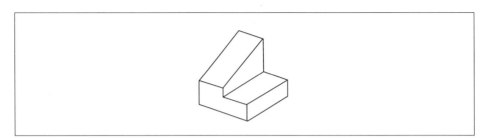

①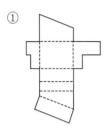

②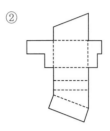

③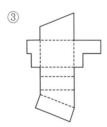

④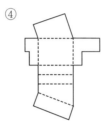

15 다음 정팔면체의 전개도로 알맞은 것은?

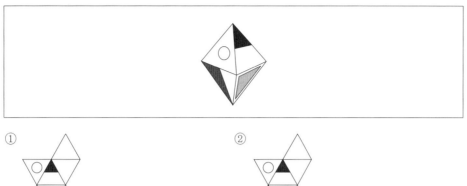

①

②

③

④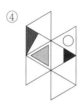

16 다음 입체도형의 전개도로 옳지 않은 것은?

※ 주어진 전개도로 정육면체를 만들 때, 만들어질 수 없는 것을 고르시오. [17~19]

17

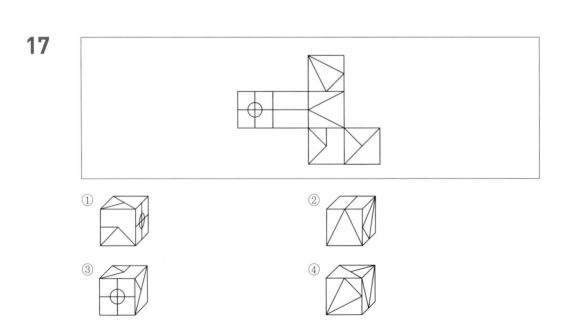

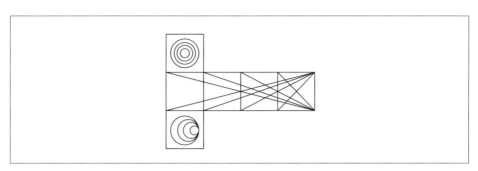

①

②

③

④

19

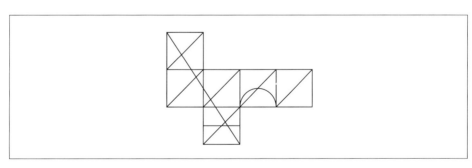

①

②

③

④

20 다음 중 입체도형을 만들었을 때, 다른 모양이 나오는 것은?

①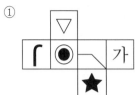

②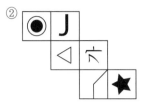

③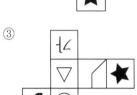

④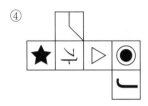

※ 다음 중 도형에 대한 해석으로 가장 적절한 것을 고르시오. [1~2]

△ 면접장 § 면접관 ∽ 면접자 ◎ 수험표 ≒ 탁자

Easy
01

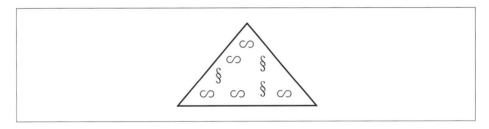

① 수험표가 탁자 위에 놓여 있다.
② 다섯 명의 면접자와 세 명의 면접관은 서로 대화를 나누고 있다.
③ 면접장에는 다섯 명의 면접자와 세 명의 면접관이 있다.
④ 면접이 끝나고 면접장을 정리하고 있다.

02

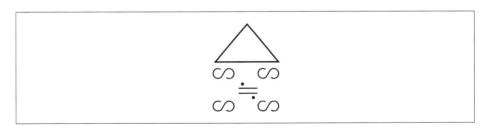

① 네 명의 면접자는 의자에 일렬로 앉아 차례를 기다리고 있다.
② 네 명의 면접자는 수험표를 들고 있다.
③ 면접장 안에는 두 명의 면접관이 면접을 진행하고 있다.
④ 면접장 밖에서 네 명의 면접자가 탁자를 사이에 두고 서로 마주 보고 있다.

※ 다음 중 도형에 대한 해석으로 가장 적절한 것을 고르시오. [3~4]

♀ 거북이　Σ 바다　◇ 도구　÷ 이끼　♪ 어부

03

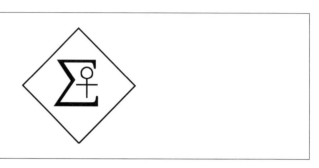

① 거북이가 사는 어항을 바닷물로 채웠다.
② 어항에 살던 거북이를 바다로 돌려보내 주었다.
③ 거북이가 사는 어항을 교체하였다.
④ 바다에서 거북이를 잡아 왔다.

04

① 거북이는 바다에 산다.
② 어부는 바다를 항해하고 있다.
③ 거북이가 바다에서 헤엄을 치고 있다.
④ 바다 위 배에서 어부가 거북이가 든 어항을 들고 서 있다.

※ 다음 중 도형에 대한 해석으로 가장 적절한 것을 고르시오. [5~6]

◇ 도구 ○ 물 □ 건물 ☆ 사람 △ 나무

05

① 건물이 나무로 둘러 쌓여 있다.
② 사람이 도구를 옮기고 있다.
③ 사람이 나무에 기대 쉬고 있다.
④ 건물 내부에서 두 사람이 악수를 하고 있다.

PART 2

06

① 두 사람이 강에서 오리배를 타고 있다.
② 건물 안에서 사람이 가위를 들고 있다.
③ 사람이 나무에 물을 주고 있다.
④ 두 사람이 물이 담긴 컵을 들고 서 있다.

※ 다음 주어진 표를 통해 제시된 문장을 알맞게 변형한 것을 고르시오. [7~10]

●	○	★	☆	♠	♤	■	□	※	⊂
에/에서	불었다	풍선	을/를	신나게	모였다	봤다	동생	공원	노래
↘	↖	↗	↙	◇	◆	Σ	∫∫	∴	⊃
동물원	서커스	코끼리	앞	함께	했다	와/과	이/가	가족	로/으로

07

동생이 서커스에서 풍선을 불었다.

① ↑ ∫∫ ↘ ● ★ ☆ ○
② □ ∫∫ ↘ ● ★ ∫∫
③ □ ∫∫ ↘ ● ★ ☆ ○
④ × ● ★ ☆ ☆ ○

08

가족과 함께 공원에서 서커스를 봤다.

① ∴ Σ ◇ ※ ● ↘ ☆ ■
② ■ Σ ◇ ∴ ● ↘ ☆ ■
③ ※ → Σ ◇ ∴ ● ↘ ■
④ ■ Σ ■ ☆ ● ↘ ☆ Σ

09

동물원 코끼리가 노래를 했다.

① ↘ ◆ ↗ ∫∫ ⊂ ☆
② ↘ ↘ ↗ ∫∫ ⊂ ☆
③ ↘ ↗ ∫∫ ⊃ ☆ ◇
④ ↘ ↙ ↗ ∫∫ ⊂ ☆ ◆

10

코끼리 풍선을 동물원에서 신나게 불었다.

① ↗ ★ ☆ ↘ ● ♠ ○
② ↗ ★ ☆ ↘ ● ♠ ●
③ ↗ ★ ☆ ↘ ↗ ● ♠
④ ↗ ☆ ◆ ↘ ● ♠ ○

※ 다음 주어진 표를 통해 제시된 문장을 알맞게 변형한 것을 고르시오. [11~14]

＼	＼	／	／	◇	◆	Σ	∬	∴	⊃
의	병원	했다	신중히	정말	은/는	수술	활짝	와/과	웃었다
●	○	★	☆	♠	♤	■	□	※	⊂
반응	을/를	의사	상담	에/에서	말	기뻤다	듣고	이/가	환자

11

병원에서 의사와 상담을 했다.

① ＼♠∬⊂＼※♤　　② ＼♠∴Σ＼○♤
③ ＼◆＼∬∴Σ／　　④ ＼♠★∴☆○／

12

의사는 신중히 말을 했다.

① ★◆Σ※⊂／　　② □∬☆♠☆●
③ ★◆／♤○／　　④ ∬∴※●★／

13

환자는 말을 듣고 활짝 웃었다.

① ⊂◆♠★∴∬⊃　　② ★◆／○□Σ／
③ ⊂◆♤○□∬⊃　　④ ⊂◆♤☆♠○／

14

의사는 환자의 반응에 정말 기뻤다.

① ★◆⊂＼●♠◇■　　② ★●⊂／●♠Σ■
③ ★Σ◇♠●☆○／　　④ ★◆⊂◆♤♠○／

※ 다음 도식에서 기호들은 일정한 규칙에 따라 문자를 변화시킨다. ?에 들어갈 알맞은 문자를 고르시오.
 [15~17]

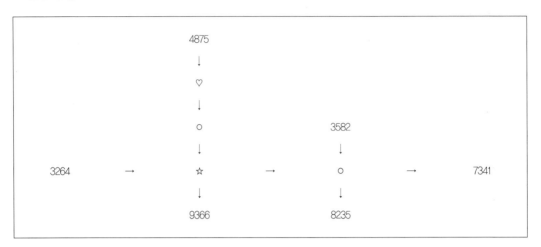

Hard
15

5873 → ○ → ☆ → ?

① 1460   ② 8267   ③ 4782   ④ 1633

16

6573 → ☆ → ♡ → ?

① 6708   ② 4115   ③ 2847   ④ 8111

17

0291 → ○ → ♡ → ?

① 2019   ② 2091   ③ 2190   ④ 2109

※ 다음 도식에서 기호들은 일정한 규칙에 따라 문자를 변화시킨다. ?에 들어갈 알맞은 문자를 고르시오.
[18~20]

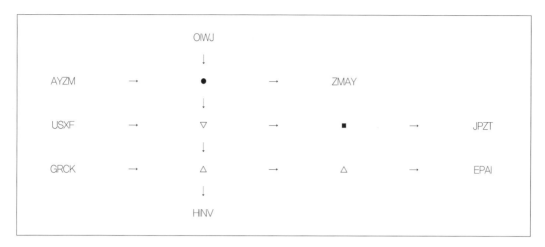

Hard

18

BSCM → ■ → △ → ?

① LPEF   ② COJD   ③ DKEO   ④ EODK

19

IQTD → △ → ● → ?

① SCHP   ② DQTI   ③ TDIQ   ④ MNVC

20

ZNOR → ▽ → ● → ?

① OZRN   ② OZNR   ③ ZONR   ④ ZORN

교육은 우리 자신의 무지를 점차 발견해 가는 과정이다.

– 월 듀란트 –

PART 3

인성검사

3 | 인성검사

개인이 업무를 수행하면서 능률적인 성과물을 만들기 위해서는 개인의 능력과 경험 그리고 회사에서의 교육 및 훈련 등이 필요하지만, 개인의 성격이나 성향 역시 중요하다. 여러 직무분석 연구에서 나온 결과들에 따르면, 직무에서의 성공과 관련된 특성들 중 최고 70% 이상이 능력보다는 성격과 관련이 있다고 한다. 따라서 최근 기업들은 인성검사의 비중을 높이고 있는 추세이다. 현재 기업들은 인성검사를 KIRBS(한국행동과학연구소)나 SHR(에스에이치알) 등의 전문기관에 의뢰해서 시행하고 있다. 전문기관에 따라서 인성검사 방법에 차이가 있고, 보안을 위해서 인성검사를 의뢰한 기업을 공개하지 않을 수 있기 때문에 특정 기업의 인성검사를 정확하게 판단할 수 없지만, 지원자들이 후기에 올린 문제를 통해 인성검사 유형을 예상할 수 있다.

1. 현대백화점그룹 인성검사

현대백화점그룹의 인재상과 적합한 인재인지 평가하는 테스트로, 지원자의 개인 성향이나 인성에 관한 질문으로 구성되어 있다.

(1) 인성검사 유형

① 각 문항에 대해, 자신의 성격에 맞게 '예', '아니오'를 선택하는 문제가 출제된다.
② 각 문항별로 제한 시간이 있으며 제한 시간이 지나면 문제가 패스된다.
③ 신뢰도가 낮으면 '신뢰도 낮음'의 경고가 뜨고 두 번의 경고가 뜨면 처음부터 다시 풀어야 한다.

2. 인성검사 수검요령

인성검사는 특별한 수검요령이 없다. 다시 말하면 모범답안이 없고, 정답이 없다는 이야기이다. 국어문제처럼 말의 뜻을 풀이하는 것도 아니다. 굳이 수검요령을 말하자면, 진실하고 솔직한 자신의 생각이 최고의 답변이라고 할 수 있을 것이다.

인성검사에서 가장 중요한 것은 첫째, 솔직한 답변이다. 지금까지 경험을 통해서 축적되어 온 자신의 생각과 행동을 거짓 없이 솔직하게 기재를 하는 것이다. 예를 들어, '나는 타인의 물건을 훔치고 싶은 충동을 느껴본 적이 있다.'란 질문에 피검사자들은 많은 생각을 하게 된다. 생각해 보라. 유년기에 또는 성인이 되어서도 타인의 물건을 훔치는 일을 저지른 적은 없더라도, 훔치고 싶은 충동은 누구나 조금이라도 느껴보았을 것이다. 그런데 이 질문에 고민을 하는 사람이 간혹 있다. 이 질문에 '예'라고 대답하면 담당 검사관들이 나를 사회적으로 문제가 있는 사람으로 여기지는 않을까 하는 생각에 '아니오'라는 답을 기재하게 된다. 이런 솔직하지 않은 답변이 답변의 신뢰성과 솔직함을 나타내는 타당성 척도에 좋지 않은 점수를 주게 된다.

둘째, 일관성 있는 답변이다. 인성검사의 수많은 질문 문항 중에는 비슷한 뜻의 질문이 여러 개 숨어 있는 경우가 많이 있다. 그 질문들은 피검사자의 솔직한 답변과 심리적인 상태를 알아보기 위해 내포되어 있는 문항들이다. 가령 '나는 유년시절 타인의 물건을 훔친 적이 있다.'라는 질문에 '예'라고 대답했는데, '나는 유년시절 타인의 물건을 훔쳐보고 싶은 충동을 느껴본 적이 있다.'라는 질문에는 '아니오'라는 답을 기재한다면 어떻겠는가. 일관성 없이 '대충 기재하자'라는 식의 심리적 무성의성 답변이 되거나, 정신적으로 문제가 있는 사람으로 보일 수 있다.

인성검사는 많은 수의 문항을 풀어나가야 하기 때문에 피검사자들은 지루함과 따분함, 반복되는 뜻의 질문에 의한 인내 상실 등을 느낄 수 있다. 인내를 가지고 솔직하게 내 생각을 대답하는 것이 무엇보다 중요한 요령이 될 것이다.

3. 인성검사 시 유의사항

(1) 충분한 휴식으로 불안을 없애고 정서적인 안정을 취한다. 심신이 안정되어야 자신의 마음을 표현할 수 있다.

(2) 생각나는 대로 솔직하게 응답한다. 자신을 너무 과대포장하지도, 너무 비하시키지도 마라. 답변을 꾸며서 하면 앞뒤가 맞지 않게끔 구성돼 있어 불리한 평가를 받게 되므로 솔직하게 답하도록 한다.

(3) 검사문항에 대해 지나치게 생각해서는 안 된다. 지나치게 몰두하면 엉뚱한 답변이 나올 수 있으므로 불필요한 생각은 삼간다.

(4) 인성검사는 대개 문항 수가 많기에 자칫 건너뛰는 경우가 있는데, 가능한 한 모든 문항에 답해야 한다. 응답하지 않은 문항이 많을 경우 평가자가 정확한 평가를 내리지 못해 불리한 평가를 내릴 수 있기 때문이다.

4. 인성검사 테스트

※ 다음 질문을 읽고, '예', '아니요'에 ○표 하시오. [1~225]

번호	질문	응답	
1	문화제 위원과 체육대회 위원 중 체육대회 위원을 하고 싶다.	예	아니요
2	보고 들은 것을 문장으로 옮기기를 좋아한다.	예	아니요
3	남에게 뭔가 가르쳐주는 일이 좋다.	예	아니요
4	많은 사람과 장시간 함께 있으면 피곤하다.	예	아니요
5	엉뚱한 일을 하기 좋아하고 발상도 개성적이다.	예	아니요
6	전표 계산 또는 장부 기입 같은 일을 싫증내지 않고 할 수 있다.	예	아니요
7	책이나 신문을 열심히 읽는 편이다.	예	아니요
8	신경이 예민한 편이며, 감수성도 예민하다.	예	아니요
9	연회석에서 망설임 없이 노래를 부르거나 장기를 보이는 편이다.	예	아니요
10	즐거운 캠프를 위해 계획 세우는 것을 좋아한다.	예	아니요
11	데이터를 분류하거나 통계내는 일을 싫어하지는 않는다.	예	아니요
12	드라마나 소설 속 등장인물의 생활과 사고방식에 흥미가 있다.	예	아니요
13	자신의 미적 표현력을 살리면 상당히 좋은 작품이 나올 것 같다.	예	아니요
14	화려한 것을 좋아하며 주위의 평판에 신경을 쓰는 편이다.	예	아니요
15	여럿이서 여행할 기회가 있다면 즐겁게 참가한다.	예	아니요
16	여행 소감문을 쓰는 것을 좋아한다.	예	아니요
17	상품 전시회에서 상품 설명을 한다면 잘할 수 있을 것 같다.	예	아니요
18	변화가 적고 손이 많이 가는 일도 꾸준히 하는 편이다.	예	아니요
19	신제품 홍보에 흥미가 있다.	예	아니요
20	열차 시간표 한 페이지 정도라면 정확하게 옮겨 쓸 자신이 있다.	예	아니요
21	자신의 장래에 대해 자주 생각해본다.	예	아니요
22	혼자 있는 것에 익숙하다.	예	아니요
23	별 근심이 없다.	예	아니요
24	나의 환경에 아주 만족한다.	예	아니요
25	상품을 고를 때 디자인과 색에 신경을 많이 쓴다.	예	아니요
26	극단이나 연기학원에서 공부해 보고 싶다는 생각을 한 적 있다.	예	아니요
27	외출할 때 날씨가 좋지 않아도 그다지 신경을 쓰지 않는다.	예	아니요
28	손님을 불러들이는 호객 행위도 마음만 먹으면 할 수 있을 것 같다.	예	아니요
29	신중하고 주의 깊은 편이다.	예	아니요
30	하루 종일 책상 앞에 앉아 있어도 지루해 하지 않는 편이다.	예	아니요
31	알기 쉽게 요점을 정리한 다음 남에게 잘 설명하는 편이다.	예	아니요
32	생물 시간보다는 미술 시간에 흥미가 있다.	예	아니요
33	남이 자신에게 상담을 해오는 경우가 많다.	예	아니요

번호	질문	응답	
34	친목회나 송년회 등의 총무 역할을 좋아하는 편이다.	예	아니요
35	실패하든 성공하든 그 원인은 꼭 분석한다.	예	아니요
36	실내 장식품이나 액세서리 등에 관심이 많다.	예	아니요
37	남에게 보이기 좋아하고 지기 싫어하는 편이다.	예	아니요
38	대자연 속에서 마음대로 몸을 움직이는 일이 좋다.	예	아니요
39	파티나 모임에서 자연스럽게 돌아다니며 인사하는 성격이다.	예	아니요
40	무슨 일에 쉽게 구애받는 편이며 장인의식도 강하다.	예	아니요
41	우리나라 분재를 파리에서 파는 방법 따위를 생각하기 좋아한다.	예	아니요
42	하루 종일 돌아다녀도 그다지 피곤을 느끼지 않는다.	예	아니요
43	컴퓨터의 키보드 조작도 연습하면 잘 할 수 있을 것 같다.	예	아니요
44	자동차나 모터보트 등의 운전에 흥미를 갖고 있다.	예	아니요
45	유명 연예인의 인기 비결을 곧잘 생각해 본다.	예	아니요
46	과자나 빵을 판매하는 일보다 만드는 일이 나에게 맞을 것 같다.	예	아니요
47	대체로 걱정하거나 고민하지 않는다.	예	아니요
48	비판적인 말을 들어도 쉽게 상처받지 않는다.	예	아니요
49	초등학교 선생님보다는 등대지기가 더 재미있을 것 같다.	예	아니요
50	남의 생일이나 명절 때 선물을 사러 다니는 일이 귀찮게 느껴진다.	예	아니요
51	조심스러운 성격이라고 생각한다.	예	아니요
52	사물을 신중하게 생각하는 편이다.	예	아니요
53	동작이 기민한 편이다.	예	아니요
54	포기하지 않고 노력하는 것이 중요하다.	예	아니요
55	일주일의 예정을 세우는 것을 좋아한다.	예	아니요
56	노력의 여하보다 결과가 중요하다.	예	아니요
57	자기주장이 강하다.	예	아니요
58	장래의 일을 생각하면 불안해질 때가 있다.	예	아니요
59	소외감을 느낄 때가 있다.	예	아니요
60	훌쩍 여행을 떠나고 싶을 때가 자주 있다.	예	아니요
61	대인관계가 귀찮다고 느낄 때가 있다.	예	아니요
62	자신의 권리를 주장하는 편이다.	예	아니요
63	낙천가라고 생각한다.	예	아니요
64	싸움을 한 적이 없다.	예	아니요
65	자신의 의견을 상대에게 잘 주장하지 못한다.	예	아니요
66	좀처럼 결단하지 못하는 경우가 있다.	예	아니요
67	하나의 취미를 오래 지속하는 편이다.	예	아니요
68	한 번 시작한 일은 끝을 맺는다.	예	아니요

PART 3

번호	질문	응답	
69	행동으로 옮기기까지 시간이 걸린다.	예	아니요
70	다른 사람들이 하지 못하는 일을 하고 싶다.	예	아니요
71	해야 할 일은 신속하게 처리한다.	예	아니요
72	병이 아닌지 걱정이 들 때가 있다.	예	아니요
73	다른 사람의 충고를 기분 좋게 듣는 편이다.	예	아니요
74	다른 사람에게 의존적으로 될 때가 많다.	예	아니요
75	타인에게 간섭받는 것은 싫다.	예	아니요
76	자의식 과잉이라는 생각이 들 때가 있다.	예	아니요
77	수다 떠는 것을 좋아한다.	예	아니요
78	잘못된 일을 한 적이 한 번도 없다.	예	아니요
79	모르는 사람과 이야기하는 것은 용기가 필요하다.	예	아니요
80	끙끙거리며 생각할 때가 있다.	예	아니요
81	다른 사람에게 항상 움직이고 있다는 말을 듣는다.	예	아니요
82	매사에 얽매인다.	예	아니요
83	잘하지 못하는 게임은 하지 않으려고 한다.	예	아니요
84	어떠한 일이 있어도 출세하고 싶다.	예	아니요
85	막무가내라는 말을 들을 때가 많다.	예	아니요
86	신경이 예민한 편이라고 생각한다.	예	아니요
87	쉽게 침울해한다.	예	아니요
88	쉽게 싫증을 내는 편이다.	예	아니요
89	옆에 사람이 있으면 싫다.	예	아니요
90	토론에서 이길 자신이 있다.	예	아니요
91	친구들과 남의 이야기를 하는 것을 좋아한다.	예	아니요
92	푸념을 한 적이 없다.	예	아니요
93	남과 친해지려면 용기가 필요하다.	예	아니요
94	통찰력이 있다고 생각한다.	예	아니요
95	집에서 가만히 있으면 기분이 우울해진다.	예	아니요
96	매사에 느긋하고 차분하게 대처한다.	예	아니요
97	좋은 생각이 떠올라도 실행하기 전에 여러모로 검토한다.	예	아니요
98	누구나 권력자를 동경하고 있다고 생각한다.	예	아니요
99	몸으로 부딪혀 도전하는 편이다.	예	아니요
100	당황하면 갑자기 땀이 나서 신경 쓰일 때가 있다.	예	아니요
101	친구들은 나를 진지한 사람으로 생각하고 있다.	예	아니요
102	감정적으로 될 때가 많다.	예	아니요
103	다른 사람의 일에 관심이 없다.	예	아니요

번호	질문	응답	
104	다른 사람으로부터 지적받는 것은 싫다.	예	아니요
105	지루하면 마구 떠들고 싶어진다.	예	아니요
106	부모님께 불평을 한 적이 한 번도 없다.	예	아니요
107	내성적이라고 생각한다.	예	아니요
108	돌다리도 두들겨 보고 건너는 타입이라고 생각한다.	예	아니요
109	굳이 말하자면 시원시원하다.	예	아니요
110	끈기가 강하다.	예	아니요
111	전망을 세우고 행동할 때가 많다.	예	아니요
112	일에는 결과가 중요하다고 생각한다.	예	아니요
113	활력이 있다.	예	아니요
114	항상 천재지변을 당하지 않을까 걱정하고 있다.	예	아니요
115	때로는 후회할 때도 있다.	예	아니요
116	다른 사람에게 위해를 가할 것 같은 기분이 들 때가 있다.	예	아니요
117	진정으로 마음을 허락할 수 있는 사람은 없다.	예	아니요
118	기다리는 것에 짜증내는 편이다.	예	아니요
119	친구들로부터 줏대 없는 사람이라는 말을 듣는다.	예	아니요
120	사물을 과장해서 말한 적은 없다.	예	아니요
121	인간관계가 폐쇄적이라는 말을 듣는다.	예	아니요
122	매사에 신중한 편이라고 생각한다.	예	아니요
123	눈을 뜨면 바로 일어난다.	예	아니요
124	난관에 봉착해도 포기하지 않고 열심히 해본다.	예	아니요
125	실행하기 전에 재확인할 때가 많다.	예	아니요
126	리더로서 인정을 받고 싶다.	예	아니요
127	어떤 일이 있어도 의욕을 가지고 열심히 하는 편이다.	예	아니요
128	다른 사람의 감정에 민감하다.	예	아니요
129	다른 사람들이 남을 배려하는 마음씨가 있다는 말을 한다.	예	아니요
130	사소한 일로 우는 일이 많다.	예	아니요
131	반대에 부딪혀도 자신의 의견을 바꾸는 일은 없다.	예	아니요
132	누구와도 편하게 이야기할 수 있다.	예	아니요
133	가만히 있지 못할 정도로 침착하지 못할 때가 있다.	예	아니요
134	다른 사람을 싫어한 적은 한 번도 없다.	예	아니요
135	그룹 내에서는 누군가의 주도하에 따라가는 경우가 많다.	예	아니요
136	차분하다는 말을 듣는다.	예	아니요
137	스포츠 선수가 되고 싶다고 생각한 적이 있다.	예	아니요
138	모두가 싫증을 내는 일도 혼자서 열심히 한다.	예	아니요

번호	질문	응답	
139	휴일은 세부적인 계획을 세우고 보낸다.	예	아니요
140	완성된 것보다 미완성인 것에 흥미가 있다.	예	아니요
141	잘하지 못하는 것이라도 자진해서 한다.	예	아니요
142	가만히 있지 못할 정도로 불안해질 때가 많다.	예	아니요
143	자주 깊은 생각에 잠긴다.	예	아니요
144	이유도 없이 다른 사람과 부딪힐 때가 있다.	예	아니요
145	타인의 일에는 별로 관여하고 싶지 않다고 생각한다.	예	아니요
146	무슨 일이든 자신을 가지고 행동한다.	예	아니요
147	유명인과 서로 아는 사람이 되고 싶다.	예	아니요
148	지금까지 후회를 한 적이 없다.	예	아니요
149	의견이 다른 사람과는 어울리지 않는다.	예	아니요
150	무슨 일이든 생각해 보지 않으면 만족하지 못한다.	예	아니요
151	다소 무리를 하더라도 피로해지지 않는다.	예	아니요
152	굳이 말하자면 장거리 주자에 어울린다고 생각한다.	예	아니요
153	여행을 가기 전에는 세세한 계획을 세운다.	예	아니요
154	능력을 살릴 수 있는 일을 하고 싶다.	예	아니요
155	시원시원하다고 생각한다.	예	아니요
156	남들보다 자존감이 낮은 편이다.	예	아니요
157	자신을 쓸모없는 인간이라고 생각할 때가 있다.	예	아니요
158	주위의 영향을 쉽게 받는다.	예	아니요
159	지인을 발견해도 만나고 싶지 않을 때가 많다.	예	아니요
160	다수의 반대가 있더라도 자신의 생각대로 행동한다.	예	아니요
161	번화한 곳에 외출하는 것을 좋아한다.	예	아니요
162	지금까지 다른 사람의 마음에 상처준 일이 없다.	예	아니요
163	다른 사람에게 자신이 소개되는 것을 좋아한다.	예	아니요
164	실행하기 전에 다시 생각하는 경우가 많다.	예	아니요
165	몸을 움직이는 것을 좋아한다.	예	아니요
166	완고한 편이라고 생각한다.	예	아니요
167	신중하게 생각하는 편이다.	예	아니요
168	커다란 일을 해보고 싶다.	예	아니요
169	계획을 생각하기보다 빨리 실행하고 싶어한다.	예	아니요
170	작은 소리도 신경 쓰인다.	예	아니요
171	자질구레한 걱정이 많다.	예	아니요
172	이유도 없이 화가 치밀 때가 있다.	예	아니요
173	융통성이 없는 편이다.	예	아니요

번호	질문	응답	
174	다른 사람보다 기가 세다.	예	아니요
175	다른 사람보다 쉽게 우쭐해진다.	예	아니요
176	다른 사람을 의심한 적이 한 번도 없다.	예	아니요
177	어색해지면 입을 다무는 경우가 많다.	예	아니요
178	하루의 행동을 반성하는 경우가 많다.	예	아니요
179	격렬한 운동도 그다지 힘들어하지 않는다.	예	아니요
180	새로운 일에 첫발을 좀처럼 떼지 못한다.	예	아니요
181	앞으로의 일을 생각하지 않으면 진정이 되지 않는다.	예	아니요
182	인생에서 중요한 것은 높은 목표를 갖는 것이다.	예	아니요
183	무슨 일이든 선수를 쳐야 이긴다고 생각한다.	예	아니요
184	다른 사람이 나를 어떻게 생각하는지 궁금할 때가 많다.	예	아니요
185	침울해지면서 아무것도 손에 잡히지 않을 때가 있다.	예	아니요
186	어린 시절로 돌아가고 싶을 때가 있다.	예	아니요
187	아는 사람을 발견해도 피해버릴 때가 있다.	예	아니요
188	굳이 말하자면 기가 센 편이다.	예	아니요
189	성격이 밝다는 말을 듣는다.	예	아니요
190	다른 사람이 부럽다고 생각한 적이 한 번도 없다.	예	아니요
191	결점을 지적받아도 아무렇지 않다.	예	아니요
192	피곤하더라도 밝게 행동한다.	예	아니요
193	실패했던 경험을 생각하면서 고민하는 편이다.	예	아니요
194	언제나 생기가 있다.	예	아니요
195	선배의 지적을 순수하게 받아들일 수 있다.	예	아니요
196	매일 목표가 있는 생활을 하고 있다.	예	아니요
197	열등감으로 자주 고민한다.	예	아니요
198	남에게 무시당하면 화가 난다.	예	아니요
199	무엇이든지 하면 된다고 생각하는 편이다.	예	아니요
200	자신의 존재를 과시하고 싶다.	예	아니요
201	사람을 많이 만나는 것을 좋아한다.	예	아니요
202	사람들이 당신에게 말수가 적다고 하는 편이다.	예	아니요
203	특정한 사람과 교제를 하는 타입이다.	예	아니요
204	친구에게 먼저 말을 하는 편이다.	예	아니요
205	친구만 있으면 된다고 생각한다.	예	아니요
206	많은 사람 앞에서 말하는 것이 서툴다.	예	아니요
207	새로운 환경으로 이동하는 것을 싫어한다.	예	아니요
208	송년회 등에서 자주 책임을 맡는다.	예	아니요

번호	질문	응답	
209	새 팀의 분위기에 쉽게 적응하지 못하는 편이다.	예	아니요
210	누구하고나 친하게 교제한다.	예	아니요
211	충동구매는 절대 하지 않는다.	예	아니요
212	컨디션에 따라 기분이 잘 변한다.	예	아니요
213	옷 입는 취향이 오랫동안 바뀌지 않고 그대로이다.	예	아니요
214	남의 물건이 좋아 보인다.	예	아니요
215	광고를 보면 그 물건을 사고 싶다.	예	아니요
216	자신이 낙천주의자라고 생각한다.	예	아니요
217	에스컬레이터에서도 걷지 않는다.	예	아니요
218	꾸물대는 것을 싫어한다.	예	아니요
219	고민이 생겨도 심각하게 생각하지 않는다.	예	아니요
220	반성하는 일이 거의 없다.	예	아니요
221	남의 말을 호의적으로 받아들인다.	예	아니요
222	혼자 있을 때가 편안하다.	예	아니요
223	친구에게 불만이 있다.	예	아니요
224	남의 말을 좋은 쪽으로 해석한다.	예	아니요
225	남의 의견을 절대 참고하지 않는다.	예	아니요

PART **4**

합격의 공식 SD에듀 www.sdedu.co.kr

면접

CHAPTER 01   면접 유형 및 실전 대책

CHAPTER 02   현대백화점그룹 실제 면접

01 | 면접 유형 및 실전 대책

면접의 사전적 정의는 면접관이 지원자를 직접 만나보고 인품(人品)이나 언행(言行) 따위를 시험하는 일로, 흔히 필기시험 후에 최종적으로 심사하는 방법이다.

최근 주요 기업의 인사담당자들을 대상으로 채용 시 면접이 차지하는 비중을 설문조사했을 때, 50~80% 이상이라고 답한 사람이 전체 응답자의 80%를 넘었다. 이와 대조적으로 지원자들을 대상으로 취업 시험에서 면접을 준비하는 기간을 물었을 때, 대부분의 응답자가 2~3일 정도라고 대답했다. 지원자가 일정 수준의 스펙을 갖추기 위해 자격증 시험과 토익을 치르고 이력서와 자기소개서까지 쓰다 보면 면접까지 챙길 여유가 없는 것이 사실이다. 그리고 서류전형과 인적성검사를 통과해야만 면접을 볼 수 있기 때문에 자연스럽게 면접은 취업시험 과정에서 그 비중이 작아질 수밖에 없다. 하지만 아이러니하게도 실제 채용 과정에서 면접이 차지하는 비중은 절대적이라고 해도 과언이 아니다.

기업들은 채용 과정에서 토론 면접, 인성 면접, 프레젠테이션 면접, 역량 면접 등의 다양한 면접을 실시한다. 1차 커트라인이라고 할 수 있는 서류전형을 통과한 지원자들의 스펙이나 능력은 서로 엇비슷하다고 판단되기 때문에 서류상의 자격증이나 토익 성적보다는 지원자의 인성을 파악하기 위해 면접을 더욱 강화하는 것이다. 일부 기업은 의도적으로 압박 면접을 실시하기도 한다. 지원자가 당황할 수 있는 질문을 던져서 그것에 대한 지원자의 반응을 살펴보는 것이다.

면접은 다르게 생각한다면 '나는 누구인가?'에 대한 물음이다. 취업난 속에서 자격증을 취득하고 토익 성적을 올리기 위해 앞만 보고 달려 온 지원자들은 자신에 대해서 고민하고 탐구할 수 있는 시간을 평소에 쉽게 가질 수 없었을 것이다. 자신을 잘 알고 있어야 자신에 대해서 자신감 있게 말할 수 있다. 대체로 사람들은 자신에게 관대한 편이기 때문에 자신에 대해서 어떤 기대와 환상을 가지고 있는 경우가 많다. 하지만 면접은 제삼자에 의해 개인의 능력을 객관적으로 평가받는 시험이다. 어떤 지원자들은 다른 사람에게 자신을 표현하는 것을 어려워한다. 반면에 평소에 잘 사용하지 않는 용어를 내뱉으면서 거창하게 자신을 포장하는 지원자도 많다. 면접의 기본은 자기 자신을 면접관에게 알기 쉽게 표현하는 것이다. 이러한 표현을 바탕으로 자신이 앞으로 하고자 하는 것과 그에 대한 이유를 설명해야 한다. 최근에는 자신감을 향상시키거나 말하는 능력을 키우기 위한 학원도 많기 때문에 얼마든지 자신의 단점을 극복할 수 있다.

1. 자기소개의 기술

자기소개를 시키는 이유는 면접자가 지원자의 자기소개서를 압축해서 듣고, 지원자의 첫인상을 평가할 시간을 가질 수 있기 때문이다. 면접을 위한 워밍업이라고 할 수 있으며, 첫인상을 결정하는 과정이므로 매우 중요한 순간이다.

(1) 정해진 시간에 자기소개를 마쳐야 한다.

쉬워 보이지만 의외로 많은 지원자들이 정해진 시간을 넘기거나 혹은 빨리 끝내서 면접관에게 지적을 받는다. 본인이 면접을 받는 마지막 지원자가 아닌 이상, 정해진 시간을 지키지 않는 것은 수많은 지원자를 상대하기에 바쁜 면접관과 대기 시간에 지친 다른 지원자들에게 불쾌감을 줄 수 있다.

또한 회사에서 시간관념은 절대적인 것이므로 반드시 자기소개 시간을 지켜야 한다. 말하기는 1분에 200자 원고지 2장 분량의 글을 읽는 만큼의 속도가 가장 적당하다. 이를 A4 용지에 10point 글자 크기로 작성하면 반 장 분량이 된다.

(2) 간단하지만 신선한 문구로 자기소개를 시작하자.

요즈음 많은 지원자가 이 방법을 사용하고 있기 때문에 웬만한 소재의 문구가 아니면 면접관의 관심을 받을 수 없다. 시대적으로 유행하는 광고 카피를 패러디하는 경우와 격언 등을 인용하는 경우, 그리고 지원한 회사의 CI나 경영이념, 인재상 등을 사용하는 경우 등이 좋은 예이다. 지원자는 이러한 여러 문구 중에 자신의 첫인상을 각인시킬 수 있는 것을 선택해서 말해야 한다. 자신의 이름을 문구 속에 적절하게 넣어서 말한다면 좀 더 효과적인 자기소개가 될 것이다.

(3) 무엇을 먼저 말할 것인지 고민하자.

면접관이 많이 던지는 질문 중 하나가 지원동기이다. 그래서 요즘에는 성장기를 바로 건너뛰고, 지원한 회사에 들어오기 위해 대학에서 어떻게 준비했는지를 설명하는 자기소개가 대세이다.

(4) 면접관의 호기심을 자극해 관심을 불러일으킬 수 있게 말하라.

면접관에게 질문을 많이 받는 지원자의 합격률이 반드시 높은 것은 아니지만, 질문을 전혀 안 받는 것보다는 좋은 평가를 기대할 수 있다. 질문을 받기 위해 면접관의 호기심을 자극할 수 있는 가장 좋은 방법은 대학생활을 이야기하면서 자신의 장기를 잠깐 넣는 것이다. 물론 장기자랑에 자신감이 있어야 한다(최근에는 장기자랑을 개인별로 시키는 곳이 많아졌다).

지원한 분야와 관련된 수상 경력이나 프로젝트 등을 말하는 것도 좋다. 이는 지원자의 업무 능력과 직접 연결되는 것이므로 효과적인 자기 홍보가 될 수 있다. 일부 지원자들은 자신만의 특별한 경험을 이야기하는데, 이때는 그 경험이 보편적으로 사람들의 공감대를 얻을 수 있는 것인지 다시 생각해봐야 한다.

1. 면접의 유형

과거 천편일률적인 일대일 면접과 달리 면접에 다양한 유형이 도입되어 현재는 "면접은 이렇게 보는 것이다."라고 말할 수 있는 정해진 유형이 없어졌다. 그러나 현재까지는 집단 면접과 다대일 면접이 보편적으로 진행되고 있으므로 어느 정도 유형을 파악한다면 사전에 대비가 가능하다. 면접의 기본인 단독 면접부터, 다대일 면접, 집단 면접, 집단 토론식 면접, PT 면접, 합숙 면접의 유형과 그 대책에 대해 알아보자.

(1) 단독 면접

단독 면접이란 응시자와 면접관이 1 대 1로 마주하는 형식을 말한다. 면접관 한 사람과 응시자 한 사람이 마주 앉아 자유로운 화제를 가지고 질의응답을 되풀이하는 방식이다. 이 방식은 면접의 가장 기본적인 방법으로 소요시간은 10~20분 정도가 일반적이다.

① 단독 면접의 장점

필기시험 등으로 판단할 수 없는 성품이나 능력을 알아내는 데 가장 적합하다고 평가받아 온 면접방식으로, 응시자 한 사람 한 사람에 대해 여러 면에서 비교적 폭넓게 파악할 수 있다. 응시자의 입장에서는 한 사람의 면접관만을 대하는 것이므로 상대방에게 집중할 수 있으며, 긴장감도 다른 면접방식에 비해서는 적은 편이다.

② 단독 면접의 단점

면접관의 주관이 강하게 작용해 객관성을 저해할 소지가 있으며, 면접 평가표를 활용한다 하더라도 일면적인 평가에 그칠 가능성을 배제할 수 없다. 또한 시간이 많이 소요되는 것도 단점이다.

단독 면접 준비 Point

단독 면접에 대비하기 위해서는 평소 1 대 1로 논리 정연하게 대화를 나눌 수 있는 능력을 기르는 것이 중요하다. 그리고 면접장에서는 면접관을 선배나 선생님 혹은 아버지를 대하는 기분으로 면접에 임하는 것이 부담도 훨씬 적고 실력을 발휘할 수 있는 방법이 될 것이다.

(2) 다대일 면접

다대일 면접은 일반적으로 가장 많이 사용되는 면접방식으로, 보통 2~5명의 면접관이 1명의 응시자에게 질문하는 형태이다. 면접관이 여러 명이므로 다각도에서 질문을 하여 응시자에 대한 정보를 많이 알아낼 수 있다는 점 때문에 선호하는 면접방식이다.

하지만 응시자의 입장에서는 면접관에 따라 질문도 각양각색이고 동료 응시자가 없으므로 숨 돌릴 틈도 없게 느껴진다. 또한 관찰하는 눈도 많아서 조그만 실수라도 지나치는 법이 없기 때문에 정신적 압박과 긴장감이 높은 면접방식이다. 따라서 응시자는 긴장을 풀고 한 명의 면접관이 질문하더라도 면접관 전원을 향해 대답한다는 기분으로 또박또박 대답하는 자세가 필요하다.

① 다대일 면접의 장점

면접관이 집중적인 질문과 다양한 관찰을 통해 응시자가 과연 조직에 필요한 인물인가를 완벽히 검증할 수 있다.

② 다대일 면접의 단점

면접시간이 보통 10~30분 정도로 긴 편이고 응시자에게 지나친 긴장감을 조성한다.

> **다대일 면접 준비 Point**
>
> 질문을 들을 때 시선은 면접관을 향하고 다른 데로 돌리지 말아야 하며, 대답할 때에도 고개를 숙이거나 입속에서 우물거리는 소극적인 태도는 피하도록 한다. 면접관과 대등하다는 마음가짐으로 편안한 태도를 유지하면 대답도 자연스러운 상태에서 좀 더 충실히 할 수 있고, 이에 따라 면접관이 받는 인상도 달라진다.

(3) 집단 면접

집단 면접은 다수의 면접관이 여러 명의 응시자를 한꺼번에 평가하는 방식으로, 짧은 시간에 능률적으로 면접을 진행할 수 있다. 각 응시자에 대한 질문 내용, 질문 횟수, 시간 배분이 똑같지는 않으며, 모두에게 같은 질문이 주어지기도 하고, 각각 다른 질문을 받기도 한다.

또 어떤 응시자가 한 대답에 대한 의견을 묻는 등 그때그때의 분위기나 면접관의 의향에 따라 변수가 많다. 집단 면접은 응시자의 입장에서는 개별 면접에 비해 긴장감은 다소 덜한 반면에 다른 응시자들과 확실하게 비교되므로 응시자는 몸가짐이나 표현력·논리성 등이 결여되지 않도록 자신의 생각이나 의견을 솔직하게 발표하여 집단 속에 묻히거나 밀려나지 않도록 주의해야 한다.

① 집단 면접의 장점

집단 면접의 장점은 면접관이 응시자 한 사람에 대한 관찰시간이 상대적으로 길고, 비교 평가가 가능하기 때문에 결과적으로 평가의 객관성과 신뢰성을 높일 수 있다는 점이며, 응시자는 동료들과 함께 면접을 받기 때문에 긴장감이 다소 덜하다는 것을 들 수 있다. 또한 동료가 답변하는 것을 들으며, 자신의 답변 방식이나 자세를 조정할 수 있다는 것도 큰 이점이다.

② 집단 면접의 단점

응답하는 순서에 따라 응시자마다 유리하고 불리한 점이 있고, 면접관의 입장에서는 각각의 개인적인 문제를 깊게 다루기가 곤란하다는 것이 단점이다.

너무 자기 과시를 하지 않는 것이 좋다. 대답은 자신이 말하고 싶은 내용을 간단명료하게 말해야 한다. 내용이 없는 발언을 한다거나 대답을 질질 끄는 태도는 좋지 않다. 또 말하는 중에 내용이 주제에서 벗어나거나 자기중심적으로만 말하는 것도 피해야 한다. 집단 면접에 대비하기 위해서는 평소에 설득력과 논리력을 계발하는 데 힘써야 하며, 다른 사람 앞에서 자신의 의견을 조리 있게 개진할 수 있는 발표력을 갖추는 데에도 많은 노력을 기울여야 한다.

- 실력에는 큰 차이가 없다는 것을 기억하라.
- 동료 응시자들과 서로 협조하라.
- 답변하지 않을 때의 자세가 중요하다.
- 개성 표현은 좋지만 지나치게 튀는 것은 위험하다.

(4) 집단 토론식 면접

집단 토론식 면접은 집단 면접과 형태는 유사하지만 질의응답이 아니라 응시자들끼리의 토론이 중심이 되는 면접방식으로, 최근 들어 급증세를 보이고 있다.

이는 공통의 주제에 대해 다양한 견해들이 개진되고 결론을 도출하는 과정, 즉 토론을 통해 응시자의 다양한 면에 대한 평가가 가능하다는 집단 토론식 면접의 장점이 널리 확산된 데 따른 것으로 보인다.

집단 토론식 면접을 활용하면 주제와 관련된 지식 정도와 이해력, 판단력, 설득력, 협동성은 물론 리더십, 조직 적응력, 적극성과 대인관계 능력 등을 파악하는 것이 용이하다.

토론식 면접에서는 자신의 의견을 명확히 제시하면서도 상대방의 의견을 경청하는 토론의 기본 자세가 필수적이며, 지나친 경쟁심이나 자기 과시욕은 접어두는 것이 좋다.

또한 집단 토론의 목적이 결론을 도출해 나가는 과정에 있다는 것을 감안하여 무리하게 자신의 주장을 관철시키기보다 오히려 토론의 질을 높이는 데 기여하는 것이 좋은 인상을 줄 수 있다는 점을 알아야 한다. 취업 희망자들은 토론식 면접이 급속도로 확산되는 추세임을 감안해 특히 철저한 준비를 해야 한다.

평소에 신문의 사설이나 매스컴 등의 토론 프로그램을 주의 깊게 보면서 논리 전개 방식을 비롯한 토론 과정을 익히도록 하고, 친구들과 함께 간단한 주제를 놓고 토론을 진행해 볼 필요가 있다. 또한 사회·시사문제에 대해 자기 나름대로의 관점을 정립해두는 것도 꼭 필요하다.

(5) PT 면접

PT 면접, 즉 프레젠테이션 면접은 최근 들어 집단 토론 면접과 더불어 그 활용도가 점차 커지고 있다. PT 면접은 기업마다 특성이 다르고 인재상이 다른 만큼 인성 면접만으로는 알 수 없는 지원자의 문제해결 능력, 전문성, 창의성, 기본 실무능력, 논리성 등을 관찰하는 데 중점을 두는 면접으로, 지원자 간의 변별력이 높아 대부분의 기업에서 적용하고 있으며, 확산하는 추세이다. 면접 시간은 기업별로 차이가 있지만, 전문지식, 시사성 관련 주제를 제시한 다음 보통 20~50분 정도 준비하여 5분가량 발표할 시간을 준다. 단순히 질의응답으로 이루어지는 것이 아니라 면접관은 주제에 대해 일정 시간 동안 지원자의 발언과 발표하는 모습 등을 관찰하게 된다. 정확한 답이나 지식보다는 논리적 사고와 의사표현력이 더 중시되기 때문에 자신의 생각을 어떻게 설명하느냐가 매우 중요하다.

PT 면접에서 같은 주제라도 직무별로 평가요소가 달리 나타난다. 예를 들어, 영업직은 설득력과 의사소통 능력에 중점을 둘 수 있겠고, 관리직은 신뢰성과 창의성 등을 더 중요하게 평가한다.

(6) 합숙 면접

합숙 면접은 대체로 1박 2일이나 2박 3일 동안 해당 기업의 연수원이나 수련원 등에서 이루어지는 면접으로, 평가 항목으로는 PT 면접, 토론 면접, 인성 면접 등을 기본으로 새벽등산, 레크리에이션, 게임 등 다양한 형태로 진행된다. 경쟁자들과 함께 생활하고 협동해야 하는 만큼 스트레스도 많이 받는 경우가 허다하다.

일반 면접은 면접관이 모든 지원자를 하루 동안 평가하게 되므로 지원자 1명을 평가하는 데 걸리는 시간은 짧게는 5분에서 길게는 1시간 이상 정도가 되는데, 이 시간으로는 지원자를 제대로 평가하기에는 한계가 있다. 그에 반해 합숙 면접은 24시간 이상을 지원자와 면접관이 함께 생활하면서 다양한 프로그램을 통해 지원자의 역량을 폭넓게 평가할 수 있기 때문에 기업에서는 합숙 면접을 선호한다.

대체로 은행, 증권 등 금융권에서 합숙 면접을 통해 지원자의 의도되고 꾸며진 모습 외에 창의력, 의사소통 능력, 협동심, 책임감, 리더십 등 다양한 모습을 평가하였지만, 최근에는 기업에서도 많이 실시되고 있어 인재를 채용하는 데 심혈을 기울이고 있다.

합숙 면접에서 좋은 점수를 얻기 위해서는 무엇보다 팀워크를 중시하는 모습을 보여야 한다. 합숙 면접은 일반 면접과는 달리 개인보다는 그룹별로 과제가 주어지고 해결해야 하므로 조원 또는 동료와 얼마나 잘 어울리느냐가 중요한 평가기준이 된다. 장시간에 걸쳐 평가하기 때문에 힘든 부분도 있지만, 지원자들이 지쳐 있거나 당황하고 있는 사이에도 면접관들은 지원자들의 조직 적응력, 적극성, 사회성, 친화력 등을 꼼꼼하게 체크하기 때문에 잠시도 긴장을 늦춰서는 안된다.

2. 면접의 실전 대책

(1) 면접 대비사항

① 지원 회사에 대한 사전지식을 충분히 갖는다.

필기시험 또는 서류전형의 합격통지가 온 후 면접시험 날짜가 정해지는 것이 보통이다. 이때 지원자는 면접시험을 대비해 사전에 본인이 지원한 계열사 또는 부서에 대해 폭넓은 지식을 가질 필요가 있다.

지원 회사에 대해 알아두어야 할 사항

- 회사의 연혁
- 회장 또는 사장의 이름, 그의 출신학교, 그의 관심사
- 회장 또는 사장이 요구하는 신입사원의 인재상
- 회사의 사훈, 사시, 경영이념, 창업정신
- 회사의 대표적 상품, 특색
- 업종별 계열회사의 수
- 해외지사의 수와 그 위치
- 신제품에 대한 기획 여부
- 본인이 생각하는 회사의 장단점
- 회사의 잠재적 능력개발에 대한 제언

---

② 충분한 수면을 취한다.

충분한 수면으로 안정감을 유지하고 첫 출발의 신선한 마음가짐을 갖는다.

③ 얼굴을 생기 있게 한다.

첫인상은 면접에 있어서 가장 결정적인 당락요인이다. 면접관들은 생기 있는 얼굴과 눈동자가 살아 있는 사람, 즉 기가 살아 있는 사람을 선호한다.

④ 아침에 인터넷에 의한 정보나 신문을 읽는다.

그날의 뉴스가 질문 대상에 오를 수가 있다. 특히 경제면, 정치면, 문화면 등을 유의해서 보아둘 필요가 있다.

출발 전 확인할 사항

이력서, 자기소개서, 성적증명서, 졸업(예정)증명서, 건강진단서, 추천장, 지갑, 신분증(주민등록증), 휴지, 예비스타킹 등을 준비하자.

---

(2) 면접요령

① 첫인상을 중요시한다.

상대에게 인상을 좋게 주지 않으면 어떠한 얘기를 해도 이쪽의 기분이 충분히 전달되지 않을 수 있다. 예를 들면 '저 친구는 표정이 없고 무엇을 생각하고 있는지 전혀 알 길이 없다.'라고 생각하게 만들면 최악의 상태다. 청결한 복장과 바른 자세로 면접장에 침착하게 들어가 건강하고 신선한 이미지를 주도록 한다.

② 좋은 표정을 짓는다.

얘기할 때의 표정은 중요한 사항 중 하나다. 거울 앞에서는 웃는 얼굴의 연습을 해본다. 웃는 얼굴은 상대를 편안하게 만들고 특히 면접 등 긴박한 분위기에서는 큰 효과를 나타낼 것이다. 그렇다고 하여 항상 웃고만 있어서는 안 된다. 본인이 할 얘기를 진정으로 전하고 싶을 때는 진지한 표정으로 상대의 눈을 바라보며 얘기한다.

③ 결론부터 이야기한다.

본인의 의사나 생각을 상대에게 정확하게 전달하기 위해서는 먼저 무엇을 말하고자 하는가를 명확히 결정해 두어야 한다. 대답을 할 경우에는 결론을 먼저 이야기하고 나서 그에 따르는 설명과 이유를 나중에 덧붙이면 논지(論旨)가 명확해지고 이야기가 깔끔하게 정리된다. 보통 한 가지 사실을 이야기하거나 설명하는 데는 3분이면 충분하다. 복잡한 이야기도 어느 정도의 길이로 요약해서 이야기하면 상대도 이해하기 쉽고 본인의 생각도 정리할 수 있다. 긴 이야기는 오히려 상대를 불쾌하게 할 수가 있다.

④ 질문의 요지를 파악한다.

면접 때의 이야기는 간결성만으로는 부족하다. 상대의 질문이나 이야기에 대해 적절하고 필요한 대답을 하지 않으면 대화는 끊어지고 본인의 생각도 제대로 표현하지 못한다. 이는 면접관이 지원자의 인품이나 사고방식 등을 명확히 파악할 수 없도록 만든다. 면접에서는 면접관이 무엇을 묻고 있는지, 무슨 이야기를 하고 있는지 그 요점을 정확히 알아내야 한다.

면접에서 고득점을 받을 수 있는 성공요령

1. 자신을 겸허하게 판단하라.
2. 지원한 회사에 대해 100% 이해하라.
3. 실전과 같은 연습으로 감각을 익혀라.
4. 단답형 답변보다는 구체적으로 이야기를 풀어나가라.
5. 거짓말을 하지 마라.
6. 면접하는 동안 대화의 흐름을 유지하라.
7. 친밀감과 신뢰를 구축하라.
8. 상대방의 말을 성실하게 들어라.
9. 근로조건에 대한 이야기를 풀어나갈 준비를 하라.
10. 끝까지 긴장을 풀지 마라.

(3) 면접 시 주의사항

① 지각은 있을 수 없다.

면접 당일에 시간을 맞추지 못하여 지각하는 것은 있을 수 없는 일이다. 약속을 못 지키는 사람은 좋은 평가를 받을 수 없다. 면접 당일에는 지정시간 10~20분쯤 전에 미리 면접장에 도착해 마음을 가라앉히고 준비해야 한다.

② 손가락을 움직이지 마라.

면접 시에 손가락을 까딱거리거나 만지작거리는 행동은 유난히 눈에 띨 뿐만 아니라 면접관의 눈에 거슬리기 마련이다. 다리를 떠는 행동은 말할 것도 없다. 불안정하거나 산만하다는 느낌을 줄 수 있으므로 주의할 필요가 있다.

③ 옷매무새를 자주 고치지 마라.

여성의 경우 외모에 너무 신경 쓴 나머지 머리를 계속 쓸어 올리거나, 깃과 치마 끝을 만지작거리는 경우가 많다. 짧은 미니스커트를 입고 와서 면접시간 내내 치마 끝을 내리는 행위는 면접관으로 하여금 인상을 찌푸리게 만든다. 인사담당자의 말에 의하면 이런 사람이 의외로 많다고 한다.

④ 적당한 목소리 톤으로 말해라.

면접관과의 거리가 어느 정도 떨어져 있기 때문에 작은 소리로 웅얼거리는 것은 좋지 않다. 그러나 너무 큰 소리로 소리를 질러가며 말하는 사람은 오히려 거북스럽게 느껴진다.

⑤ 성의 있는 응답 자세를 보여라.

질문에 대해 너무 '예', '아니요'로만 답변하면 성의 없다는 인상을 심어주게 된다. 따라서 설명을 덧붙일 수 있는 질문에 대해서는 지루하지 않을 만큼의 설명을 붙인다.

⑥ 구두를 깨끗이 닦는다.

앉아있는 사람의 구두는 면접관의 위치에서 보면 눈에 잘 띈다. 그러나 의외로 구두에 대해 신경 써서 미리 깨끗이 닦아둔 사람은 드물다. 면접 전날 반드시 구두를 깨끗이 닦아준다.

⑦ 지나친 화장은 피한다.

여성의 경우 지나치게 화장을 짙게 하면 거부감을 불러일으킬 수 있다. 또한 머리도 단정히 정리해서 이마가 가급적이면 드러나 보이게 하는 것이 좋다. 여기저기 흘러나온 머리는 지저분하고 답답한 느낌을 준다. 지나친 액세서리도 금물이다.

⑧ 기타 사항

㉠ 앉으라고 할 때까지 앉지 마라. 의자로 재빠르게 다가와 앉으면 무례한 사람처럼 보이기 쉽다.

㉡ 응답 시 너무 말을 꾸미지 마라.

㉢ 질문이 떨어지자마자 답변을 외운 것처럼 바쁘게 대답하지 마라.

㉣ 혹시 잘못 대답하였다고 해서 혀를 내밀거나 머리를 긁지 마라.

㉤ 머리카락에 손대지 마라. 정서불안으로 보이기 쉽다.

㉥ 면접실에 다른 지원자가 들어올 때 절대로 일어서지 마라.

㉦ 동종업계나 라이벌 회사에 대해 비난하지 마라.

㉧ 면접관 책상에 있는 서류를 보지 마라.

ⓩ 농담을 하지 마라. 쾌활한 것은 좋지만 지나치게 경망스러운 태도는 취업에 대한 의지가 부족하게 보인다.

ⓩ 질문에 대해 대답할 말이 생각나지 않는다고 천장을 쳐다보거나 고개를 푹 숙이고 바닥을 내려다보지 마라.

ⓚ 면접관이 서류를 검토하는 동안 말하지 마라.

ⓔ 과장이나 허세로 면접관을 압도하려 하지 마라.

ⓟ 최종 결정이 이루어지기 전까지 급여에 대해 언급하지 마라.

ⓗ 은연중에 연고를 과시하지 마라.

면접 전 마지막 체크 사항

- 기업이나 단체의 소재지(본사 · 지사 · 공장 등)를 정확히 알고 있다.
- 기업이나 단체의 정식 명칭(Full Name)을 알고 있다.
- 약속된 면접시간 10분 전에 도착하도록 스케줄을 짤 수 있다.
- 면접실에 들어가서 공손히 인사한 후 또렷한 목소리로 자기 수험번호와 성명을 말할 수 있다.
- 앉으라고 할 때까지는 의자에 앉지 않는다는 것을 알고 있다.
- 자신에 대해 3분간 이야기할 수 있는 준비가 되어 있다.
- 자신의 긍정적인 면을 상대방에게 바르게 전달할 수 있다.

02 | 현대백화점그룹 실제 면접

1. 면접 전형

(1) 1차 면접(팀장 면접)

인성면접으로 이름, 학교명, 전공, 성적 등 속인적 요소를 배제한 Blind Interview를 통해 평가한다. 보통 면접관 3명과 면접자 5명으로 이루어지며, 약 30분 정도 진행된다.

(2) 합숙면접

현대백화점, 현대홈쇼핑 등 계열사에 따라 1박 2일간 합숙면접이 진행된다. 복수의 과업 수행을 통해 지원자의 역량을 심층적으로 평가한다.

(3) 2차 면접(임원 면접)

인성, 역량, 성장 가능성 등 당사의 핵심가치에 부합하는 인재를 중심으로 선발한다.

2. 면접 기출 질문

(1) 현대홈쇼핑

- 왜 다른 곳이 아닌 현대홈쇼핑에 지원했는지 말해 보시오.
- 지원자를 뽑아야 하는 이유를 말해 보시오.
- 입사한다면 어떤 일을 하고 싶은지 말해 보시오.
- 지원동기와 자기소개를 간단하게 해 보시오.
- 특별한 취미가 있는 사람은 손을 들고 이야기해 보시오.
- 애인과 싸우는 이유가 주로 무엇인가?
- 입사 후 어느 정도 위치까지 올라가고 싶은가?
- 영업 MD 지원자는 어떤 상품군을 맡고 싶은가?
- 입사 후 어떤 사원이 되고 싶은가?
- 특별한 취미가 있는가?
- 자신에게 현대홈쇼핑이란?
- 신사업을 하나 제안해 보시오.
- 과정이 중요한가 결과가 중요한가?
- 협력업체 직원들과 괴리감을 없애는 방법은 무엇인가?
- 현대홈쇼핑의 단점을 두 가지만 말해 보시오.
- 나는 어떤 사람인가?
- 몇 시부터 몇 시 방송에서 어떤 상품을 팔고 싶은지 말해 보시오.

- 입사 후 어떤 제품을 마케팅해보고 싶은가?
- 현대홈쇼핑의 강점은 무엇인가?
- 최근에 본 홈쇼핑 방송에 대해 말해 보시오.
- 자신의 강점은 무엇인가?
- 입사 후 포부를 말해 보시오.
- 마지막으로 하고 싶은 말이 있는가?

(2) 현대백화점

- 팀원끼리 합심하여 과제를 성공적으로 이룬 경험에 대해 말해 보시오.
- 높은 목표를 세우고 이를 성공적으로 이룬 경험에 대해 말해 보시오.
- 기존의 방법과는 다른 방법으로 프로젝트를 완수한 경험에 대해 말해 보시오.
- 자사의 H.POINT 멤버십을 사용한 경험과 이에 대한 장단점을 설명해 보시오.
- 해당 직무에 지원하게 된 계기와 이를 위해 자신이 쌓아둔 역량과 경험에 대해 말해 보시오.
- 현대백화점의 경쟁력을 제고할 수 있는 방안에 대해 설명해 보시오.
- 현대백화점에 대해 말해 보시오.
- 지방 근무가 가능한가?
- 선배와 의견 충돌이 생긴다면 어떻게 하겠는가?
- 현대백화점에 신사업을 제안해 보시오.
- 영업관리자로서 필요한 역량은 무엇이라 생각하는가?
- 올해의 패션 트렌드에 대해 말해 보시오.
- 왜 영업관리직에 지원하였는가?
- 관심있는 키워드는 무엇인가?
- 담당하고 싶은 분야는 무엇이며, 그 이유는 무엇인가?
  - 해당 분야에 대한 정보를 어떤 식으로 얻는가?
  - 해당 분야에서 제일 좋아하는 브랜드는 무엇이며, 그 이유는 무엇인가?
  - 해당 분야 중에서 현대백화점에 새로 입점했으면 하는 브랜드는 무엇인가?
  - 그 브랜드 제품을 사용해보았는가? 그렇다면 구체적인 장점은 무엇인가?
- 백화점 업계에 스마트폰이 미치는 영향은 무엇이라 생각하는가?
- 10년, 20년 후에는 무엇을 하고 싶은가?
- 자신의 단점은 무엇이며, 그 사례를 구체적인 경험을 들어 말해 보시오.
- 현대백화점의 장점은 무엇인가?
- 고객편의서비스란 무엇이며, 혹시 제안하고 싶은 서비스가 있는가?
- '김영란법'에 대해 말해 보시오.
- '대규모 유통법'에 대해 말해 보시오.
- 사물인터넷이란 무엇인가?
- 현대백화점 온라인몰에서 개선되어야 할 사항에 대해 말해 보시오.
- 타 기업 마케팅 중 인상 깊은 것이 있는가?
- 송도아울렛에 입점시키고 싶은 브랜드가 있는가?
- 학교 동아리 활동을 하였는가? 했다면 동아리 내에서 어떠한 역할을 맡았는가?
- 힘들었던 경험 한 가지만 말해 보시오.

- 현대백화점 광고를 본 적이 있는가? 지금 여기서 광고를 한 번 만들어 보시오.
- 현대백화점의 조직 문화에 대해 어떻게 생각하는가?
- 다른 사람과 다르게 자신만의 독특한 관점으로 볼 수 있는 것이 있는가?
- 트레디셔널 남성 캐주얼 브랜드를 아는 대로 말해 보시오.
- 본인이 현재 입고 있는 셔츠를 판매해 보시오.
- 의류 산업이 앞으로 더 성장할 것이라 생각하는가?
- 현대백화점의 아쉬운 점을 말해 보시오.
- 맡고 싶지 않거나, 어려운 직무가 있는가?
- 상사가 부도덕한 일을 지시한다면 어떻게 할 것인가?
- 현대백화점의 미래는 어떠할 것 같은가?
- 블랙컨슈머에 대처하는 방법에 대해 말해 보시오.
- 세계 패션 동향에 대해 말해 보시오.
- 현대백화점 여성 캐주얼관의 단점에 대해 말해 보시오.
- 자신을 색깔로 표현해 보시오.
- 7, 8월에 내부 테마를 정한다면 어떤 색으로 하겠는가? 그 이유는 무엇인가?

(3) 현대그린푸드

- 내세울 만한 자신의 강점은 무엇인가?
- 현대그린푸드에서 하고 있는 사업에 대해 알고 있는 대로 말해 보시오.
- 국내 영업에서 매출을 높일 수 있는 방안은 무엇인가?
- 입사 후 해외에 파견된다면 무엇을 하고 싶은가?
- 해외 급식사업을 어떻게 펼쳐나가야 효율적일까?
- 너무 부끄러워서 지워버리고 싶은 경험을 한 가지만 말해 보시오.

(4) 현대백화점 Duty Free

- 팀원들과 정반대의 의견을 낸 적이 있는가? 어떻게 해결하였는가?
- 오픈 3개월 전의 면세점에 필요한 마케팅 전략은 무엇인가?
- 어떤 방식으로 협력체 직원들의 사기를 북돋아 줄 것인가? 또한 아침 조회 시간에 꼭 해주고 싶은 한 마디는 무엇인가?
- 업계 특성상 주말 근무도 있을 수 있는데 가능한가?
- 자신만의 특이한 경험이 있는가?
- 싸움을 중재해 본 경험이 있는가? 어떤 식으로 해결하였는가?
- '대량물류법'에 대해 들어본 적이 있는가?

지식에 대한 투자가 가장 이윤이
많이 남는 법이다.

- 벤자민 프랭클린 -

현재 나의 실력을 객관적으로 파악해 보자!
모바일 OMR
답안채점 / 성적분석 서비스

도서에 수록된 모의고사에 대한 객관적인 결과(정답률, 순위)를
종합적으로 분석하여 제공합니다.

OMR 입력

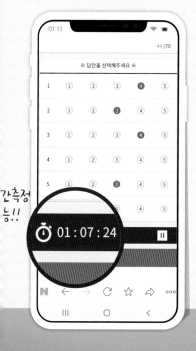

성적분석

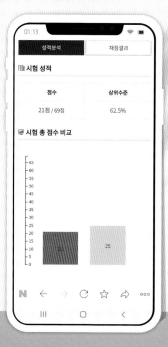

채점결과

※ OMR 답안채점 / 성적분석 서비스는 등록 후 30일간 사용가능합니다.

참여방법

도서 내 모의고사
우측 상단에 위치한
QR코드 찍기
→ 로그인
하기
→ '시작하기'
클릭
→ '응시하기'
클릭
→ 나의 답안을
모바일 OMR
카드에 입력
→ '성적분석&채점결과'
클릭
→ 현재 내 실력
확인하기

본 도서는 **항균잉크**로 인쇄하였습니다.

2023 최신판

현대백화점그룹
인적성검사

편저 | SD적성검사연구소

최신기출유형 + 모의고사 4회

정답 및 해설

PART 1

적성검사

CHAPTER 01 언어이해

CHAPTER 02 언어추리

CHAPTER 03 수 계산

CHAPTER 04 자료해석

CHAPTER 05 수열추리

CHAPTER 06 시각적주의집중력

CHAPTER 07 형태 · 공간지각

CHAPTER 08 공간 · 상징추리

끝까지 책임진다! SD에듀!

도서 출간 이후에 발견되는 오류와 개정법령 등 변경된 시험 관련 정보, 최신기출문제, 도서 업데이트 자료 등이 있는지 **QR코드**를 통해 확인해보세요! **시대에듀 합격 스마트 앱**을 통해서도 알려 드리고 있으니 구글플레이나 앱스토어에서 다운 받아 사용하세요! 또한, 도서가 파본인 경우에는 구입하신 곳에서 교환해 드립니다.

01	02	03	04	05	06	07	08	09	10
④	③	①	③	①	①	③	②	①	②
11	12	13	14	15	16	17	18	19	20
①	①	④	①	④	①	④	④	③	②

01

정답 ④

• 한둔 : 한데에서 밤을 지새움
• 노숙 : 한데에서 자는 잠

오답분석

① 하숙 : 일정한 방세와 식비를 내고 남의 집에 머물면서 숙식함
② 숙박 : 여관이나 호텔 따위에서 잠을 자고 머무름
③ 투숙 : 여관, 호텔 따위의 숙박 시설에 들어서 묵음

02

정답 ③

• 비루하다 : 행동이나 성질이 너절하고 더럽다.
• 추잡하다 : 말이나 행동이 지저분하고 잡스럽다.

오답분석

① 비장하다 : 슬프면서도 그 감정을 억눌러 씩씩하고 장하다.
② 비대하다 : 몸에 살이 쪄서 크고 뚱뚱하다.
④ 비약하다 : 논리나 사고방식 따위가 그 차례나 단계를 따르지 아니하고 뛰어넘다.

03

정답 ①

• 시종(始終) : 처음과 끝
• 수미(首尾) : 처음과 끝

오답분석

③ 조종(弔鐘) : 일의 맨 마지막을 고하는 증표나 신호

04

정답 ③

• 추세(趨勢) : 어떤 현상이 진행되는 모양
• 형편(形便) : 일이 되어가는 모양

오답분석

① 추적(追跡) : 도망하는 사람의 뒤를 밟아서 쫓음
② 수세(守勢) : 적의 공격을 맞아 지키는 형세나 그 세력
④ 형체(形體) : 물건의 생김새나 그 바탕이 되는 몸체

05

정답 ①

• 박정 : 인정이 없음
• 냉담 : 태도나 마음씨가 동정심 없이 차가움

오답분석

② 박덕 : 얇은 심덕 또는 덕이 적음
③ 협의 : 어떤 말의 개념을 정의할 때에 좁은 의미
④ 치사 : 행동이나 말 따위가 쩨쩨하고 남부끄러움

06

정답 ①

• 메지다 : 밥이나 떡, 반죽 따위가 끈기가 적다.
• 차지다 : 반죽이나 밥, 떡 따위가 끈기가 많다.

오답분석

③ 마디다 : 쉽게 닳아 없어지지 않다.
④ 가없다 : 끝이 없다.

07

정답 ③

• 어색하다 : 격식이나 규범에 맞지 않아 자연스럽지 아니하다.

08

정답 ②

• 수신(受信) : 우편이나 전보 따위의 통신을 받음. 또는 그런 일

09

정답 ①

• 수리(受理) : 받아서 처리함
• 각하(却下) : 신청을 물리침

10 　　　정답 ②

- 산재 : 여기저기 흩어져 있음
- 밀집 : 빈틈없이 빽빽하게 모임

오답분석

① 모집 : 사람이나 작품, 물품 따위를 일정한 조건 아래 널리 알려 뽑아 모음
③ 분산 : 갈라져 흩어짐. 또는 그렇게 되게 함
④ 편재 : 널리 퍼져 있음

11 　　　정답 ①

감정이나 기운 따위가 가득하게 되다.

오답분석

② 수갑이나 차꼬 따위를 팔목이나 발목에 끼우다.
③ 발로 힘 있게 밀어젖히다.
④ 일정한 공간에 사람, 사물, 냄새 따위가 더 들어갈 수 없이 가득하게 되다.

12 　　　정답 ①

값, 기온, 수준, 형세 따위가 낮아지거나 내려가다.

오답분석

② 뒤를 대지 못하여 남아 있는 것이 없게 되다.
③ 시험, 선거, 선발 따위에 응하여 뽑히지 못하다.
④ 입맛이 없어지다.

13 　　　정답 ④

마음대로 행동하지 못하도록 힘이나 규제를 가하다.

오답분석

① 경기나 경선 따위에서 상대를 제압하여 이기다.
② 자신의 감정이나 생각을 밖으로 드러내지 않고 참다.
③ 같은 장소에 계속 머물다.

14 　　　정답 ①

여럿으로 이루어진 일정한 범위의 안

오답분석

② 순서에서, 처음이나 마지막이 아닌 중간
③ 양쪽의 사이
④ 어떤 일이나 상태가 이루어지는 범위의 안

15 　　　정답 ④

추측, 불확실한 단정

오답분석

① 다른 것과 비교하여 그것과 다르지 않음
② ~라면
③ '지금의 마음이나 형편에 따르자면'이라는 의미로 실제로는 그렇지 못함을 뜻함

16 　　　정답 ①

오답분석

② 계몽(啓蒙) : 지식수준이 낮거나 인습에 젖은 사람을 가르쳐서 깨우침
③ 경신(更新) : 있는 것을 고쳐서 새롭게 함. 또는 이전의 기록이나 수치를 깨뜨림
④ 교육(敎育) : 지식과 기술 따위를 가르치며 인격을 길러 줌

17 　　　정답 ④

'그래서'는 앞의 내용이 뒤의 내용의 원인이나 근거, 조건이 될 때 쓰는 접속어이다.

18 　　　정답 ④

자연과 인생의 모방을 통해 현실을 표현하는 문학작품의 기능에 대해 말하고 있다. 따라서 빈칸에는 '다른 것에 영향을 받아 어떤 현상을 나타냄'의 의미를 가진 '반영'이 들어가는 것이 적절하다.

오답분석

③ 모사(模寫) : 사물을 형체 그대로 그림. 또는 원본을 베끼어 씀

19 　　　정답 ③

빈칸 뒤에서 높은 경제성장률은 물가상승을 초래하므로 경제성장률이 높을수록 좋은 것만은 아니라는 내용이 이어지고 있으므로, 빈칸에는 앞의 내용과 상반된 내용을 이어주는 '그러나'가 들어가는 것이 적절하다.

20 　　　정답 ②

제시문에서 문장의 어색함을 순간적으로 파악할 수 있다는 문장 이후에 '그러나'와 '막상'이라는 표현을 사용하고 있다. 따라서 빈칸 앞의 문장과는 반대되는 내용이 들어가야 한다.

02 | 언어추리

01	02	03	04	05	06	07	08	09	10
②	①	①	④	②	①	①	②	④	②
11	12	13							
②	④	③							

오답분석
② OECD : 경제협력개발기구
③ WTO : 세계무역기구
④ IMF : 국제통화기금

01
정답 ②
제시된 단어는 포함 관계이다. '시계'에는 '분침'이 포함되어 있고, '볼펜'에는 '잉크'가 포함되어 있다.

02
정답 ①
제시된 단어는 반의 관계이다. '부정'은 '긍정'의 반의어이며, '무념'의 반의어는 '사색'이다.

03
정답 ①
제시된 단어는 유의 관계이다. '조소(嘲笑)'의 유의어는 '비소(誹笑)'이고 '서거(逝去)'의 유의어는 '타계(他界)'이다.

04
정답 ④
'도로'가 연결되도록 산이나 바다, 강 등의 밑을 뚫어 만든 통로는 '터널'이고, '물길'이 연결되도록 육지에 파 놓은 길은 '운하'이다.

05
정답 ②
'빗자루'를 사용하여 '청소'를 하고, '휴대폰'을 사용하여 '전화'를 한다.

06
정답 ①
'WHO'는 '세계보건기구'이고, 'ILO'는 '국제노동기구'이다.

07
정답 ①
주어진 조건을 정리하면 내구성을 따지지 않는 사람 → 속도에 관심이 없는 사람 → 디자인에 관심이 없는 사람이다.

08
정답 ②
세 번째, 네 번째 명제에 의해 종열이와 지훈이는 춤을 추지 않았다. 또한 두 번째 명제의 대우에 의해 재현이가 춤을 추었고, 첫 번째 명제에 따라 서현이가 춤을 추었다.
따라서 '재현이와 서현이 모두 춤을 추었다.'가 답이 된다.

09
정답 ④
'에어컨을 많이 쓰다.'를 A, '프레온 가스가 나온다.'를 B, '오존층이 파괴된다.'를 C, '지구 온난화가 진행된다.'를 D로 놓고 보면 첫 번째 명제는 ~C → ~B, 세 번째 명제는 ~D → ~C, 네 번째 명제는 ~D → ~A이므로, 네 번째 명제가 도출되기 위해서는 ~B → ~A가 필요하다. 따라서 대우 명제인 '에어컨을 많이 쓰면 프레온 가스가 나온다.'가 답이 된다.

10
정답 ②
'공부를 열심히 한다.'를 A, '지식을 함양하지 않는다.'를 B, '아는 것이 적다.'를 C, '인생에 나쁜 영향이 생긴다.'를 D로 놓고 보면 첫 번째 명제는 C → D, 세 번째 명제는 B → C, 네 번째 명제는 ~A → D이므로 네 번째 명제가 도출되기 위해서는 두 번째 명제에 ~A → B가 필요하다. 따라서 대우 명제인 '지식을 함양하면 공부를 열심히 한 것이다.'가 답이다.

11
정답 ②

(가) 작업을 수행하면 A − B − C − D 순서로 접시 탑이 쌓인다.

(나) 작업을 수행하면 철수는 D접시를 사용한다.

(다) 작업을 수행하면 A − B − C − E − F 순서로 접시 탑이 쌓인다.

(라) 작업을 수행하면 철수는 C, E, F접시를 사용한다.

따라서 B접시가 접시 탑의 맨 위에 있게 된다.

12
정답 ④

신입사원들이 만난 외부 인사에 대한 정보를 정리하면 다음과 같다.

혜민	김지후	최준수	이진서
민준	최지후	최준수	이진서
서현	이지후	김준수	최진서

혜민과 민준이 외부 인사인 준수와 진서의 성을 동일하게 기억하고 있으므로 최준수 또는 이진서 둘 중 하나는 반드시 옳은 것이 된다. 만약 이진서가 맞다면, 서현이 바르게 기억하고 있는 사람의 이름은 김준수가 된다(이지후는 성이 이진서와 겹치므로 모순이 됨). 그렇다면 남은 성인 '최'는 지후의 성이 된다. 하지만 이럴 경우 민준이 이진서와 최지후 두 사람의 이름을 바르게 기억한 셈이 되므로 단 한 명씩의 이름만을 올바르게 기억하고 있다는 조건에 위배된다. 따라서 혜민과 민준이 바르게 기억한 외부 인사의 이름은 최준수가 되고, 그 결과 서현이 기억한 이지후가 맞게 되며 진서의 성은 '이'가 될 수 없기에 김진서가 된다.

13
정답 ③

제시된 조건들은 월요일에 진료를 하는 경우와 진료를 하지 않는 경우로 나뉘므로 두 가지 경우를 각각 확인한다.

ⅰ) 월요일에 진료를 하는 경우

첫 번째 명제에 의해 수요일에 진료를 하지 않는다. 그러면 네 번째 명제에 의해 금요일에 진료를 한다. 또한 세 번째 명제의 대우에 의해 화요일에 진료를 하지 않는다. 따라서 월요일, 금요일에 진료를 한다.

ⅱ) 월요일에 진료를 하지 않는 경우

두 번째 명제에 의해 화요일에 진료를 한다. 그러면 세 번째 명제에 의해 금요일에 진료를 하지 않는다. 또한 네 번째 명제의 대우에 의해 수요일에 진료를 한다. 따라서 화요일, 수요일에 진료를 한다.

즉, 두 경우 모두 2일을 진료를 한다.

03 | 수 계산

01	02	03	04	05	06	07	08	09	10
②	②	③	②	③	②	②	③	④	④
11	12	13	14	15	16	17	18		
③	④	③	③	①	④	③	②		

01

$3.1\square8.455 = 3.43 - (3.514 \div 0.4)$

$3.43 - 8.785 = -5.355$

$3.1\square8.455 = -5.355$

$\therefore \square = -$

02

$46 \times 3 + 21 = 138 + 21 = 159$

$\therefore \square = 5$

03

$13\square7 + 21 - 3 = 109$

$13\square7 = 109 - 18 = 91$

$\therefore \square = \times$

04

$\dfrac{2}{3} \div 5 + \dfrac{2}{5} \times 2 = \dfrac{2}{3} \times \dfrac{1}{5} + \dfrac{4}{5} = \dfrac{2}{15} + \dfrac{12}{15} = \dfrac{14}{15}$

$\therefore \square = 15$

05

$8 \times 8 - 8 = 56$

오답분석

① · ② · ④ 54

06

정답 ②

- 주말 티켓 정가 : $25,000 \times 1.2 = 30,000$원
- 주말 티켓 할인가 : $30,000 \times 0.9 = 27,000$원

따라서 $30,000 - 27,000 = 3,000$원 할인된 가격에 판매될 것이다.

07

정답 ②

신규 공정으로 전환하면 생산하는 상품 단위당 30원의 비용 절감 효과를 볼 수 있다.

따라서 공정 교체에 소요되는 비용인 1,800만 원으로 인한 손해를 보지 않기 위해서는 적어도 $18,000,000 \div 30 = 600,000$개 이상의 제품을 생산해야 한다.

08

정답 ③

50,000원을 넘지 않으면서 사과 10개 묶음 한 상자를 최대로 산다면 5상자($9,500 \times 5 = 47,500$원)를 살 수 있다.

따라서 나머지 금액으로 사과를 2개 더 살 수 있으므로, 구매할 수 있는 사과의 최대 개수는 $10 \times 5 + 2 = 52$개이다.

09

정답 ④

$45 \times n = 40 \times (n+2)$

$\rightarrow 5n = 80 \rightarrow n = 16$

따라서 이 학교의 학생은 총 $16 \times 45 = 720$명이다.

10

정답 ④

재원이는 오토바이를 타고 시속 60km, 동혁이는 버스를 타고 시속 36km로 서로를 향해 동시에 출발했으므로, 두 사람의 속도의 합은 $60 + 36 = 96$km이다.

따라서 여기에 2시간 15분 뒤 약속 장소에서 만났기 때문에, 처음 두 사람 간의 총 거리는 $96 \times 2.25 = 216$km이다.

11

정답 ③

- 희수가 편의점까지 가는 데 걸리는 시간 : $1,000 \div 50 = 20$분
- 희수가 학교까지 가는 데 걸리는 시간 : $40 \div 60 = \frac{2}{3}$시간 $= 40$분

따라서 걸린 시간은 총 $20 + 40 = 60$분으로 총 1시간이다.

12

정답 ④

수영장에 물이 가득 찼을 때의 물의 양을 1이라 하자.

수도관은 1분에 $\frac{1}{60}$만큼 물을 채우며, 배수로는 1분에 $\frac{1}{100}$만큼 물을 빼낸다.

따라서 $\dfrac{1}{\dfrac{1}{60} - \dfrac{1}{100}} = \dfrac{1}{\dfrac{1}{150}} = 150$분으로 2시간 30분이다.

13

정답 ③

전체 작업량을 1로 둘 때, 6명이 5시간 만에 청소를 완료하므로 직원 한 명의 시간당 작업량은 $\frac{1}{30}$이다.

따라서 3시간 만에 일을 끝마치기 위한 직원의 수를 x명이라 하면 $\frac{x}{30} \times 3 = 1$이므로 $x = 10$이다.

즉, 총 10명의 직원이 필요하므로, 추가로 필요한 직원의 수는 4명이다.

14

정답 ③

더 넣어야 할 물의 양을 xg이라고 하자.

$$\frac{9}{100} \times 100 = \frac{6}{100} \times (100 + x) \rightarrow 900 = 600 + 6x \rightarrow 300 = 6x$$

$$\therefore x = 50$$

15

정답 ①

더 넣은 소금의 양을 xg이라고 하자.

$$\frac{15}{100} \times 600 + x = \frac{20}{100} \times (600 + x) \rightarrow 9,000 + 100x = 12,000 + 20x \rightarrow 80x = 3,000$$

$$\therefore x = 37.5$$

16

정답 ④

증발시킨 물의 양을 xg이라고 하자.

$$\frac{10}{100} \times 300 = \frac{30}{100} \times (300 - x) \rightarrow 300 = 900 - 3x \rightarrow 3x = 600$$

$$\therefore x = 200$$

17

정답 ③

정육면체는 면이 6개이고 회전이 가능하므로 윗면을 기준면으로 삼았을 때,

ⅰ) 기준면에 색을 칠하는 경우의 수 : $6 \times \frac{1}{6} = 1$가지

ⅱ) 아랫면에 색을 칠하는 경우의 수 : $6 - 1 = 5$가지

ⅲ) 옆면에 색을 칠하는 경우의 수 : $(4-1)! = 3! = 6$가지

따라서 $1 \times 5 \times 6 = 30$가지의 서로 다른 정육면체를 만들 수 있다.

18

정답 ②

발표자 세 명 가운데 두 명을 여성으로 구성하는 경우의 수는 남성 사원 가운데 한 명, 여성 사원 가운데 두 명을 뽑는 경우의 수와 같다.

ⅰ) 남성 사원 가운데 한 명을 뽑는 경우의 수 : $_4C_1 = 4$가지

ⅱ) 여성 사원 가운데 두 명을 뽑는 경우의 수 : $_5C_2 = 10$가지

따라서 전체 경우의 수는 $_5C_2 \times _4C_1 = 10 \times 4 = 40$가지이다.

04 | 자료해석

01	02	03	04	05	06	07	08	09	10
②	④	④	③	②	①	④	③	④	③

01

정답 ②

제시된 그래프에서 선의 기울기가 가파른 구간은 2013년~2014년, 2014년~2015년, 2017년~2018년이다. 2014년, 2015년, 2018년 물이용부담금 총액의 전년 대비 증가폭을 구하면 다음과 같다.

- 2014년 : $6,631-6,166=465$억 원
- 2015년 : $7,171-6,631=540$억 원
- 2018년 : $8,108-7,563=545$억 원

따라서 물이용부담금 총액이 전년 대비 가장 많이 증가한 해는 2018년이다.

오답분석

㉠ 제시된 자료를 통해 확인할 수 있다.

㉢ 2022년 금강유역 물이용부담금 총액 : $8,661 \times 0.2=1,732.2$억 원

∴ 2022년 금강유역에서 사용한 물의 양 : $1,732.2 \div 16 ≒ 010.83$억 m^3

㉣ 2022년 물이용부담금 총액의 전년 대비 증가율 : $\dfrac{8,661-8,377}{8,377} \times 100 ≒ 3.39\%$

02

정답 ④

수익률은 순서대로 각각 1.92배, 1.62배, 1.83배, 1.84배이다. 즉, 회사법인이 가장 낮다.

오답분석

① 사업체 수를 보면 다른 사업 형태보다 개인경영 사업체 수가 많은 것을 확인할 수 있다.

② 사업체당 매출액을 구하면 각각 순서대로 약 206, 980, 111, 88백만 원이다. 따라서 사업체당 매출액이 가장 큰 예식장 사업 형태는 회사법인 예식장이다.

③ 표에서 예식장 사업 전체인 계를 보면 매출액은 292,8백만 원이며 비용은 매출액의 절반 정도인 157,029백만 원이므로 매출액의 절반 정도가 수익이 되는 사업이라고 할 수 있다.

03

정답 ④

회원 간 쇼핑몰별 중복할인 여부에 따라 배송비를 포함한 실제 구매가격을 정리하면 다음과 같다.

구분	할인쿠폰 적용	회원혜택 적용
A쇼핑몰	$129,000 \times 0.95+2,000=124,550$원	$129,000-7,000+2,000=124,000$원
B쇼핑몰	$131,000 \times 0.97-3,500=123,570$원	
C쇼핑몰	$130,000-5,000+2,500=127,500$원	$130,000 \times 0.93+2,500=123,400$원

따라서 $C-B-A$ 순서로 공기청정기를 저렴하게 구매할 수 있다.

04

$124,000-123,400=600$

따라서 가장 비싼 쇼핑몰과 가장 싼 쇼핑몰 간의 공기청정기의 실제 구매가격 차이는 600원이다.

05

정답 ②

주어진 자료에서 부패인식 응답비율의 전년 대비 증감폭이 가장 큰 것은 2020년 외국인으로, 2019년 23.4%에서 2020년 48.5%로 25.1%p 증가했다.

06

정답 ①

부패인식 점수는 응답자가 생각하는 공직사회의 부패도가 높을수록 낮아진다. 또한 자료를 보면 설문조사의 응답비율이 높을수록 부패도가 높다고 응답하며 부패인식 점수는 낮아지기 때문에, 부패인식 응답비율과 부패인식 점수는 반비례 관계라고 할 수 있다.

07

정답 ④

2022년 2% 이상의 경제성장률을 기록한 국가는 스페인, 폴란드, 한국, 호주로 총 4곳이고, 그중에서 90% 이상의 인터넷 이용률을 기록한 국가는 한국뿐이다.

오답분석

① 자료 중에서 경제성장률과 인터넷 이용률의 반비례 관계는 확인되지 않는다.
② 2021년과 2022년에 전년 대비 경제성장률이 하락하지 않은 국가는 독일과 스페인, 프랑스로 총 3곳이다.
③ 조사기간 중 인터넷 이용률이 감소한 국가는 존재하지 않는다.

08

정답 ③

2022년 독일은 전년 대비 0.2%p, 프랑스는 0.1%p의 경제성장률 증가로 두 국가는 0.1%p의 증감폭의 차를 기록했다.

오답분석

① 2021년 스페인은 전년 대비 1.8%p, 폴란드는 0.5%p의 증감폭으로 두 국가는 1.3%p의 증감폭의 차를 기록했다.
② 2021년 영국은 전년 대비 0.9%p, 호주는 0.2%p의 증감폭으로 두 국가는 0.7%p의 증감폭의 차를 기록했다.
④ 2022년 일본은 전년 대비 0.2%p의 증감폭을, 한국은 지난해와 동일한 경제성장률을 보여 두 국가는 0.2%p의 증감폭의 차를 기록했다.

09

정답 ④

• 7월 서울특별시의 소비심리지수 : 128.8
• 12월 서울특별시의 소비심리지수 : 102.8
• 서울특별시의 7월 대비 12월 소비심리지수 감소율 : $\frac{128.8-102.8}{128.8} \times 100 ≒ 20.19\%$

따라서 12월 소비심리지수 감소율은 19% 이상이다.

10

- 경상북도의 9월 소비심리지수 : 100.0
- 10월 소비심리지수 : 96.4

∴ 소비심리지수 감소율 : $\dfrac{100-96.4}{100}\times100=3.6\%$

- 대전광역시의 9월 소비심리지수 : 120.0
- 12월 소비심리지수 : 113.0

∴ 소비심리지수 감소율 : $\dfrac{120-113}{120}\times100≒5.8\%$

따라서 구하는 값은 3.6＋5.8＝9.4%이다.

05 | 수열추리

01	02	03	04	05	06	07	08	09	10
②	④	④	②	②	③	④	③	③	②
11	12	13	14	15	16	17	18	19	20
③	④	④	③	③	②	④	①	③	④

01　　　　　정답 ②

앞의 항에 ×3을 하는 수열이다.
따라서 (　)＝81×3＝243이다.

02　　　　　정답 ④

앞의 항에 ＋11을 하는 수열이다.
따라서 (　)＝36＋11＝47이다.

03　　　　　정답 ④

앞의 항에 ÷2를 하는 수열이다.
따라서 (　)＝20÷2＝10이다.

04　　　　　정답 ②

＋2.7, ÷2가 반복되는 수열이다.
따라서 (　)＝10.2÷2＝5.10다.

05　　　　　정답 ②

(앞의 항)－(뒤의 항)＝(다음 항)
따라서 (　)＝(－1)－3＝－40다.

06　　　　　정답 ③

(앞의 항)＋(뒤의 항)－1＝(다음 항)
따라서 (　)＝5＋9－1＝130다.

07　　　　　정답 ④

(앞의 항)＋(뒤의 항)＋2＝(다음 항)
따라서 (　)＝16＋26＋2＝440다.

08　　　　　정답 ③

(앞의 항)×(뒤의 항)＝(다음 항)
따라서 (　)＝6÷3＝20다.

09　　　　　정답 ③

{(앞의 항＋뒤의 항)}×2＝(다음 항)
따라서 (　)＝$\frac{20-6}{2}$＝70다.

10　　　　　정답 ②

홀수 항은 －4, 짝수 항은 －7을 하는 수열이다.
따라서 (　)＝27－4＝230다.

11　　　　　정답 ③

홀수 항은 2씩 더하고, 짝수 항은 2씩 곱하는 수열이다.

H	ㄷ	(J)	ㅂ	ㄴ	ㅌ
8	3	10	6	12	12

12　　　　　정답 ④

앞의 항에서 4씩 빼는 수열이다.

Y	(U)	Q	M	I	E
25	21	17	13	9	5

13

홀수 항은 2씩 빼고, 짝수 항은 4씩 더하는 수열이다.

ㅜ	ㄷ	(ㅗ)	ㅅ	ㅓ	ㅋ
7	3	5	7	3	11

14

정답 ③

홀수 항은 ×2, 짝수 항은 ÷2를 하는 수열이다.

C	P	ㅂ	H	ㅌ	(ㄹ)	X	B
3	16	6	8	12	4	24	2

15

정답 ③

(앞의 항)×2=(다음 항)

A	B	D	(H)	P
1	2	4	8	16

16

정답 ②

(앞의 항)+3=(다음 항)

ㄴ	ㅁ	(ㅇ)	ㅋ	ㅎ
2	5	8	11	14

17

정답 ④

홀수 항은 +1, 짝수 항은+3을 하는 수열이다.

D	(G)	E	J	F	M	G	P
4	7	5	10	6	13	7	16

18

정답 ①

홀수 항은 +2, +4, +6 …인 수열이고, 짝수 항은 +2이다.

(ㄱ)	ㅏ	ㄷ	ㅓ	ㅅ	ㅗ	ㅍ	ㅜ
1	1	3	3	7	5	13	7

19

정답 ③

+2, +4, +6, +8 …인 수열이다.

B	D	H	N	(V)
2	4	8	14	22

20

정답 ④

(앞의 항)+(뒤의 항)=(다음 항)

A	B	C	E	(H)	M	U
1	2	3	5	8	13	21

PART 1

06 | 시각적주의집중력

01	02	03	04	05	06	07	08	09	10
③	②	①	②	①	③	②	①	③	③
11	12								
①	④								

01
정답 ③

좌우 문자열 같음

02
정답 ②

ⓄⓅⓈⓇⒺⓌⓍ − ⓄⓅⓈⓇⒺⓌⓍ

03
정답 ①

좌우 문자열 같음

04
정답 ②

잉몸잉줌골좀엉곰뱅범 − 잉몸잉줌골줌엉곰뱅범

05
정답 ①

좌우 문자열 같음

06
정답 ③

→↓↘↖⇐↗↗↑↑↓↘↘∨∕∕↓∕⇐↘↘↘→→↓∨→∕⇐↗↓∕←↓

07
정답 ②

1#%&(2=5($43!^%&9&#=0)9%×7=!)^60!*3#%2×6+0#%!@($^)5)%&!5*68$1

08
정답 ①

サナヌブクグクソキゾノホヘヌナピサクソレリラプリリルスソゼテトソソノペハア

09

정답 ③

OX=3+8=11

오답분석

① 3+5=8

② 3+10=13

④ 7+8=15

10

정답 ③

KB=4+5=9

오답분석

① 6+4=10

② 5+12=17

④ 6+11=17

11

정답 ①

CG=16+8=24

오답분석

② 10+15=25

③ 14+9=23

④ 16+11=27

12

정답 ④

XQ	XG	XL	XD	XE	XV	XI	XO	XG	XX	XO	X7
XO	XO	X8	XD	XQ	XV	XE	XD	XX	XG	XL	XD
XL	XE	XD	XG	XO	XA	Xo	XQ	XC	XC	XD	XK
XK	XG	XQ	XD	Xo	XO	XG	XK	XL	XA	XT	X5

07 | 형태·공간지각

01	02	03	04	05	06	07	08	09	
③	②	①	③	③	②	③	③	④	

01

도형이 상하 대칭된 것이다.

[오답분석]

제시된 도형을 시계 방향으로 ①은 90°, ②는 180°, ④는 270° 회전한 것이다.

02

도형이 시계 방향으로 180° 회전한 상태에서 원의 크기가 바뀐 것이다.

[오답분석]

제시된 도형을 시계 방향으로 ①은 140°, ③은 15°, ④는 180° 회전한 것이다.

03

도형이 상하 대칭된 것이다.

[오답분석]

제시된 도형을 시계 방향으로 ②는 45°, ③은 135°, ④는 180° 회전한 것이다.

04

주어진 도형을 축을 중심으로 좌우 대칭하면 〈도형〉이고, 보기 중 이와 같은 단면도를 가지는 입체도형은 ③이다.

05

주어진 도형을 축을 중심으로 좌우 대칭하면 〈도형〉이고, 보기 중 이와 같은 단면도를 가지는 입체도형은 ③이다.

06

주어진 도형을 축을 중심으로 좌우 대칭하면 〈도형〉이고, 보기 중 이와 같은 단면도를 가지는 입체도형은 ②이다.

07

정답 ③

제시된 전개도를 접으면 반드시 색칠된 부분의 한 면이 나와야 하기 때문에 ③이 정답이 된다.

08

정답 ③

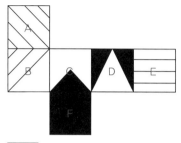

오답분석

① 입체도형에서 C면을 기준으로 봤을 때, 오른쪽 면(B면)이 틀리다.

② 입체도형에서 D면을 기준으로 봤을 때, 오른쪽 면(A면)이 틀리다.

④ 입체도형에서 A면을 기준으로 봤을 때, 윗면(C면)이 틀리다.

09

정답 ④

오답분석

① 입체도형에서 D면을 기준으로 봤을 때, 왼쪽 면(E면)이 틀리다(E면 대신 C면).

② 입체도형에서 A면을 기준으로 봤을 때, 오른쪽 면(C면)이 틀리다(C면 대신 F면).

③ 입체도형에서 H면을 기준으로 봤을 때, 오른쪽 면(G면)과 마주보는 면(F면)이 틀리다.

08 공간·상징추리

01	02	03	04	05	06	07	08	09	10
③	①	②	④	③	①	④	②	②	④
11									
④									

01

정답 ③

요리사(♧)가 프라이팬(▤) 앞에 뒤집개(♡＝도구)를 들고 서 있다.

02

정답 ①

요리사(♧)가 소금(◈)으로 간을 한 계란(○) 요리를 먹고 있다.

03

정답 ②

레스토랑(ㅁ)의 입구(☜)에 지배인(♠)이 대기 중이며 테이블(▤) 위엔 꽃병(♨＝도구)이 있다.

04

정답 ④

조명(♨＝도구)이 반짝이는 테이블들(▤)이 있는 레스토랑(ㅁ) 입구(☜)는 대기 손님들(♠♠♠)로 북적인다.

05

정답 ③

선생님 몰래 학교 에 결석 했다 → ＼♠∴●◆■

06

정답 ①

학교 의 친구들 과 소풍 을 준비 했다 → ∴／★Σ※☆□■

07

정답 ④

적립금－ㅈㅓㄱㄹㅣㅂㄱㅡㅁ → KnBdjxBHE

08

정답 ②

WlGxfMYnKf → ㄷㅗㅇㅂㅜㄴㅅㅓㅈㅜ (동분서주)

09

정답 ②

♣ : 1234 → 4231

● : 각 자릿수마다 −2

▽ : 1234 → 2341

◆ : 각 자릿수 +4, +3, +2, +1

6C4H   →   C4H6   →   A2F4
        ▽   ●

10

정답 ④

5ㅋㄷ7   →   9ㅎㅁ8   →   8ㅎㅁ9   →   6ㅌㄷ7
       ◆   ♣   ●

11

정답 ④

ㅡ76ㅅ   →   ㅜ54ㅁ   →   54ㅁㅜ   →   97ㅅㅠ
       ●   ▽   ◆

얼마나 많은 사람들이
책 한 권을 읽음으로써
인생에 새로운 전기를 맞이했던가.

– 헨리 데이비드 소로 –

PART 2

최종점검 모의고사

제1회 최종점검 모의고사

제2회 최종점검 모의고사

제1회 최종점검 모의고사

01 언어이해

01	02	03	04	05	06	07	08	09	10
④	①	②	③	④	①	①	①	③	①
11	12	13	14	15	16	17	18	19	20
③	①	③	④	②	④	④	②	④	④
21	22	23	24	25	26	27	28	29	30
④	②	③	④	②	①	①	②	④	②

01   정답 ④

• 호평 : 좋게 평함. 또는 그런 평판이나 평가
• 정평 : 모든 사람이 다 같이 인정하는 평판

오답분석

① 악평 : 나쁘게 평함. 또는 그런 평판이나 평가
② 단평 : 짧고 간단한 비평
③ 만평 : 일정한 주의나 체계 없이 생각나는 대로 비평함 또는 그런 비평

02   정답 ①

• 어릿하다 : 조금 쓰리고 따가운 느낌이 있다.
• 쓰리다 : 쑤시는 것같이 아프다.

오답분석

② 짜다 : 인색하다. 또는 누르거나 비틀어서 물기나 기름 따위를 빼내다.
③ 흐리다 : 분명하지 아니하고 어렴풋하다.
④ 어리숙하다 : 겉모습이나 언행이 치밀하지 못하여 순진하고 어리석은 데가 있다.

03   정답 ②

• 곤궁 : 가난하여 살림이 구차함
• 빈곤 : 가난하여 살기가 어려움

04   정답 ③

• 거부 : 요구나 제의를 받아들이지 않고 물리침
• 거절 : 상대방의 요구, 제안, 선물, 부탁 따위를 받아들이지 않고 물리침

오답분석

④ 지도 : 어떤 목적이나 방향으로 남을 가르쳐 이끎

05   정답 ④

• 읍소하다 : 눈물을 흘리며 간절히 하소연하다.
• 애걸하다 : 소원을 들어 달라고 애처롭게 빌다.

오답분석

① 읍례하다 : 남을 향하여 읍하여 예를 하다.
② 간색하다 : 물건의 일부분을 보아 질을 살피다.
③ 가붓하다 : 조금 가벼운 듯하다.

06   정답 ①

• 무녀리 : '(처음으로) 문을 열고 나온'이라는 의미로, 한 태에 낳은 여러 마리 새끼 가운데 가장 먼저 나온 새끼. 또는 말이나 행동이 좀 모자란 듯이 보이는 사람을 비유적으로 이르는 말
• 못난이 : 못나고 어리석은 사람

오답분석

② 어룽이 : 어룽어룽한 점이나 무늬. 또는 그런 점이나 무늬가 있는 짐승이나 물건
③ 암무당 : 여자 무당을 가리키는 말
④ 더펄이 : 성미가 침착하지 못하고 덜렁대는 사람. 또는 성미가 스스럼이 없고 붙임성이 있어 꽁하지 않은 사람

07
정답 ①

- 양육하다 : 아이를 보살펴서 자라게 하다.
- 기르다 : 아이나 동식물을 보살펴 자라게 하다.

오답분석

② 매진하다 : 어떤 일을 전심전력을 다하여 해 나가다.
③ 조력하다 : 힘을 써 도와주다.
④ 고려하다 : 생각하고 헤아려 보다.

08
정답 ①

- 포용(包容) : 남을 너그럽게 감싸 주거나 받아들임
- 배척(排斥) : 따돌리거나 거부하여 밀어 내침

09
정답 ③

- 만성(慢性) : 병이나 버릇이 급하거나 심하지도 아니하면서 쉽게 고쳐지지 아니하는 성질
- 급성(急性) : 병 따위의 증세가 갑자기 나타나고 빠르게 진행되는 성질

오답분석

① 항성(恒性) : 언제나 변하지 아니하는 성질
② 상성(相性) : 성질이 서로 맞음
④ 고성(高聲) : 크고 높은 목소리

10
정답 ①

- 겸손 : 남을 존중하고 자기를 내세우지 않는 태도가 있음
- 거만 : 잘난 체하며 남을 업신여기는 데가 있음

오답분석

② 고정 : 한번 정한 대로 변경하지 아니함
③ 기발 : 유달리 재치가 뛰어남
④ 염세 : 세상을 괴롭고 귀찮은 것으로 여겨 비관함

11
정답 ③

- 도심 : 도시의 중심부
- 교외 : 도시의 주변 지역

오답분석

① 강건 : 의지나 기상이 굳세고 건전함
④ 문명 : 인류가 이룩한 물질적, 기술적, 사회 구조적인 발전

12
정답 ①

- 든직하다 : 사람됨이 경솔하지 않고 무게가 있다.
- 붓날다 : 말이나 하는 짓 따위가 붓이 나는 것처럼 가볍게 들뜨다.

오답분석

② 사랑옵다 : 생김새나 행동이 사랑을 느낄 정도로 귀엽다.
③ 무덕지다 : 한데 수북이 쌓여 있거나 뭉쳐 있다.
④ 얄망궂다 : 성질이나 태도가 괴상하고 까다로워 얄미운 데가 있다.

13
정답 ③

- 꿉꿉하다 : 조금 축축하다(≒눅눅하다).
- 강마르다 : 물기가 없이 바싹 메마르다. 성미가 부드럽지 못하고 메마르다. 또는 살이 없이 몹시 수척하다.

오답분석

① 강샘하다 : 부부 사이나 사랑하는 이성(異性) 사이에서 상대되는 이성이 다른 이성을 좋아할 경우에 지나치게 시기하다(≒질투하다).
② 꽁꽁하다 : 아프거나 괴로워 앓는 소리를 내다. 강아지가 짖다. 또는 작고 가벼운 물건이 자꾸 바닥이나 물체 위에 떨어지거나 부딪쳐 소리가 나다.
④ 눅눅하다 : 축축한 기운이 약간 있다. 또는 물기나 기름기가 있어 딱딱하지 않고 무르며 부드럽다.

14
정답 ④

- 초청(招請) : 사람을 청하여 부름
- 축출(逐出) : 쫓아내거나 몰아냄

오답분석

① 접대(接待) : 손님을 맞아서 시중을 듦
② 제출(提出) : 문안(文案)이나 의견, 법안(法案) 따위를 냄
③ 초래(招來) : 어떤 결과를 가져오게 함. 또는 불러서 오게 함

15
정답 ②

- 풍만하다 : 풍족하여 그득하다. 또는 몸에 살이 탐스럽게 많다.
- 궁핍하다 : 몹시 가난하다.

오답분석

① 납신하다 : 윗몸을 가볍고 빠르게 구부리다. 또는 입을 빠르고 경망스럽게 놀려 말하다.
③ 농단하다 : 이익이나 권리를 독차지하다.
④ 몽매하다 : 어리석고 사리에 어둡다.

PART 2

16

정답 ④

어느 단체에 속한다고 이름을 내세우다.

오답분석

① 다른 사람이나 문제 따위가 관련이 있음을 주장하다.
② 앞으로의 일에 대한 희망 따위를 품거나 기대하다.
③ 기계 장치가 작동되도록 하다.

17

정답 ④

바르는 물질이 배어들거나 고루 퍼지다.

오답분석

① 어떤 마음이나 감정을 품다.
② 수익이나 이문을 차지하여 가지다.
③ 벌레, 균 따위가 파고들어 가거나 퍼지다.

18

정답 ②

자기 것으로 만들어 가지다.

오답분석

① 어떤 일에 대한 방책으로 어떤 행동을 하거나 일정한 태도를 가지다.
③ 어떤 특정한 자세를 하다.
④ 남에게서 돈이나 물품 따위를 빌리다.

19

정답 ④

상관관계를 판단하여 드러내 알리다.

오답분석

① 드러나게 좋아하다.
② 드러나지 않거나 알려지지 않은 사실, 내용, 생각 따위를 드러내 알리다.
③ 빛을 내는 물건에 불을 켜다.

20

정답 ④

상상하거나 회상하다.

오답분석

① 연필, 붓 따위로 어떤 사물의 모양을 그와 닮게 선이나 색으로 나타내다.
② 어떤 모양을 일정하게 나타내거나 어떤 표정을 짓다.
③ 사랑하는 마음으로 간절히 생각하다.

21

정답 ④

어떤 사람이나 일에 대하여 성의를 보이거나 정성을 기울이다.

오답분석

① 사람이 머리를 써서 사물을 헤아리고 판단하다.
② 어떤 사람이나 일 따위에 대하여 기억하다.
③ 어떤 일을 하려고 마음을 먹다.

22

정답 ②

관계를 맺거나 짝을 이루다.

오답분석

① 재료를 들여 밥, 옷, 집 따위를 만들다.
③ 논밭을 다루어 농사를 하다.
④ 이어져 온 일 또는 말 등에 대해 결말이나 결정을 내다.

23

정답 ③

• 돌파 : 일정한 기준이나 기록 따위를 지나서 넘어섬

오답분석

① · ② 이미 있던 것을 고쳐 새롭게 함
④ 세찬 기세로 거침없이 곧장 나아감

24

정답 ④

• 조장 : 바람직하지 않은 일을 더 심해지도록 부추김

25

정답 ②

㉠의 다음 문장에서 이미 발견한 것을 이야기하기 때문에 빈칸에는 '최근에'가 적절하다. 다음으로 ㉡은 앞의 내용을 이어서 설명하고 있으므로 '또한'이 들어가야 한다. ㉢은 서울아리랑이 다른 지역의 아리랑의 특징이 응집된 것이므로 '때문에'가 적절하다.

26

정답 ①

㉠은 문장의 서술어가 '때문이다'로 되어 있으므로 '왜냐하면'이 호응되어야 한다. ㉡에는 앞 문장과 뒤에 이어지는 문장의 내용이 상반되는 내용이 아닌, 앞 문장을 부연하는 내용이므로 병렬적으로 이어지는 '그리고'가 들어가야 한다. ㉢은 결론에 해당하므로, '그러므로'가 적절하다.

27

정답 ①

㉠의 뒤 문장은 앞 문장을 보충하는 내용이므로 ㉠에는 '즉'이, ㉡의 앞뒤 문장은 상반된 내용이므로 ㉡에는 '그러나'가 적절하다. ㉢에는 '때문이다'와 호응하는 '왜냐하면'이, ㉣에는 '뿐만 아니라'와 호응하는 '비단'이 들어가는 것이 적절하다.

28

정답 ②

㉠의 앞 문장은 뒤 문장의 원인이므로 ㉠에는 '때문에'가, ㉡의 뒤 문장은 내용을 전환하고 있으므로 ㉡에는 '그런데'가 적절하다. ㉢의 뒤 문장은 앞 내용의 결론이므로 '따라서'가, ㉣의 뒤 문장은 앞 문장에 대한 부연이므로 '게다가'가 들어가는 것이 적절하다.

29

정답 ④

㉠ 뒤의 '경찰이나 안보 기구의 등장'은 앞의 '강력한 국가의 등장'에 대한 보충이므로 ㉠에는 '즉'이, ㉡의 뒤 문장은 앞 문장의 내용에 반대되므로 '그러나'가, ㉢에는 뒤 문장의 '때문이다'와 호응하는 '왜냐하면'이, ㉣의 뒤 문장은 앞 문장의 결과이므로 '결과적으로'가 들어가는 것이 적절하다.

30

정답 ②

일본 젊은이들이 장기 침체와 청년실업이라는 경제적 배경 속에서 자동차를 사지 않는 풍조를 넘어 자동차가 없는 현실을 멋지게 받아들이는 단계로 접어든 것은 '못' 사는 것을 마치 '안' 사는 것처럼 포장한 것으로 이런 풍조는 일종의 자기 최면이다.

01	02	03	04	05	06	07	08	09	10
④	③	③	④	①	③	②	③	④	②
11	12	13	14	15	16	17	18	19	20
③	④	①	①	③	①	①	③	③	④
21	22	23	24	25					
③	①	②	④	②					

01 정답 ④

'미비'는 아직 다 갖추지 못한 상태에 있음을 나타내고, '완구'는 빠짐없이 완전히 갖춤을 나타내므로 반의 관계이다. '진취'는 적극적으로 나아가서 일을 이룩함을 뜻하고, '퇴영'은 활기나 진취적 기상이 없음을 뜻하므로 반의 관계이다.

오답분석

① 완비 : 빠짐없이 완전히 갖춤

② 퇴각 : 뒤로 물러감, 금품 등을 물리침

③ 퇴출 : 물러나서 나감

02 정답 ③

'문무왕'의 업적은 '삼국통일'이고, '신문왕'의 업적은 '녹읍폐지'이다.

03 정답 ③

'미켈란젤로'와 '다빈치'는 동시대에 살았던 경쟁자이고, '살리에르'의 경쟁자는 '모차르트'이다.

04 정답 ④

'스티로폼'은 '열'이 통하지 않는 열적 부도체이고, '고무'는 '전기'가 통하지 않는 전기적 부도체이다.

05 정답 ①

연극의 3요소는 배우, 관객, 희곡으로 '희곡'은 '연극'의 구성 요소이다. 희곡의 3요소는 해설, 지문, 대사로 '해설'은 '희곡'의 구성 요소이다.

06 정답 ③

'다툼'의 반대말은 '화해'이며, '성공'의 반대말은 '실패'이다.

07 정답 ②

'세탁소'는 '수선'하는 곳이고, '마트'는 '판매'하는 곳이다.

08 정답 ③

정직한 사람은 이웃이 많고, 이웃이 많은 사람은 외롭지 않을 것이다. 따라서 정직한 사람은 외롭지 않을 것이다.

09 정답 ④

참인 명제는 그 대우도 참이므로 두 번째 명제의 대우 '배를 좋아하지 않으면 귤을 좋아하지 않는다.' 역시 참이 된다. 이를 첫 번째, 세 번째 명제와 연립하면 '사과를 좋아하면 오이를 좋아한다.'가 성립한다.

10 정답 ②

영록이는 만수네 집에 간 적이 있는데, 만수는 복실이와 같은 마을에 산다.

오답분석

① 영록이와 만수가 같은 마을에 사는지는 알 수 없다.

③ 영희는 언급되지 않아 알 수 없다.

④ 영록이가 만수네 집에 온 적이 있다.

11 정답 ③

A팀장의 야근 시간은 B과장의 야근 시간보다 60분 많다. 또한 C대리의 야근 시간은 B과장의 야근 시간보다 30분 적고, D차장의 야근 시간은 B과장의 야근 시간보다 20분 적다. 따라서 야근을 한 시간이 짧은 순서대로 나열하면 C대리<D차장<B과장<A팀장이다.

12 정답 ④

갑의 점수는 을의 점수보다 15점이 낮고, 병의 점수는 을의 점수보다 10점이 낮다. 따라서 수학 점수가 가장 낮은 순서대로 나열하면 갑<병<을이다.

13 정답 ①

'제주도로 신혼여행을 간다.'를 A, '몰디브로 여름휴가를 간다.'를 B, '겨울에 세부를 간다.'를 C라고 하면 전제는 'A → B'이다. '~B → C'라는 결론이 성립하기 위해서는 '~A → C' 또는 '~C → A'라는 명제가 필요하다.

14 정답 ①

'훠궈를 먹는다.'를 A, '디저트로 마카롱을 먹는다.'를 B, '아메리카노를 마신다.'를 C라고 하면 전제는 'A → B'이다. 'A → C'라는 결론을 얻기 위해서는 'B → C' 또는 '~C → ~B'라는 명제가 필요하다.

15

정답 ③

'비가 내린다.'를 A, '검은색 옷을 입는다.'를 B, '흰색 모자를 쓴다.'를 C라고 하면 전제는 'A → B'이다. '~B → ~C'라는 결론을 얻기 위해서는 'C → A' 또는 '~A → ~C'라는 명제가 필요하다.

16

정답 ①

'겨울에 눈이 온다.'를 A, '여름에 비가 온다.'를 B, '가을에 서리가 내린다.'를 C라고 하면 전제는 'A → B'이다. '~B → C'라는 결론이 성립하기 위해서는 '~A → C' 또는 '~C → A'라는 명제가 필요하다.

17

정답 ①

'노란 재킷을 입는다.'를 A, '빨간 운동화를 신는다.'를 B, '파란 모자를 쓴다.'를 C라고 한다면 전제는 'A → B'이다. 'A → C'라는 결론을 얻기 위해서는 'B → C' 또는 '~C → ~B'라는 명제가 필요하다.

18

정답 ③

왼쪽부터 순서대로 나열해 보면, 일식 − 분식 − 양식 − 스낵 코너 순서임을 알 수 있다.
• A : 일식 코너는 양식 코너의 왼쪽에 있다.
• B : 스낵 코너는 분식 코너의 오른쪽에 있다.
따라서 A, B 판단은 모두 옳다.

19

정답 ③

• A : 첫 번째, 두 번째 조건에 따라 월급이 많은 순서로 나열하면 C>A>B이다. 모든 사람은 월급이 많은 직장을 선택하기 때문에 영호는 C직장을 선택할 것이다.
• B : C직장이 채용을 하지 않으면 취업준비생들은 다음으로 월급이 많은 A직장을 선택할 것이다.
따라서 A, B 판단 모두 옳다.

20

정답 ④

조건에 따라 나열하면 '지은, 지영, 수지, 주현, 진리'의 순서대로 서 있다. 따라서 수지가 3번째로 서 있음을 알 수 있고, 지영이는 수지 옆에 있으므로 A와 B 둘 다 옳지 않다.

21

정답 ③

셋째가 화요일과 수요일에 당번을 서면 화요일에 첫째와 같이 서게 되고, 수요일과 목요일에 당번을 서면 목요일에 둘째와 같이 서게 된다. 따라서 어떤 경우에서든지 셋째는 이틀 중 하루는 형들과 같이 서게 된다.

오답분석

①·② 셋째가 화요일과 수요일에 당번을 서는지, 수요일과 목요일에 당번을 서는지 알 수 없다.
④ 셋째가 화요일과 수요일에 당번을 서면 화요일에 첫째와 같이 서게 된다.

22

정답 ①

세 형제는 1박 2일로 당번을 서고, 첫째는 월요일부터 당번을 선다. 따라서 첫째는 월요일과 화요일에 당번을 서게 된다.

23

정답 ②

피아노를 잘하는 사람의 경우 진실을 말할 수도 있고, 거짓을 말할 수도 있다는 점에 유의한다.
• 갑이 진실을 말했을 경우 진실을 말해야 하는 병이 거짓을 말하므로 모순이다.
• 을이 진실을 말했을 경우 병과 갑이 모두 거짓을 말한 것이 된다. 따라서 을이 조각, 병이 피아노(거짓을 말함), 갑이 테니스를 잘하는 사람이다.
• 병이 진실을 말했을 경우 병이 테니스를 잘해야 하는데 테니스를 잘하면 항상 거짓을 말하므로, 병의 말 자체가 모순이 되어 성립하지 않는다.
따라서 갑이 테니스, 을이 조각, 병이 피아노를 잘하는 사람이 된다.

24

정답 ④

A가 3번이면, 세 번째 조건에 따라 C는 2번이고, D는 4번이다. 또한 네 번째 조건에 따라 B는 6번이고, 두 번째 조건에 따라 F는 1번이고 E는 5번이다. 따라서 첫 번째로 면접을 보는 사람은 F이다.

25

정답 ②

세 번째 조건에 따라 파란색을 각각 왼쪽에서 두 번째, 세 번째, 네 번째에 칠할 경우로 나눈다.
ⅰ) 파란색을 왼쪽에서 두 번째에 칠할 경우
 : 노랑 − 파랑 − 초록 − 주황 − 빨강
ⅱ) 파란색을 왼쪽에서 세 번째에 칠할 경우
 : 주황 − 초록 − 파랑 − 노랑 − 빨강,
  초록 − 주황 − 파랑 − 노랑 − 빨강
ⅲ) 파란색을 왼쪽에서 네 번째에 칠할 경우
 : 빨강 − 주황 − 초록 − 파랑 − 노랑

01	02	03	04	05	06	07	08	09	10
②	①	②	④	②	①	④	③	③	④
11	12	13	14	15					
②	①	④	③	③					

01

정답 ②

11% 소금물의 양은 다음과 같다.

$(100-x)+x+y=300$

$\therefore y=200$

덜어낸 소금물의 양을 구하면

$$\frac{20}{100}(100-x)+x+\frac{11}{100}\times200=\frac{26}{100}\times300$$

$\rightarrow 2,000-20x+100x+2,200=7,800$

$\therefore x=45$

따라서 $x+y=245$이다.

02

정답 ①

ⅰ) 내일 비가 오고, 모레 비가 올 확률 : $\frac{1}{3}\times\frac{1}{4}=\frac{1}{12}$

ⅱ) 내일 비가 안 오고, 모레 비가 올 확률 : $\frac{2}{3}\times\frac{1}{5}=\frac{2}{15}$

$\therefore \frac{1}{12}+\frac{2}{15}=\frac{13}{60}$

03

정답 ②

A가 B보다 통장의 예금액이 많아지는 것을 x개월 후라고 하자.

$20,000+5,000x>41,000+1,000x$

$\rightarrow 4,000x>21,000$

$\therefore x>5.25$

04

정답 ④

- A에서 짝수의 눈이 나오는 경우의 수 : 3가지
- B에서 3 또는 5의 눈이 나오는 경우의 수 : 2가지

따라서 A, B 주사위는 동시에 던지므로 곱의 법칙에 의해 $3\times2=6$가지이다.

05

정답 ②

C가 맨 앞에 선다고 했으므로 C를 제외한 5명이 줄 서는 경우의 수를 고려하면 된다. A, B가 이웃일 때, 한 줄로 서는 경우의 수는 $4!\times2!$이다.

따라서 $4!\times2!=48$가지이다.

06

정답 ①

정상가로 판매하는 제품으로 3kg을 사려면 총 30,000원이 필요하고, 1+1제품을 사려면 29,000원이 필요하다.
따라서 1,000원의 이득을 보게 된다.

07

정답 ④

• 개인으로 관람할 경우 : $8,000 \times 24 = 192,000$원
• 단체로 관람할 경우 할인되는 가격 : $192,000 \times 0.15 = 28,800$
따라서 단체 관람객으로 들어가면 28,800원을 절약할 수 있다.

08

정답 ③

1월의 난방요금을 $7k$, 6월의 난방요금을 $3k$라 하자(단, k는 비례상수).
$(7k-2):3k=2:1 \rightarrow 6\mathrm{k}=7\mathrm{k}-2$
따라서 $k=2$이고, 1월의 난방요금은 14만 원이다.

09

정답 ③

13% 식염수의 양을 $x\mathrm{g}$이라 하자.
8% 식염수의 양은 $(500-x)\mathrm{g}$이므로
$\dfrac{8}{100} \times (500-x) + \dfrac{13}{100} \times x = \dfrac{10}{100} \times 500$
$\therefore x=200$

10

정답 ④

각각의 동전에 대해서 돈을 낼 수 있는 방법은 동전을 내지 않는 한 가지를 포함하여 총 6가지가 존재한다. 그러므로 돈을 낼 수 있는 방법의 가짓수는 $6 \times 6 \times 6 = 216$가지이다. 단, 모든 동전을 내지 않을 수는 없으므로 1가지는 빼야 한다.
따라서 돈을 낼 수 있는 방법의 가짓수는 $216-1=215$가지이다.

11

정답 ②

ⅰ) 8개의 공 중 4개를 동시에 꺼내는 경우의 수 : $_8\mathrm{C}_4 = \dfrac{8 \times 7 \times 6 \times 5}{4 \times 3 \times 2 \times 1} = 2 \times 7 \times 5 = 70$가지

ⅱ) 꺼낸 4개의 공의 색깔이 모두 다른 경우의 수 : $_3\mathrm{C}_1 \times _1\mathrm{C}_1 \times _2\mathrm{C}_1 \times _2\mathrm{C}_1 = 3 \times 1 \times 2 \times 2 = 12$가지

따라서 임의로 4개의 공을 동시에 꺼냈을 때 공의 색깔이 모두 다를 확률은 $\dfrac{12}{70} = \dfrac{6}{35}$이다.

12

정답 ①

$(15 \times 108) - (303 \div 3) + 7 = 1,620 - 101 + 7 = 1,526$
$\therefore \square = 1,526$

13

정답 ④

$\square = 98 - 74 + 12 = 36$

$\therefore \square = 36$

14

정답 ③

$29 \square 5 = 177 - 35 + 3 = 145$

$\therefore \square = \times$

15

정답 ③

$3 \square 15 = 97 - 4 \times 13 = 45$

$\therefore \square = \times$

01	02	03	04	05	06	07	08	09	10
①	③	①	④	①	④	④	④	②	①

01

정답 ①

2020년에는 선박류(10.29%), 2021년과 2022년에는 반도체(10.04%, 11.01%)의 비중이 가장 높았다.

∴ $10.29+10.04+11.01=31.34\%$

02

정답 ③

ㄱ. 2021년 수출액이 큰 품목부터 차례대로 나열하면 반도체>석유제품>자동차>일반기계>석유화학>선박류>무선통신기기>철강제품>평판디스플레이>자동차부품>섬유류>가전>컴퓨터의 순서이다.

ㄴ. 2020년 대비 2022년에 수출액 비중이 상승한 품목은 가전, 무선통신기기, 반도체, 일반기계, 자동차, 자동차부품, 컴퓨터로 총 7개이다.

오답분석

ㄷ. 2020년과 2021년의 1위 품목은 선박류, 2위 품목은 평판디스플레이로 동일하나, 3, 4, 5위를 보면 2020년은 3위 석유화학, 4위 반도체, 5위 무선통신기기이고 2021년은 3위 반도체, 4위 석유화학, 5위 무선통신기기이므로 다르다.

03

정답 ①

2022년 13대 수출 주력 품목 중 전체 수출액에서 차지하는 비중이 가장 작은 품목은 가전이며, 그 비중은 2.12%이다.

∴ $600,000\times\dfrac{212}{10,000}=12,720$백만 달러

04

정답 ④

일반기계의 세계수출시장 점유율은 $3.19\% \rightarrow 3.25\% \rightarrow 3.27\%$로 매년 증가하고 있다.

05

정답 ①

2020~2022년의 컴퓨터 수출액은 다음과 같다.

• 2020년 : $420,000\times\dfrac{225}{10,000}=9,450$백만 달러

• 2021년 : $446,000\times\dfrac{212}{10,000}=9,455.2$백만 달러

• 2022년 : $415,000\times\dfrac{228}{10,000}=9,462$백만 달러

따라서 컴퓨터 수출액이 큰 순서대로 나열하면 2022년>2021년>2020년 순서이다.

06

정답 ④

2016년부터 2021년까지 평균 지진 발생 횟수는 $(42+52+56+93+49+44)\div6=56$

∴ $492\div56≒8.8$

① 2019년부터 2년간 지진 횟수는 감소했다.
② 2019년의 지진 발생 횟수는 93회이고 2018년의 지진 발생 횟수는 56회이다. 2019년에는 2018년보다 지진이 $93-56=37$회 더 발생했다.
③ 2022년에 일어난 규모 5.8의 지진이 2016년 이후 우리나라에서 발생한 지진 중 가장 강력한 규모이다.

07

- A의 증감률 : 0%
- B의 증감률 : $(1,337-28) \div 28 \times 100 = 4,675\%$
- C의 증감률 : $(16,377-10,855) \div 10,855 \times 100 = 50.87\%$
- D의 증감률 : $(28,883-21,342) \div 21,342 \times 100 = 35.33\%$
- E의 증감률 : $(1,474-677) \div 677 \times 100 = 117.73\%$

증감률이 0%인 A가 상급종합병원, 증감률이 가장 큰 B가 요양병원이다. 남겨진 C, D, E의 증감률을 비교했을 때 E>C>D이므로 C가 내과의원, D가 치과의원, E가 신경과의원이다.

08

가구 인터넷 보급률은 2018년에는 81.8%, 2019년에는 82.1%, 2020년에는 79.8%, 2021년에는 81.6%로 증감을 반복하였다.

① 인터넷 보급률은 2020년에 감소했다가 2021년부터 증가하였다.
② 2015년 가구 컴퓨터 보유율은 80.9%이고, 2020년은 80.6%이다.
③ 2022년에는 가구 인터넷 보급률이 2020년에 비해 $84.4-79.8=4.6\%p$ 증가하였다.

09

- 고속버스를 이용할 경우 : 68,400(어른요금 2명)+34,200(아동요금 2명)=102,600원
- 승용차를 이용할 경우 : 87,156원(경차), 99,706원(경차 외)

따라서 4인 가족이 고속버스를 이용하면 승용차를 이용하는 것보다 금액이 더 비싸다.

① ·경차를 이용할 경우 : 74,606+12,550=87,156원
　·경차 외 승용차를 이용할 경우 : 74,606+25,100=99,706원
③ ·어른 두 명이 고속버스를 이용할 경우 : 68,400원
　·어른 두 명이 경차를 이용할 경우 : 74,606+12,550=87,156원
④ KTX를 이용할 경우 114,600+57,200=171,800원으로, 교통수단 중 가장 비용이 많이 든다.

10

- 2016년과 2017년에 일본을 방문한 중국인 총 관광객 수 : 830,000+450,000=1,280,000명
- 2016년과 2017년에 한국을 방문한 중국인 총 관광객 수 : 1,010,000+1,310,000=2,320,000명

따라서 한국을 방문한 중국인 총 관광객 수가 더 많다.

② 2017년부터 2020년까지 계속 증가하였다.
③ 2017년 감소, 2018년 증가, 2019년 감소, 2020년 증가 추세를 보인다.
④ 2020년 중국 국적의 방한 관광객은 4,770,000명으로, 조사기간 중 가장 많다.

01	02	03	04	05	06	07	08	09	10
②	③	③	③	③	③	④	③	④	③
11	12	13	14	15	16	17	18	19	20
②	③	①	③	①	②	③	③	①	④

01 정답 ②

제3항부터 다음과 같은 규칙을 가지고 있다.
$(n-2)$항$+(n-1)$항$-2=(n)$항, $n≥3$
따라서 ( )$=22+33-2=53$이다.

02 정답 ③

앞의 항$+$뒤의 항$=$다음 항
따라서 ( )$=-3+-5=-8$이다.

03 정답 ③

$\underline{A\ B\ C\ D} \rightarrow A÷B=C÷D$
따라서 ( )$=3×8=24$이다.

04 정답 ③

$÷2$, $+10$이 반복되는 수열이다.
따라서 ( )$=15+10=25$이다.

05 정답 ③

앞의 항에 6, 5, 4, 3, 2, 1 …을 더하는 수열이다.
따라서 ( )$=5+1=6$이다.

06 정답 ③

홀수 항은 9씩 더하는 수열이고, 짝수 항은 10씩 더하는 수열이다.
따라서 ( )$=(-20)+9=-11$이다.

07 정답 ④

앞의 항에 2^5, 2^4, 2^3, 2^2, 2^1, 2^0 …을 더하는 수열이다.
따라서 ( )$=72+2^0=73$이다.

08 정답 ③

$\underline{A\ B\ C} \rightarrow A×B=C$
따라서 ( )$=\dfrac{2}{5}×\dfrac{5}{6}=\dfrac{1}{3}$이다.

09 정답 ④

$\underline{A\ B\ C} \rightarrow B=(A-C)÷2$
따라서 ( )$=(15+11)÷2=13$이다.

10 정답 ③

홀수 항은 3씩 빼는 수열이고, 짝수 항은 7씩 더하는 수열이다.
따라서 ( )$=7-3=4$이다.

11 정답 ②

홀수 항은 3씩 더하는 수열이고, 짝수 항은 4씩 빼는 수열이다.
따라서 ( )$=0-4=-4$이다.

12 정답 ③

앞의 항에 $3×2^0$, $3×2^1$, $3×2^2$, $3×2^3$, $3×2^4$, $3×2^5$ …을 더하는 수열이다.
따라서 ( )$=106+3×2^5=202$이다.

13 정답 ①

-7, $+4$가 반복되는 수열이다.
따라서 ( )$=24+4=28$이다.

14 정답 ③

홀수 항은 2씩 나누는 수열이고, 짝수 항은 8씩 더하는 수열이다.
따라서 ( )$=64÷2=32$이다.

15 정답 ①

$\underline{A\ B\ C} \rightarrow B^2=A-C$
따라서 ( )$=\sqrt{8-(-1)}=3$이다.

PART 2

16

앞의 항에 ×1, +1, ×2, +2, ×3, +3, ×4, +4 …를 하는 수열이다.
따라서 (   )=45×4=180이다.

17

홀수 항은 2씩 빼고, 짝수 항은 2씩 더하는 수열이다.

ㅈ	ㄷ	ㅅ	ㅁ	ㅁ	(ㅅ)
9	3	7	5	5	7

18

홀수 항은 2씩 곱하고, 짝수 항은 3씩 빼는 수열이다.

E	N	(J)	K	T	H
5	14	10	11	20	8

19

홀수 항은 3씩 더하고, 짝수 항은 1씩 빼는 수열이다.

ㅁ	ㅕ	ㅇ	ㅓ	(ㅋ)	ㅑ
5	4	8	3	11	2

20

앞의 항에 2씩 더하는 수열이다.

J	L	N	(P)	R	T
10	12	14	16	18	20

06 시각적주의집중력

01	02	03	04	05	06	07	08	09	10
②	③	③	④	③	①	①	①	②	①
11	12	13	14	15	16	17	18	19	20
③	②	③	②	④	④	②	②	③	②

01

정답 ②

오답분석

① 알로줄제탈독장불
③ 알로줄정탈독장블
④ 알루줄제탈독장블

02

정답 ③

오답분석

① A98X4ED9
② A99X4DD9
④ A98X4DD7

03

정답 ③

오답분석

① BM90425584_2
② RM90425584_3
④ RM90425584－2

04

정답 ④

6 Yishum Industrlal Street 1, #02－01

05

정답 ③

Amonium Bikarbanat E503(ii)

06

정답 ①

서울 강동구 임원동 355－14

07

정답 ①

좌우 문자열 같음

08

정답 ①

좌우 문자열 같음

09

정답 ②

アヒナニヌネラパ － アピナニヌネラパ

10

정답 ①

①m⑨②y⑨ip － ①m⑨⑤y⑨ip

11

정답 ③

ざしでぱやゆめは － ざしでぱやゆぬは
24766558 － 24766538

12

정답 ②

①/④/⑨/1/ － ①/④/⑧/1/

13

정답 ③

앞, 뒤 문자열 둘 다 같음

14

정답 ②

BD＝5＋7＝12

오답분석

① 2＋6＝8
③ 7＋6＝13
④ 4＋9＝13

15

정답 ④

KR＝14＋7＝21

오답분석

① 10＋14＝24
② 8＋15＝23
③ 12＋7＝19

16

FT＝10＋8＝18

오답분석

① 8＋11＝19

② 10＋9＝19

③ 13＋7＝20

17

AU＝6＋15＝21

오답분석

① 6＋12＝18

③ 10＋9＝19

④ 11＋9＝20

18

←	↑	↮	↔	↖	⇐	↮	↛	⇉	⇎	⇐	↔
⇇	⇌	↑	⇎	←	↛	⇎	∼	⇒	⇐	↖	⇉
⇇	↖	↝	⇉	⇒	⇇	⇒	↑	←	⇐	↛	⇎
↑	←	↔	↛	↖	↮	↑	⇌	⇐	⇉	↔	←

19

QO	OQ	FI	HK	FO	SX	KL	LJ	AI	XS	BC	NP
MN	DE	QQ	CU	ER	QO	SV	UU	YW	TJ	AQ	IT
PQ	ZR	BG	EH	SI	QA	QO	RX	WP	VI	JW	PC
FK	QN	YR	AB	XO	CQ	OC	MQ	NJ	QO	GH	DX

20

n	m	j	d	u	n	o	l	b	d	e	s
r	a	l	p	q	x	z	w	i	v	a	b
c	u	v	e	k	j	t	f	h	r	x	m
b	y	g	z	t	n	e	k	d	s	j	p

01	02	03	04	05	06	07	08	09	10
①	④	④	②	②	④	①	④	②	②
11	12	13	14	15	16	17	18	19	20
③	①	③	④	④	③	④	②	④	①

01

정답 ①

제시된 도형을 시계 반대 방향으로 90° 회전한 것이다.

02

정답 ④

제시된 도형을 180° 회전한 것이다.

03

정답 ④

제시된 도형을 시계 방향으로 135° 회전한 것이다.

04

정답 ②

를 시계 반대 방향으로 90° 회전하면 , 이를 좌우 대칭하면 이다.

05

정답 ②

을 시계 반대 방향으로 90° 회전하면 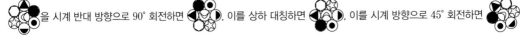, 이를 상하 대칭하면 , 이를 시계 방향으로 45° 회전하면

이다.

06

정답 ④

진리 을 시계 방향으로 90° 회전하면 , 이를 상하 대칭하면 , 이를 거울에 비친 모양은 이다.

07

정답 ①

주어진 입체도형의 단면도는 이고, 보기 중 좌우 대칭했을 때 단면이 같은 것은 ①이다.

08

정답 ④

주어진 입체도형의 단면도는 이고, 보기 중 좌우 대칭했을 때 단면이 같은 것은 ④이다.

09

주어진 입체도형의 단면도는 ⬡ 이고, 보기 중 좌우 대칭했을 때 단면이 같은 것은 ②이다.

10

주어진 도형을 축을 중심으로 좌우 대칭하면 ⬈⬊ 이고, 보기 중 이와 같은 단면도를 가지는 입체도형은 ②이다.

11

주어진 도형을 축을 중심으로 좌우 대칭하면 ⬔ 이고, 보기 중 이와 같은 단면도를 가지는 입체도형은 ③이다.

12

주어진 도형을 축을 중심으로 좌우 대칭하면 ⬠ 이고, 보기 중 이와 같은 단면도를 가지는 입체도형은 ①이다.

13

전개도의 색칠된 면은 한 개이므로, ② · ④는 답이 아님을 쉽게 알 수 있다. ①은 표시가 되어 있는 세 개의 면이 서로 접해 있는데, 전개도에서 세 개의 면이 일직선 위에 있기 때문에 답이 아니다. 따라서 ③이 답이 된다.

14

정오각기둥은 ① · ④인데, 색칠된 면은 하나이기 때문에 ①은 답이 될 수 없으며, ④의 경우 색칠된 부분이 보이지 않는 면에 있기 때문에 정답이 된다.

15

밑면이 정사각형이면서도 옆면의 모양이 전개도와 가장 가까운 입체도형은 ④이다.

16

㉠을 밑면으로 전개도를 접어보면 ③이 답이 됨을 알 수 있다.

17

정답 ④

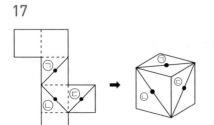

18

정답 ②

19

정답 ④

화살표 방향이 바뀌어야 한다.

20

정답 ①

점 L, M, N, G를 포함하는 면을 밑면으로 하여 접어보면 다음과 같다.

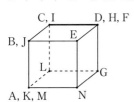

이때, 선분 CD와 맞닿는 것은 선분 IH이다.

01	02	03	04	05	06	07	08	09	10
①	①	②	④	②	①	②	②	③	①
11	12	13	14	15	16	17	18	19	20
④	④	②	①	②	③	④	③	④	④

01
정답 ①

우리(○) 옆에 있는 무대(◎) 안에서 물개(ə=동물)가 물(×)놀이 하는 모습을 관객들(§=사람)이 구경하고 있다.

02
정답 ①

우리(○) 안에는 작은 연못(×)과 무대(◎)가 있고 그 옆에는 조련사(§=사람)와 펭귄 두 마리(ə=동물)가 쉬고 있다.

03
정답 ②

놀이터(◇)에서 어린아이(▷=사람) 두 명이 뛰어 놀고 있다.

04
정답 ④

놀이터(◇) 앞에 아저씨(▷=사람)가 자동차(○=도구)를 주차하고 있다.

05
정답 ②

차(○=도구) 안에 탄 연인(▷=사람)이 서로에게 시계(∞)와 목걸이(■)를 선물하고 있다.

06
정답 ①

철수 의 대학교 전공과목 은 물리학 이다 → ＼∑∴／☆◇♠

07
정답 ②

영희 와 함께 경제학 수업 을 매주 월요일 에 듣는다 → ■●◆＼∬ㅁ⊂⊐※○

08
정답 ②

대학교(∴)물리학(◇)수업(∬)은(☆)매주(⊂)수요일(★)에(※)있다(／)

09
정답 ③

물리학(◇)과(●)경제학(＼)은(☆)철수(＼)와(●)영희(■)의(∑)대학교(∴)전공과목(／)이다(♠)

10
정답 ①

바느질 → ㅂㅏㄴㅡㅈㅣㄹ → ECzgya2

11

정답 ④

줄탁동기 → ㅈㅜㄹㅌㅏㄱㄷㅗㅇㅣ → yF2KC1vXe1a

12

정답 ④

E6yzCiF → ㅂㅓㅈㅅㅏㅁㅜ (벚나무)

13

정답 ②

1He5C2w6 → ㄱㅕㅇㅊㅏㄹㅅㅓ (경찰서)

14

정답 ①

∈ : 음절 초성마다 +1
⊐ : 각 자리에서 모음 대칭
⊞ : 두 번째 음절과 네 번째 음절 위치 바꾸기
⊠ : 두 번째 음절 맨 마지막으로 보내기

마리오　　　→　　　마오리　　　→　　　머우리
　　　　　⊠　　　　　　　　　⊐

15

정답 ②

포트폴리오　　　→　　　호프홀미조　　　→　　　호미홀프조
　　　　　∈　　　　　　　　　⊞

16

정답 ③

아이작뉴턴　　　→　　　아뉴작이턴　　　→　　　어뇨적이탄　　　→　　　어적이탄뇨
　　　⊞　　　　　　　　　⊐　　　　　　　　　⊠

17

정답 ④

◁ : 각 자릿수 +2, +1, +1, +2
♧ : 1234 → 3412
▲ : 각 자릿수 −4, −3, −2, −1
▫ : 1234 → 1324

ㄷ5ㅇ6　　　→　　　ㅁ6ㅈ8　　　→　　　ㄱ3ㅅ7
　　　◁　　　　　　　　　▲

18

정답 ③

○2ㄴ8 → ○ㄴ28 → 28○ㄴ
      □   ♧

19

정답 ④

ㅅ7ㄷ3 → ㄷ4ㄱ2 → ㄷㄱ42
   ▲   □

20

정답 ④

ㄱKN2 → N2ㄱK → P3ㄴM
   ♧   ◁

01 언어이해

01	02	03	04	05	06	07	08	09	10
②	①	③	④	③	①	①	②	④	①
11	12	13	14	15	16	17	18	19	20
③	①	②	④	①	④	②	③	④	④
21	22	23	24	25	26	27	28	29	30
②	③	②	④	④	④	②	②	④	③

01 정답 ②

• 촉망 : 잘되기를 기대하거나 그런 대상
• 기대 : 어떤 일이 원하는 대로 이루어지기를 바라면서 기다림

오답분석
① 사려 : 어떤 일에 대하여 깊이 생각함 또는 그런 생각
③ 환대 : 정성껏 맞이하여 후하게 대접함
④ 부담 : 의무나 책임을 짐

02 정답 ①

• 개선 : 잘못된 것이나 부족한 것, 나쁜 것 따위를 고쳐 더 좋게 만듦
• 개량 : 나쁜 점을 보완하여 더 좋게 고침

오답분석
② 부족 : 필요한 양이나 기준에 미치지 못해 충분하지 아니함
③ 허용 : 허락하여 너그럽게 받아들임
④ 승낙 : 청하는 바를 들어줌

03 정답 ③

• 살강 : 그릇을 얹어 놓기 위하여 부엌의 벽 중턱에 드린 선반
• 시렁 : 물건을 얹어 놓기 위하여 방이나 마루 벽에 두 개의 긴 나무를 가로질러 선반처럼 만든 것

오답분석
① 옴팡 : 초가나 오두막 따위의 작은 집

② 부뚜막 : 아궁이 위에 솥을 걸어 놓는 언저리
④ 상고대 : 나무나 풀에 내려 눈처럼 된 서리

04 정답 ④

• 빌미 : 재앙이나 탈 따위가 생기는 원인
• 화근 : 재앙의 근원

오답분석
① 총기 : 총명한 기운. 또는 좋은 기억력
② 걸식 : 음식 따위를 빌어먹음. 또는 먹을 것을 빎
③ 축의 : 축하하는 뜻을 나타내기 위하여 행하는 의식 또는 축하한다는 의미로 내는 돈이나 물건

05 정답 ③

• 일치하다 : 비교되는 대상들이 서로 어긋나지 아니하고 같거나 들어맞다.

오답분석
① 주저하다 : 머뭇거리며 망설이다.
② 실신하다 : 병이나 충격 따위로 정신을 잃다.
④ 조치하다 : 벌어지는 사태를 잘 살펴서 필요한 대책을 세워 행하다.

06 정답 ①

• 선행하다 : 어떠한 것보다 앞서 가거나 앞에 있다.

오답분석
② 이행하다 : 실제로 행하다.
③ 기술하다 : 대상이나 과정의 내용과 특징을 있는 그대로 열거하거나 기록하여 서술하다.
④ 조망하다 : 먼 곳을 바라보다.

07 정답 ①

• 비난하다 : 남의 잘못이나 결점을 책잡아서 나쁘게 말하다.

오답분석

② 부르다 : 말이나 행동 따위로 다른 사람의 주의를 끌거나
　 오라고 하다.

③ 일어나다 : 누웠다가 앉거나, 앉았다가 서다.

④ 비열하다 : 사람의 행동이나 성품이 천하고 졸렬하다.

08 　 정답 ②

• 침착 : 행동이 들뜨지 아니하고 차분함

• 경망 : 행동이나 말이 가볍고 조심성이 없음

오답분석

① 착수 : 어떤 일에 손을 댐. 또는 어떤 일을 시작함

③ 차분 : 마음이 가라앉아 조용함

④ 침전 : 액체 속 물질이 밑바닥에 가라앉음. 또는 그 물질

09 　 정답 ④

• 철폐(撤廢) : 어떤 제도나 규정 따위를 폐지함

• 제정(制定) : 제도나 법률 따위를 만들어 정함

오답분석

① 혹사(酷使) : 혹독하게 일을 시킴

② 취소(取消) : 발표한 의사를 거두어들이거나 예정된 일을
　 없애 버림

③ 피폐(疲弊) : 지치고 쇠약해짐

10 　 정답 ①

• 연장(延長) : 시간 · 길이를 길게 늘임

• 단축(短縮) : 시간 · 거리 따위가 짧게 줄어듦. 또는 줄임

오답분석

② 객사(客舍) : 나그네들이 묵을 수 있는 객지의 숙소

③ 혼탁(混濁) : 맑지 않고 흐림

④ 집산(集散) : 모여듦과 흩어짐

11 　 정답 ③

• 긴장(緊張) : 마음을 조이고 정신을 바짝 차림

• 해이(解弛) : 긴장이나 규율 따위가 풀려 마음이 느슨함

오답분석

① 골몰(汨沒) : 다른 생각을 할 여유 없이 한 곳에만 정신을
　 쏟음

② 몰두(沒頭) : 어떤 일에 온 정신을 다 기울여 열중함

④ 몰각(沒却) : 아주 없애 버림

12 　 정답 ①

• 민주주의 : 국민이 주권을 가지고 스스로 권력을 행사하
　 는 제도

• 전제주의 : 군주가 아무런 제약 없이 권력을 행사하는 제도

오답분석

② 폭정(暴政) : 포악한 정치

③ 압제(壓制) : 권력이나 폭력으로 남을 꼼짝 못하게 누름

④ 사회주의 : 생산수단을 사회가 소유하여 노동으로 얻은
　 이익을 각 구성원에게 배분하는 제도

13 　 정답 ②

• 무람없다 : 예의를 지키지 않으며 삼가고 조심하는 것이
　 없다.

• 정중하다 : 태도나 분위기가 점잖고 엄숙하다.

오답분석

④ 물색없다 : 말이나 행동이 형편이나 조리에 맞는 데가
　 없다.

14 　 정답 ④

• 호젓하다 : 후미져서 무서움을 느낄 만큼 고요하다.

• 복잡하다 : 복작거리어 혼잡스럽다.

오답분석

② 후미지다 : 물가나 산길이 휘어서 굽어 들어간 곳이 매우
　 깊다.

③ 고적하다 : 외롭고 쓸쓸하다.

15 　 정답 ①

종이나 천둥, 벨 따위가 소리를 내다.

오답분석

② 기쁨, 슬픔 따위의 감정을 억누르지 못하거나 아픔을 참
　 지 못하여 눈물을 흘리다. 또는 그렇게 눈물을 흘리면서
　 소리를 내다.

③ 물체가 바람 따위에 흔들리거나 움직여 소리가 나다.

④ 짐승, 벌레, 바람 따위가 소리를 내다.

16 　정답 ④

어떤 기준이나 정도에 어긋나지 아니하게 하다.

오답분석

① 서로 떨어져 있는 부분을 제자리에 맞게 대어 붙이다.
② 둘 이상의 일정한 대상들을 나란히 놓고 비교하여 살피다.
③ 일정한 규격의 물건을 만들도록 미리 주문을 하다.

17 　정답 ②

재료나 소재에 노력이나 기술 따위를 들여 목적하는 사물을 이루다.

오답분석

① 규칙이나 법, 제도 따위를 정하다.
③ 돈이나 일 따위를 마련하다.
④ 허물이나 상처 따위를 생기게 하다.

18 　정답 ③

시간적으로 사이가 오래 걸리거나 길다.

오답분석

① 시력이나 청력 따위를 잃다.
② 거리가 많이 떨어져 있다.
④ 사람과 사람 사이가 서먹서먹하다.

19 　정답 ④

(비유적으로) 차분하지 못하고 어수선하게 들떠 가라앉지 않게 되다.

오답분석

① 물속이나 지면 따위에서 가라앉거나 내려앉지 않고 물 위나 공중에 있거나 위쪽으로 솟아오르다.
② 감았던 눈을 벌리다.
③ '죽다'를 완곡하게 이르는 말

20 　정답 ④

남에게 어떤 자격이나 권리, 점수 따위를 가지게 하다.

오답분석

① 물건 따위를 남에게 건네어 가지거나 누리게 하다.
② 좋지 아니한 영향을 미치게 하다.
③ 실이나 줄 따위를 풀리는 쪽으로 더 풀어내다.

21 　정답 ②

영향, 에너지 등이 어떠한 대상에 가하여지다.

오답분석

①·③·④ 공간적 거리나 수준이 일정한 선에 닿다.

22 　정답 ③

방법이나 수단

오답분석

① 도중, 과정, 중간을 의미하는 말
② 일이나 생활, 행동 등의 방향이나 지침
④ 시간이나 공간을 거치는 과정

23 　정답 ②

논과 밭의 넓이를 세는 단위는 '마지기'이다.

오답분석

① 가마니 : 곡식이나 소금 따위를 용기에 담아 그 분량을 세는 단위
③ 바리 : 놋쇠로 만든 여자의 밥그릇
④ 자밤 : 나물이나 양념 따위를 손가락 끝으로 집을 만한 분량을 세는 단위

24 　정답 ④

제시문에서 '해인사의 자락을 풍채가 수려한 위인이 칼을 잡고 설교하는 것 같다.'고 묘사한 것과 '거룩하다'고 표현한 것을 통해 '성스러운' 분위기를 느낄 수 있다.

25 　정답 ④

• 사금파리 : 사기그릇의 깨어진 작은 조각

오답분석

① 주전부리 : 맛이나 재미, 심심풀이로 먹는 음식
② 사시랑이 : 가늘고 약한 물건이나 사람
③ 마수걸이 : 맨 처음으로 물건을 파는 일 또는 거기서 얻는 소득

26
정답 ④

㉠에는 대가 촘촘하게 자란 모습을 묘사하는 말이, ㉡에는 소나무가 우거진 모습을 묘사하는 말이 와야 한다. 따라서 '빽빽이', '무성히' 둘 다 ㉠, ㉡ 어디든 쓰일 수 있다. ㉢은 바로 뒤에 오는 '훤해졌다'를 꾸며주는 부사가 와야 할 자리인데, 해당 문장의 뉘앙스로 보아 이전보다 훨씬 훤해진 다산의 모습을 표현해 줄 수 있는 어휘가 필요하다. ㉣에는 '본디부터'라는 의미를 포함하고 있는 '워낙에'가 오는 것이 적절하므로 ④가 답이 된다.

27
정답 ②

빈칸 뒤에 제시된 '좋다(Good)'라는 낱말은 빈칸 앞에 서술한 글쓴이의 주장을 뒷받침하기 위한 하나의 예시이다. 따라서 빈칸에는 '예를 들어'가 오는 것이 자연스럽다.

28
정답 ②

빈칸의 내용 때문에 불꽃의 색을 분리시키는 분석법을 창안해 냈으므로, 불꽃의 색이 여럿 겹쳐 보이는 게 문제였음을 추측할 수 있다.

29
정답 ④

제시문은 절차의 정당성을 근거로 한 과도한 권력, 즉 무제한적 민주주의에 대해 비판하면서 권력의 제한이 필요하다고 말하고 있다. 이에 따라 본래의 민주주의에 대한 설명이 들어가야 하는 빈칸에는 권력을 견제할 수 있다는 내용이 포함된 ④가 들어가는 것이 가장 적절하다.

30
정답 ③

빈칸 뒤가 '따라서'로 연결돼 있으므로, '사회적 제도의 발명이 필수적이다.'를 결론으로 낼 수 있는 논거가 들어가야 하며, 이에 적절한 것은 ③이다.

02 언어추리

01	02	03	04	05	06	07	08	09	10
①	④	①	②	④	①	②	④	④	③
11	12	13	14	15	16	17	18	19	20
④	①	①	③	②	②	③	④	③	④
21	22	23	24	25					
④	④	③	①	③					

01
정답 ①

이 문제는 단순한 어휘 의미, 어휘 관계뿐만 아니라 배경 지식도 필요한 문제이며, 제시된 낱말은 비유적 대립 관계이다.
· '자유'는 '빵'보다 귀하다.
· 배고픈 '소크라테스'가 배부른 '돼지'보다 낫다.

02
정답 ④

'고전주의'와 '낭만주의'는 상대적인 개념이고, '보수'와 '진보'도 상대적인 개념이다.

03
정답 ①

남이 하는 말이나 행동을 그대로 옮기는 짓을 뜻하는 '흉내'는 '시늉'과 유의 관계이고, 권하여 장려함을 뜻하는 '권장'은 '장려'와 유의 관계이다.

04
정답 ②

성질이 찬찬하고 얌전하다는 뜻의 '참하다'는 '얌전하다'와 유의 관계이며, 단아하며 깨끗하다는 뜻의 '아결하다'는 '고결하다'와 유의 관계이다.

05
정답 ④

제시된 단어는 재료와 결과물의 관계이다. '과일'로 '화채'를 만들고, '쌀'로 '식혜'를 만든다.

06
정답 ①

땅이 걸고 기름짐을 뜻하는 '비옥'은 '척박'과 반의 관계이고, 보태거나 채워서 본디보다 더 튼튼하게 함을 뜻하는 '보강'은 '상쇄'와 반의 관계이다.

PART 2

07

두 번째 명제에 의하면 똑똑하고 착한 남자는 인기가 많다. 그런데 다섯 번째 명제에 의하면 철수는 착하다는 조건을 충족함에도 불구하고 인기가 없다. 따라서 철수는 똑똑하지 않은 사람이 된다. 또한, 세 번째 명제에 따라 인기가 많지 않지만 멋진 남자는 '없으므로', 인기 없는 철수는 멋진 남자일 수 없다. 그러므로 '철수는 멋지거나 똑똑하다.'는 명제는 반드시 거짓이다.

오답분석
③ 네 번째 명제에 의하면 순이는 똑똑하지만 멋지지 않은 사람이다.
④ 첫 번째 명제에 의하면 착하고 똑똑한 여자는 인기가 많다. 그리고 네 번째 명제에 의하면 순이는 똑똑하다. 따라서 만약 순이가 인기가 많지 않다면 순이는 '착하다'는 조건을 충족시키지 못한 것이다.

08

정답 ④

첫 번째 명제에 따라 빵을 좋아하는 사람은 우유를 좋아하고, 두 번째 명제의 대우에 따라 우유를 좋아하는 사람은 주스를 좋아하지 않는다. 또한 세 번째 명제에 따라 주스를 좋아하지 않는 사람은 치즈를 좋아한다. 따라서 삼단논법에 따라 빵을 좋아하는 사람은 치즈를 좋아한다.

09

정답 ④

수학을 잘하는 사람은 컴퓨터를 잘하고, 컴퓨터를 잘하는 사람은 사탕을 좋아한다. 따라서 수학을 잘하는 사람은 사탕을 좋아한다.

10

정답 ③

성준이는 볼펜을 좋아하고, 볼펜을 좋아하는 사람은 수정테이프를 좋아한다. 따라서 성준이는 수정테이프를 좋아한다.

11

정답 ④

모든 1과 사원은 가장 실적이 많은 2과 사원보다 실적이 많다. 3과 사원 중 일부는 가장 실적이 많은 2과 사원보다 실적이 적다. 따라서 3과 사원 중 일부는 모든 1과 사원보다 실적이 적다.

12

정답 ①

첫 번째 명제의 대우 명제는 '팀플레이가 안 되면 패배한다.'이다. 삼단논법이 성립하려면 '패스하지 않으면 팀플레이가 안 된다.'라는 명제가 필요한데, 이 명제의 대우 명제는 ①이다.

13

정답 ①

삼단논법이 성립하려면 '호감을 못 얻으면 타인에게 잘 대하지 않은 것이다.'라는 명제가 필요한데 이 명제의 대우 명제는 ①이다.

14

정답 ③

세 번째 명제의 대우 명제는 '너무 많이 먹으면 둔해진다.'이다. 삼단논법이 성립하려면 '살이 찌면 둔해진다.'라는 명제가 필요하다.

15

정답 ②

가장 낮은 층부터 순서대로 나열하면 갑<병<을<정이다.
• A : 을이 3층에 살 수도 있지만 을이 4층에 살고 정이 5층에 살 수도 있으므로 A는 옳은지 틀린지 알 수 없다.
• B : 정은 4층이나 5층에 산다.

16

정답 ②

ⅰ) 경우 1

전주	강릉	춘천	부산	안동	대구

ⅱ) 경우 2

부산	안동	춘천	전주	강릉	대구

• A : 부산이 네 번째 여행지였다면 경우 1로, 전주는 첫 번째 여행지가 된다.
• B : 부산이 첫 번째 여행지였다면 경우 2로, 강릉은 다섯 번째 여행지가 된다.

17

정답 ③

• A : 스페인어를 잘하면 영어를 잘하고, 영어를 잘하면 중국어를 못한다고 했으므로 옳다.
• B : 일본어를 잘하면 스페인어를 잘하고, 스페인어를 잘하면 영어를 잘하며, 영어를 잘하면 중국어를 못한다고 했으므로 옳다.
따라서 A, B 판단은 모두 옳다.

18

정답 ④

제시된 조건을 정리하면 다음과 같다.

ⅰ) 경우 1

F	A, C	
D	B, G	E

ⅱ) 경우 2

F	A, E	
D	B, G	C

- A : 어떤 경우에도 1층에는 4명이 있다.
- B : A가 방을 혼자 사용하는 경우는 없다.

따라서 A, B 판단 모두 옳지 않다.

19

정답 ③

가장 먼저 물건을 고를 수 있는 동성이 세탁기를 받을 경우와 컴퓨터를 받을 경우로 나누어 생각해 볼 수 있다.

ⅰ) 동성이가 세탁기를 받을 경우 : 현규는 드라이기를 받게 되고, 영희와 영수는 핸드크림 또는 로션을 받게 되며, 미영이는 컴퓨터를 받게 된다.

ⅱ) 동성이가 컴퓨터를 받을 경우 : 동성이 다음 순서인 현규가 세탁기를 받을 경우와 컴퓨터를 받을 경우로 나누어 생각해 볼 수 있다.

  - 현규가 세탁기를 받을 경우 : 영희와 영수는 로션 또는 핸드크림 중 하나를 각각 가지게 되고, 미영이는 드라이기를 받게 된다.
  - 현규가 드라이기를 받을 경우 : 영희와 영수는 로션 또는 핸드크림을 각각 가지게 되고, 미영이는 세탁기를 받게 된다.

따라서 미영이가 드라이기를 받는 경우도 존재한다.

오답분석

④ 영수와 영희가 원하는 물건은 핸드크림과 로션으로, 영희가 먼저 물건을 고를 수 있기 때문에 영수는 핸드크림과 로션 중 남은 물건을 받게 되어 선택권이 없다.

20

정답 ④

갑, 을, 병, 정, 무가 면접실 의자에 앉을 수 있는 경우는 다음과 같다.

1	2	3	4	5	6	7	8
	병	무	을		정	갑	
	병	무		을	정		갑
						정	
	병	무	갑		정	을	
갑	무	병	을		정		
						정	

오답분석

① 주어진 조건으로 4, 5, 7번에 을이 앉을 수 있으나 을이 4번에 앉을지 5, 7번에 앉을지 확실히 알 수 없다.

② 갑과 병은 이웃해 앉지 않으므로 1번에 앉을 수 없다.

③ 주어진 조건으로 을과 정이 나란히 앉게 될지 아닐지 확실히 알 수 없다.

21

정답 ④

지하철에는 D를 포함한 두 사람이 탄다는 것을 알 수 있는데, B가 탈 수 있는 교통수단은 지하철뿐이므로 지하철에는 D와 B가 타고, B 또는 D가 회계에 지원했다는 것을 알 수 있다. 그리고 버스와 택시가 지나가는 회사는 마케팅만 중복되고, 택시가 가지 않는 곳은 출판뿐이므로 A는 버스를 탄다는 것을 알 수 있다. 이를 토대로 모든 교통수단을 선택할 수 있는 E는 마케팅을 지원한 것을 알 수 있고, C는 생산 혹은 시설관리를 지원했다는 것을 알 수 있다.

22

정답 ④

첫 번째, 두 번째, 세 번째 조건을 이용하면 (C, E, A, B) 또는 (E, C, A, B) 순서로 서 있음을 알 수 있다. (E, C, A, B)의 경우 첫 번째 조건과 마지막 조건을 동시에 만족시킬 수 없다.

따라서 5명은 C – E – A – B – D 순서로 서 있다.

23

정답 ③

乙과 戊의 진술이 모순되므로 둘 중 한 명은 참, 다른 한 명은 거짓이다. 여기서 乙의 진술이 참일 경우 甲의 진술도 거짓이 되어 두 명이 거짓을 진술한 것이 되므로 문제의 조건에 위배된다. 따라서 乙의 진술이 거짓, 戊의 진술이 참이다.

따라서 A강좌는 乙이, B, C강좌는 甲과 丁이, D강좌는 戊가 담당하고 丙은 강좌를 담당하지 않는다.

24

정답 ①

평균은 전체 과목의 점수를 더한 값에서 과목 수로 나눈 값이다. 영희, 상욱, 수현 모두 영어, 수학, 국어 과목의 시험을 치렀으므로 전체 평균 1등을 한 영희의 총점이 가장 높다.

오답분석

② · ③ · ④ 등수는 알 수 있지만 각 점수는 알 수 없기 때문에 점수 간 비교는 불가능하다.

25

정답 ③

왼쪽에서부터 순서대로 1~8번째 칸이라 하면, 주황색은 노란색 꽃 옆에 심을 수 없고 같은 색상은 연속해서 심을 수 없으므로, 3번째 칸에는 분홍색 장미나 분홍색 튤립을 심어야 한다. 만약 3번째 칸에 분홍색 장미를 심으면 5번째 조건에 따라 분홍색 튤립은 6번째 칸에 심어야 하며, 흰색 튤립과 노란색 튤립을 5번째와 7번째 칸에 심어야 하므로 같은 종류를 연속으로 심게 되어 조건에 어긋난다. 따라서 3번째 칸에는 분홍색 튤립, 6번째 칸에는 분홍색 장미를 심어야 한다.

다음으로 노란색 튤립과 흰색 튤립을 각각 5번째와 7번째 칸에 심어야 하는데, 어떤 경우에도 7번째 칸에는 튤립을 심어야 하므로 8번째 칸은 빨간색 장미, 1번째 칸은 빨간색 튤립이 된다. 따라서 다음과 같이 두 가지 경우의 수가 나온다.

ⅰ) 노란색 튤립을 5번째, 흰색 튤립을 7번째에 심는 경우

빨간색 튤립	주황색 백합	분홍색 튤립	흰색 백합	노란색 튤립	분홍색 장미	흰색 튤립	빨간색 장미

ⅱ) 흰색 튤립을 5번째, 노란색 튤립을 7번째에 심는 경우

빨간색 튤립	흰색 백합	분홍색 튤립	주황색 백합	흰색 튤립	분홍색 장미	노란색 튤립	빨간색 장미

따라서 노란색 튤립의 옆에 흰색 백합이 오는 경우도 있으므로 ③은 항상 옳은 것은 아니다.

03 수 계산

01	02	03	04	05	06	07	08	09	10
②	①	②	③	④	③	③	②	③	②
11	12	13	14	15					
①	④	③	④	②					

01

$297 \times 23 \div 3 = 2\square77$

$6,831 \div 3 = 2,277$

$\therefore \square = 2$

02
정답 ①

$66 + 77 - 88 \times \square = -825$

$143 - 88 \times \square = -825$

$-88 \times \square = -825 - 143 = -968$

$\square = -968 \div (-88)$

$\therefore \square = 11$

03
정답 ②

$8,510 \div \square + 1,048 = 5,303$

$8,510 \div \square = 5,303 - 1,048 = 4,255$

$\square = 8,510 \div 4,255$

$\therefore \square = 2$

04
정답 ③

$(-3)\square 0.9 = 4 - 6.7$

$(-3)\square 0.9 = -2.7$

$\therefore \square = \times$

05
정답 ④

$\dfrac{4}{10} \times 125 \square 5 = 10$

$\dfrac{500}{10} \square 5 = 10$

$50 \square 5 = 10$

$\therefore \square = \div$

06

정답 ③

7시간이 지났다면 용민이는 $7 \times 7 = 49$km, 효린이는 $3 \times 7 = 21$km를 걸은 것인데 용민이는 호수를 한 바퀴 돌고나서 효린이가 걸은 21km까지 더 걸은 것이다.

따라서 호수의 둘레는 $49 - 21 = 28$km이다.

07

정답 ③

구하는 수를 x라고 하자.

x를 4, 8, 12로 나눈 나머지가 모두 3이므로 $x - 3$은 4, 8, 12의 최소공배수이다. 4, 8, 12의 최소공배수는 24이므로 $x - 3 = 24$ 이다.

$\therefore x = 27$

08

정답 ②

54와 78의 최소공배수 : 702

$\therefore 702 \div 78 = 9$바퀴

09

정답 ③

연속하는 세 홀수를 $x - 2$, x, $x + 2$라고 하자.

$x - 2 = (x + 2 + x) - 11$

$\rightarrow x - 2 = 2x - 9 \rightarrow x = 7$

따라서 연속하는 세 홀수는 5, 7, 9이므로 가장 큰 수는 9이다.

10

정답 ②

지혜와 윤호가 하루에 할 수 있는 일의 양은 각각 $\frac{1}{4}$, $\frac{1}{6}$이다.

윤호가 x일 동안 일한다고 하자.

$\frac{1}{4} \times 2 + \frac{1}{6} \times x = 1 \rightarrow \frac{1}{2} + \frac{x}{6} = 1$

$\rightarrow \frac{x}{6} = \frac{1}{2} \rightarrow x = 3$

$\therefore$ 3일

11

정답 ①

올라갈 때 걸은 거리를 x라 하자.

$\frac{x}{3} + \frac{x + 5}{4} = 3 \rightarrow 4x + 3x + 15 = 36 \rightarrow x = 3$

$\therefore$ 3km

12

정답 ④

분속 80m로 걸은 거리를 x라고 하자.

$\frac{x}{80} + \frac{2,000 - x}{160} = 20 \rightarrow x = 1,200$

따라서 분속 80m로 걸은 거리는 1,200m이다.

13

정답 ③

A의 1일 작업량은 $\dfrac{1}{40}$, B의 1일 작업량은 $\dfrac{1}{20}$이다. A로만 작업한 날을 x일, B로만 작업한 날을 y일이라고 하자.

$\dfrac{1}{40}x+\dfrac{1}{20}y=1$ ··· ㉠

$x+y=21$ ··· ㉡

㉠과 ㉡을 연립하여 풀면

$x=2$, $y=19$

따라서 B포크레인으로 19일 동안 작업하였다.

14

정답 ④

갑, 을, 병이 각각 꺼낸 3장의 카드에 적힌 숫자 중 갑이 꺼낸 카드에 적힌 숫자가 가장 큰 수가 되는 경우는 다음과 같다.

ⅰ) 갑이 숫자 2가 적힌 카드를 꺼낼 경우

　　병이 가진 카드에 적힌 숫자는 모두 2보다 큰 수이므로 갑이 꺼낸 카드에 적힌 숫자가 가장 큰 수가 되는 경우의 수는 0가지
이다.

ⅱ) 갑이 숫자 5가 적힌 카드를 꺼낼 경우

　　갑이 꺼낸 카드에 적힌 숫자가 가장 큰 수가 되려면 을은 숫자 5보다 작은 숫자인 1이 적힌 카드, 병은 숫자 5보다 작은 숫자
인 3 또는 4가 적힌 카드를 꺼내야 한다. 그러므로 갑이 꺼낸 카드에 적힌 숫자가 가장 큰 수가 되는 경우의 수는 $1 \times 2 = 2$가
지이다.

ⅲ) 갑이 숫자 9가 적힌 카드를 꺼낼 경우

　　을과 병이 가지고 있는 카드에 적힌 숫자가 모두 9보다 작은 수이므로 어떠한 카드를 꺼내도 갑이 꺼낸 카드에 적힌 숫자가
가장 크다. 그러므로 갑이 꺼낸 카드에 적힌 숫자가 가장 큰 수가 되는 경우의 수는 $3 \times 3 = 9$이다.

따라서 카드에 적힌 숫자가 가장 큰 사람이 갑이 되는 경우의 수는 $0 + 2 + 9 = 11$가지이다.

15

정답 ②

인터넷 쇼핑몰의 등록 고객 수를 A명이라 하자. 여성의 수는 $\dfrac{75}{100}A$명, 남성의 수는 $\dfrac{25}{100}A$명이다.

• 여성 등록 고객 중 우수고객의 수 : $\dfrac{75}{100}A \times \dfrac{40}{100} = \dfrac{3,000}{10,000}A$

• 남성 등록 고객 중 우수고객의 수 : $\dfrac{25}{100}A \times \dfrac{30}{100} = \dfrac{750}{10,000}A$

따라서 우수고객 중 여성일 확률은 $\dfrac{\dfrac{3,000}{10,000}A}{\dfrac{3,000}{10,000}A+\dfrac{750}{10,000}A} = \dfrac{3,000}{3,750} = \dfrac{4}{5}$이므로 우수고객 중 80%가 여성이다.

01	02	03	04	05	06	07	08	09	10
①	①	②	④	④	②	①	③	①	③

01

정답 ①

선택지에 나와 있는 연도들의 국제기구 총 진출 인원의 전년 대비 증가율을 구하면 다음과 같다.

연도	전년 대비 증감률
2013년	$\dfrac{316-248}{248}\times100≒27.42$
2017년	$\dfrac{458-398}{398}\times100≒15.08$
2019년	$\dfrac{530-480}{480}\times100≒10.42$
2021년	$\dfrac{571-543}{543}\times100≒5.16$

따라서 국제기구 총 진출 인원의 전년 대비 증가율이 두 번째로 높은 해는 2013년이다.

02

정답 ①

연도별 국제기구 총 진출인원 중 고위직 진출 인원수의 비율은 다음과 같다.

① 2012년 : $\dfrac{36}{248}\times100≒14.5\%$

② 2013년 : $\dfrac{36}{316}\times100≒11.4\%$

③ 2015년 : $\dfrac{40}{353}\times100≒11.3\%$

④ 2017년 : $\dfrac{42}{458}\times100≒9.2\%$

따라서 이 중 비율이 가장 높은 연도는 2012년이다.

03

정답 ②

ㄴ. 2014년과 2015년에는 전년 대비 급여비가 줄어들었다.

ㄷ. 2012년에 전년 대비 급여비가 가장 크게 증가한 것은 공무원연금이다.

오답분석

ㄱ. 표를 통해 쉽게 확인할 수 있다.

ㄹ. 국민연금 급여비는 2014년과 2015년에 줄어들었고, 이 해에는 나머지 공공연금의 급여비도 같이 줄어들었다.

04

정답 ④

• 2021년의 공무원연금 총 급여비 : 6,855,769백만 원
• 2022년의 공무원연금 총 급여비 : 7,876,958백만 원

따라서 2021년 대비 2022년의 공무원연금 총 급여비는 $\dfrac{7,876,958-6,855,769}{6,855,769}\times100≒14.9\%$ 증가했다.

05

정답 ④

실용신안과 디자인은 2021년보다 2021년에 심판청구 건수와 심판처리 건수가 적고, 심판처리 기간은 모든 분야가 2021년이 가장 길다.

오답분석

① 자료를 통해 쉽게 확인할 수 있다.

② 2021년과 2022년에는 심판처리 건수가 더 많았다.

③ 실용신안의 심판청구 건수와 심판처리 건수가 이에 해당한다.

06

정답 ②

2019년 실용신안 심판청구 건수가 906건이고, 2022년 실용신안 심판청구 건수가 473건이므로

감소율은 $\frac{906-473}{906} \times 100 ≒ 47.8\%$이다.

07

정답 ①

2019년부터 2022년까지 상표에 대한 심판청구 건수의 총합은 22,073건이고, 같은 기간 동안의 상표에 대한 심판처리 건수의 총합은 22,632건이므로 차이는 $22,632 - 22,073 = 559$건이다.

08

정답 ③

주어진 자료를 바탕으로 매장 개수를 정리하면 다음과 같다.

지역	2019년 매장 수	2020년 매장 수	2021년 매장 수	2022년 매장 수
서울	15	17	19	17
경기	13	15	16	14
인천	14	13	15	10
부산	13	11	7	10

따라서 2019년 매장 수가 두 번째로 많은 지역은 인천이며, 매장 수는 14개이다.

09

정답 ①

2017년부터 2022년의 당기순이익을 매출액으로 나눈 수치는 다음과 같다.

• 2017년 : $170 \div 1,139 ≒ 0.15$

• 2018년 : $227 \div 2,178 ≒ 0.1$

• 2019년 : $108 \div 2,666 ≒ 58.04$

• 2020년 : $(-266) \div 4,456 ≒ -0.06$

• 2021년 : $117 \div 3,764 ≒ 0.03$

• 2022년 : $65 \div 4,427 ≒ 0.01$

즉, 2017년의 수치가 가장 크므로 다음 해인 2018년의 투자 규모가 가장 클 것이다.

10

정답 ③

2017년부터 공정자산총액과 부채총액의 차를 각각 순서대로 나열하면 952, 1,067, 1,383, 1,127, 1,864, 1,908이다. 따라서 2022년이 가장 크다.

오답분석

① 2021년과 2022년의 자본금은 전년 대비 감소했다.
② 직전 해에 비해 당기순이익이 가장 많이 증가한 해는 2021년이다.
④ 총액 규모가 가장 큰 것은 공정자산총액이다.

05 수열추리

01	02	03	04	05	06	07	08	09	10
②	④	④	③	②	①	③	④	①	②
11	12	13	14	15	16	17	18	19	20
②	④	④	②	②	④	④	①	④	④

01 정답 ②
앞의 항×뒤의 항=다음 항
따라서 ( )=3×5=15이다.

02 정답 ④
×2+7, ×2−1이 반복되는 수열이다.
따라서 ( )=17×2+7=41이다.

03 정답 ④
+8, ÷2가 반복되는 수열이다.
따라서 ( )=7+8=15이다.

04 정답 ③
÷2, ×(−4)가 반복되는 수열이다.
따라서 ( )=164×(−4)=−656이다.

05 정답 ②
×(−5), ×2+1이 반복되는 수열이다.
따라서 ( )=20×2+1=41이다.

06 정답 ①
$\underline{A\ B\ C} \rightarrow A \times B + 2 = C$
따라서 ( )=(10−2)÷2=4이다.

07 정답 ③
$\underline{A\ B\ C} \rightarrow (A+B) \div 3 = C$
따라서 ( )=6×3−8=10이다.

08 정답 ④
$\underline{A\ B\ C} \rightarrow A \times B - 5 = C$
따라서 ( )=(3+5)÷(−4)=−2이다.

09 정답 ①
$\underline{A\ B\ C} \rightarrow A^2 - C^2 = B$
따라서 ( )=10^2-4^2=84이다.

10 정답 ②
홀수 항은 ×2, 짝수 항은 +3인 수열이다.
따라서 ( )=8×2=16이다.

11 정답 ②
홀수 항은 +1, 짝수 항은 −1인 수열이다.

ㅅ	ㅂ	ㅇ	ㅁ	ㅈ	(ㄹ)
7	6	8	5	9	4

12 정답 ④
홀수 항은 (앞의 항)+(뒤의 항)=(다음 항), 짝수 항은 +2인 수열이다.

E	I	G	K	L	(M)	S
5	9	7	11	12	13	19

13 정답 ④
앞의 항에 +5씩 더하는 수열이다.

F	K	P	U	(Z)
6	11	16	21	26

14 정답 ②
홀수 항은 1씩 더하고, 짝수 항은 2씩 곱하는 수열이다.

D	C	E	F	F	L	(G)	X
4	3	5	6	6	12	7	24

15 정답 ②
앞의 항에 3씩 더하는 수열이다.

A	(D)	G	J	M	P
1	4	7	10	13	16

16

정답 ④

앞의 항에서 5씩 빼는 수열이다.

Z	(U)	P	K	F	A
26	21	16	11	6	1

17

정답 ④

홀수 항은 2씩 더하고, 짝수 항은 4씩 곱하는 수열이다.

c	A	(e)	D	g	P
3	1	5	4	7	16

18

정답 ①

앞의 항에 +3씩 더하는 수열이다.

(I)	L	O	R	U	X
9	12	15	18	21	24

19

정답 ④

앞의 항에 +1, +2, +4, +8, +16 ···씩 더하는 수열이다.

G	H	J	N	V	L	(R)
7	8	10	14	22	38(=12)	70(=18)

20

정답 ④

$A\ B\ C \rightarrow A^2+B^2=C$인 수열이다.

A	B	E	C	D	Y	B	D	(T)
1	2	5	3	4	25	2	4	20

01	02	03	04	05	06	07	08	09	10
③	②	③	②	②	②	③	④	④	②
11	12	13	14	15	16	17	18	19	20
②	②	③	①	①	④	③	②	②	②

01
정답 ③

앞, 뒤 문자열 둘 다 같음

02
정답 ②

<u>不</u>白盤北膜黑子生 － <u>下</u>白盤北膜黑子生

03
정답 ③

Ⅷ Ⅸ Ⅳ Ⅲ Ⅱ <u>Ⅳ</u> Ⅹ Ⅶ － Ⅷ Ⅸ Ⅳ Ⅲ Ⅱ <u>Ⅵ</u> Ⅹ Ⅶ
㉮ ㉯ ㉱ ㉛ ㉲ ㉴ ㉠ ㉾ － ㉮ <u>㉵</u> ㉱ ㉛ ㉲ ㉴ ㉠ ㉾

04
정답 ②

agehd<u>j</u>eghew － agehd<u>f</u>eghew

05
정답 ②

tew<u>n</u>ozks － tew<u>m</u>ozks

06
정답 ②

▣★◎○◇◇<u>□</u>▲ － ▣★◎○◇◇<u>▨</u>▲

07
정답 ③

좌우 문자열 같음

08
정답 ④

Ⅴ Ⅶ <u>Ⅸ</u> Ⅰ Ⅹ Ⅱ Ⅲ <u>Ⅷ</u> Ⅹ Ⅲ － Ⅴ <u>Ⅵ</u> Ⅹ Ⅰ Ⅹ Ⅱ Ⅱ <u>Ⅵ</u> Ⅸ Ⅲ

09
정답 ④

A<u>i</u>i<u>o</u>X<u>T</u>Vc<u>p</u> － A<u>I</u>I<u>o</u>x<u>T</u>vc<u>b</u>

PART 2

10

정답 ②

↘↘↙←↑ ↓↑↓ − ↘↘↙→↓ ↓→↓

11

정답 ②

いゆょびてねぽみ － りゆよびでぬぽみ

12

정답 ②

8190	7732	8190	1188	0616	1908	2957	1188	6112	8190	1890	2554
0616	8190	9081	1188	1908	9081	2957	1891	5468	1908	0616	2544
9081	9081	8190	1606	1188	2957	7732	1908	6112	1908	0616	9081
1908	9180	1890	1188	7732	1890	6111	2957	2544	7732	0616	2554

13

정답 ③

司	四	田	同	口	册	丘	句	田	四	旦	丹
丘	四	匹	口	月	丘	册	勺	田	四	口	册
司	四	旦	丘	句	丹	匹	司	田	月	四	旦
旦	田	丹	四	口	丘	册	田	口	丘	句	丹

14

정답 ①

간	던	펀	반	잔	단	뎐	전	쟌	잔	칸	탄
쟌	전	잔	던	단	뎐	탄	칸	간	간	반	쟌
잔	던	펀	쟌	칸	탄	뎐	단	전	잔	전	간
펀	탄	전	전	잔	간	반	던	던	잔	전	전

15

정답 ①

[오답분석]

② Mozort requiem K626

③ Mozart requiem K629

④ Mozart repuiem K626

16

정답 ④

DeCaqua&Listz(1968)

17

정답 ③

AE＝3＋7＝10

오답분석

① 3＋8＝11
② 8＋1＝9
④ 4＋8＝12

18

정답 ②

ED＝9＋18＝27

오답분석

① 17＋9＝26
③ 11＋18＝29
④ 9＋14＝23

PART 2

19

정답 ②

くうきおよめない － くうきおよぬない

20

정답 ②

故敎水盡籠山 － 故絞水盡籠山

01	02	03	04	05	06	07	08	09	10
②	④	④	①	②	①	②	③	④	①
11	12	13	14	15	16	17	18	19	20
④	③	①	③	①	④	③	③	②	④

01
정답 ②

제시된 도형을 시계 방향으로 90° 회전하면 ②와 같다.

02
정답 ④

제시된 도형을 시계 반대 방향으로 60° 회전하면 ④와 같다.

03
정답 ④

제시된 도형을 시계 반대 방향으로 120° 회전하면 ④와 같다.

04
정답 ①

제시된 도형을 시계 반대 방향으로 120° 회전하면 ①과 같다.

05
정답 ②

을 상하 대칭하면 , 이를 시계 방향으로 45° 회전하면 이다.

06
정답 ①

을 좌우 대칭하면 , 이를 시계 방향으로 270° 회전하면 이다.

07
정답 ②

을 180° 회전하면 , 이를 상하 대칭하면 , 이를 시계 방향으로 45° 회전하면 이다.

08
정답 ③

주어진 도형을 축을 중심으로 좌우 대칭시키면 과 같이 나온다. 보기 중 이와 같은 단면도를 가지는 입체도형은 ③이다.

09

주어진 도형을 축을 중심으로 좌우 대칭시키면 과 같이 나온다. 보기 중 이와 같은 단면도를 가지는 입체도형은 ④이다.

10
정답 ①

주어진 도형을 축을 중심으로 좌우 대칭시키면 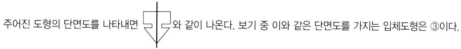 과 같이 나온다. 보기 중 이와 같은 단면도를 가지는 입체도형은 ①이다.

11
정답 ④

주어진 도형을 축을 중심으로 좌우 대칭시키면 과 같이 나온다. 보기 중 이와 같은 단면도를 가지는 입체도형은 ④이다.

12
정답 ③

주어진 도형의 단면도를 나타내면 와 같이 나온다. 보기 중 이와 같은 단면도를 가지는 입체도형은 ③이다.

13
정답 ①

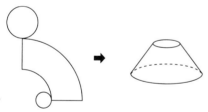

14
정답 ③

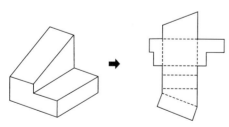

15
정답 ①

흰 삼각형 내부에 작은 삼각형이 있는 형태의 면을 기준으로 하면, 위쪽에 가로로 분할된 삼각형이 있어야 하고, 왼쪽에 세로로 분할된 삼각형이 있어야 한다.

② 세로로 분할된 삼각형의 방향이 다르다.
③ · ④ 정팔면체가 만들어지지 않는다.

16

정답 ④

색칠한 부분이 서로 겹치게 된다.

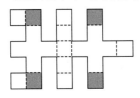

17

정답 ③

18

정답 ③

19

정답 ②

20

정답 ④

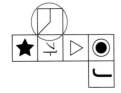

01	02	03	04	05	06	07	08	09	10
③	④	①	④	④	④	③	①	④	①
11	12	13	14	15	16	17	18	19	20
④	③	③	①	②	③	①	④	①	①

01

정답 ③

면접장(△)에는 다섯 명의 면접자(∞)와 세 명의 면접관(§)이 있다.

02

정답 ④

면접장(△) 밖에서 네 명의 면접자(∞)가 탁자(≒)를 사이에 두고 서로 마주 보고 있다.

03

정답 ①

거북이(우)가 사는 어항(◇＝도구)을 바닷물(Σ)로 채웠다.

04

정답 ④

바다(Σ) 위 배(◇＝도구)에서 어부(♪)가 거북이(우)가 든 어항(◇＝도구)을 들고 서 있다.

05

정답 ④

건물(ㅁ) 내부에서 두 사람(☆)이 악수를 하고 있다.

06

정답 ④

두 사람(☆)이 물(○)이 담긴 컵(◇＝도구)을 들고 서 있다.

07

정답 ③

동생 이 서커스 에서 풍선 을 불었다 → ㅁ ∬ ＼ ● ★ ☆ ○

08

정답 ①

가족 과 함께 공원 에서 서커스 를 봤다 → ∴ Σ ◇ ※ ● ＼ ☆ ■

09

동물원 코끼리 가 노래 를 했다 → ＼／∬⊂☆◆

10

코끼리 풍선 을 동물원 에서 신나게 불었다 → ／★☆＼●♠○

11

병원 에서 의사 와 상담 을 했다 → ＼♠★∴☆○／

12

의사 는 신중히 말 을 했다 → ★◆／♤○／

13

환자 는 말 을 듣고 활짝 웃었다 → ⊂◆♤○□∬⊃

14

의사 는 환자 의 반응 에 정말 기뻤다 → ★◆⊂＼●♠◇■

15

♡ : 1234 → 4321
○ : 1234 → 3412
☆ : 각 자릿수 +1, −1, +1, −1

5873   →   7358   →   8267
      ○   ☆

16

6573   →   7482   →   2847
     ☆   ♡

17

0291   →   9102   →   2019
     ○   ♡

18

● : 1234 → 3412

■ : 각 자릿수 +4, −3, +2, −1

△ : 각 자릿수마다 −1

▽ : 1234 → 4231

BSCM   →   FPEL   →   EODK
           ■   △

19

IQTD   →   HPSC   →   SCHP
         △   ●

20

ZNOR   →   RNOZ   →   OZRN
         ▽   ●

PART 2

현대백화점그룹 적성검사 최종점검 모의고사 답안지

언어이해

문번	1	2	3	4		문번	1	2	3	4
1	①	②	③	④		21	①	②	③	④
2	①	②	③	④		22	①	②	③	④
3	①	②	③	④		23	①	②	③	④
4	①	②	③	④		24	①	②	③	④
5	①	②	③	④		25	①	②	③	④
6	①	②	③	④		26	①	②	③	④
7	①	②	③	④		27	①	②	③	④
8	①	②	③	④		28	①	②	③	④
9	①	②	③	④		29	①	②	③	④
10	①	②	③	④		30	①	②	③	④
11	①	②	③	④						
12	①	②	③	④						
13	①	②	③	④						
14	①	②	③	④						
15	①	②	③	④						
16	①	②	③	④						
17	①	②	③	④						
18	①	②	③	④						
19	①	②	③	④						
20	①	②	③	④						

언어추리

문번	1	2	3	4		문번	1	2	3	4
1	①	②	③	④		21	①	②	③	④
2	①	②	③	④		22	①	②	③	④
3	①	②	③	④		23	①	②	③	④
4	①	②	③	④		24	①	②	③	④
5	①	②	③	④		25	①	②	③	④
6	①	②	③	④						
7	①	②	③	④						
8	①	②	③	④						
9	①	②	③	④						
10	①	②	③	④						
11	①	②	③	④						
12	①	②	③	④						
13	①	②	③	④						
14	①	②	③	④						
15	①	②	③	④						
16	①	②	③	④						
17	①	②	③	④						
18	①	②	③	④						
19	①	②	③	④						
20	①	②	③	④						

수계산

문번	1	2	3	4
1	①	②	③	④
2	①	②	③	④
3	①	②	③	④
4	①	②	③	④
5	①	②	③	④
6	①	②	③	④
7	①	②	③	④
8	①	②	③	④
9	①	②	③	④
10	①	②	③	④
11	①	②	③	④
12	①	②	③	④
13	①	②	③	④
14	①	②	③	④
15	①	②	③	④

고사장

성명

수험번호

⓪	①	②	③	④	⑤	⑥	⑦	⑧	⑨
⓪	①	②	③	④	⑤	⑥	⑦	⑧	⑨
⓪	①	②	③	④	⑤	⑥	⑦	⑧	⑨
⓪	①	②	③	④	⑤	⑥	⑦	⑧	⑨
⓪	①	②	③	④	⑤	⑥	⑦	⑧	⑨
⓪	①	②	③	④	⑤	⑥	⑦	⑧	⑨
⓪	①	②	③	④	⑤	⑥	⑦	⑧	⑨

감독위원 확인

(인)

현대백화점그룹 적성검사 최종점검 모의고사 답안지

문번	자료해석			
	1	2	3	4
1	①	②	③	④
2	①	②	③	④
3	①	②	③	④
4	①	②	③	④
5	①	②	③	④
6	①	②	③	④
7	①	②	③	④
8	①	②	③	④
9	①	②	③	④
10	①	②	③	④

문번	수열추리			
	1	2	3	4
1	①	②	③	④
2	①	②	③	④
3	①	②	③	④
4	①	②	③	④
5	①	②	③	④
6	①	②	③	④
7	①	②	③	④
8	①	②	③	④
9	①	②	③	④
10	①	②	③	④
11	①	②	③	④
12	①	②	③	④
13	①	②	③	④
14	①	②	③	④
15	①	②	③	④
16	①	②	③	④
17	①	②	③	④
18	①	②	③	④
19	①	②	③	④
20	①	②	③	④

문번	시각적주의집중력			
	1	2	3	4
1	①	②	③	④
2	①	②	③	④
3	①	②	③	④
4	①	②	③	④
5	①	②	③	④
6	①	②	③	④
7	①	②	③	④
8	①	②	③	④
9	①	②	③	④
10	①	②	③	④
11	①	②	③	④
12	①	②	③	④
13	①	②	③	④
14	①	②	③	④
15	①	②	③	④
16	①	②	③	④
17	①	②	③	④
18	①	②	③	④
19	①	②	③	④
20	①	②	③	④

문번	형태 · 공간지각			
	1	2	3	4
1	①	②	③	④
2	①	②	③	④
3	①	②	③	④
4	①	②	③	④
5	①	②	③	④
6	①	②	③	④
7	①	②	③	④
8	①	②	③	④
9	①	②	③	④
10	①	②	③	④
11	①	②	③	④
12	①	②	③	④
13	①	②	③	④
14	①	②	③	④
15	①	②	③	④
16	①	②	③	④
17	①	②	③	④
18	①	②	③	④
19	①	②	③	④
20	①	②	③	④

문번	공간 · 상징추리			
	1	2	3	4
1	①	②	③	④
2	①	②	③	④
3	①	②	③	④
4	①	②	③	④
5	①	②	③	④
6	①	②	③	④
7	①	②	③	④
8	①	②	③	④
9	①	②	③	④
10	①	②	③	④
11	①	②	③	④
12	①	②	③	④
13	①	②	③	④
14	①	②	③	④
15	①	②	③	④
16	①	②	③	④
17	①	②	③	④
18	①	②	③	④
19	①	②	③	④
20	①	②	③	④

현대백화점그룹 적성검사 최종점검 모의고사 답안지

언어이해

문번	1	2	3	4
1	①	②	③	④
2	①	②	③	④
3	①	②	③	④
4	①	②	③	④
5	①	②	③	④
6	①	②	③	④
7	①	②	③	④
8	①	②	③	④
9	①	②	③	④
10	①	②	③	④
11	①	②	③	④
12	①	②	③	④
13	①	②	③	④
14	①	②	③	④
15	①	②	③	④
16	①	②	③	④
17	①	②	③	④
18	①	②	③	④
19	①	②	③	④
20	①	②	③	④

문번	1	2	3	4
21	①	②	③	④
22	①	②	③	④
23	①	②	③	④
24	①	②	③	④
25	①	②	③	④
26	①	②	③	④
27	①	②	③	④
28	①	②	③	④
29	①	②	③	④
30	①	②	③	④

언어추리

문번	1	2	3	4
1	①	②	③	④
2	①	②	③	④
3	①	②	③	④
4	①	②	③	④
5	①	②	③	④
6	①	②	③	④
7	①	②	③	④
8	①	②	③	④
9	①	②	③	④
10	①	②	③	④
11	①	②	③	④
12	①	②	③	④
13	①	②	③	④
14	①	②	③	④
15	①	②	③	④
16	①	②	③	④
17	①	②	③	④
18	①	②	③	④
19	①	②	③	④
20	①	②	③	④

문번	1	2	3	4
21	①	②	③	④
22	①	②	③	④
23	①	②	③	④
24	①	②	③	④
25	①	②	③	④

수계산

문번	1	2	3	4
1	①	②	③	④
2	①	②	③	④
3	①	②	③	④
4	①	②	③	④
5	①	②	③	④
6	①	②	③	④
7	①	②	③	④
8	①	②	③	④
9	①	②	③	④
10	①	②	③	④
11	①	②	③	④
12	①	②	③	④
13	①	②	③	④
14	①	②	③	④
15	①	②	③	④

교사장

성명

수험번호

⓪	①	②	③	④	⑤	⑥	⑦	⑧	⑨
⓪	①	②	③	④	⑤	⑥	⑦	⑧	⑨
⓪	①	②	③	④	⑤	⑥	⑦	⑧	⑨
⓪	①	②	③	④	⑤	⑥	⑦	⑧	⑨
⓪	①	②	③	④	⑤	⑥	⑦	⑧	⑨
⓪	①	②	③	④	⑤	⑥	⑦	⑧	⑨
⓪	①	②	③	④	⑤	⑥	⑦	⑧	⑨

감독위원 확인

인

현대백화점그룹 직성검사 최종점검 모의고사 답안지

자료해석

문번	1	2	3	4
1	①	②	③	④
2	①	②	③	④
3	①	②	③	④
4	①	②	③	④
5	①	②	③	④
6	①	②	③	④
7	①	②	③	④
8	①	②	③	④
9	①	②	③	④
10	①	②	③	④

수열추리

문번	1	2	3	4
1	①	②	③	④
2	①	②	③	④
3	①	②	③	④
4	①	②	③	④
5	①	②	③	④
6	①	②	③	④
7	①	②	③	④
8	①	②	③	④
9	①	②	③	④
10	①	②	③	④
11	①	②	③	④
12	①	②	③	④
13	①	②	③	④
14	①	②	③	④
15	①	②	③	④
16	①	②	③	④
17	①	②	③	④
18	①	②	③	④
19	①	②	③	④
20	①	②	③	④

시각적주의집중력

문번	1	2	3	4
1	①	②	③	④
2	①	②	③	④
3	①	②	③	④
4	①	②	③	④
5	①	②	③	④
6	①	②	③	④
7	①	②	③	④
8	①	②	③	④
9	①	②	③	④
10	①	②	③	④
11	①	②	③	④
12	①	②	③	④
13	①	②	③	④
14	①	②	③	④
15	①	②	③	④
16	①	②	③	④
17	①	②	③	④
18	①	②	③	④
19	①	②	③	④
20	①	②	③	④

형태·공간지각

문번	1	2	3	4
1	①	②	③	④
2	①	②	③	④
3	①	②	③	④
4	①	②	③	④
5	①	②	③	④
6	①	②	③	④
7	①	②	③	④
8	①	②	③	④
9	①	②	③	④
10	①	②	③	④
11	①	②	③	④
12	①	②	③	④
13	①	②	③	④
14	①	②	③	④
15	①	②	③	④
16	①	②	③	④
17	①	②	③	④
18	①	②	③	④
19	①	②	③	④
20	①	②	③	④

공간·상징추리

문번	1	2	3	4
1	①	②	③	④
2	①	②	③	④
3	①	②	③	④
4	①	②	③	④
5	①	②	③	④
6	①	②	③	④
7	①	②	③	④
8	①	②	③	④
9	①	②	③	④
10	①	②	③	④
11	①	②	③	④
12	①	②	③	④
13	①	②	③	④
14	①	②	③	④
15	①	②	③	④
16	①	②	③	④
17	①	②	③	④
18	①	②	③	④
19	①	②	③	④
20	①	②	③	④

현대백화점그룹 적성검사 최종점검 모의고사 답안지

언어이해

문번	1	2	3	4
1	①	②	③	④
2	①	②	③	④
3	①	②	③	④
4	①	②	③	④
5	①	②	③	④
6	①	②	③	④
7	①	②	③	④
8	①	②	③	④
9	①	②	③	④
10	①	②	③	④
11	①	②	③	④
12	①	②	③	④
13	①	②	③	④
14	①	②	③	④
15	①	②	③	④
16	①	②	③	④
17	①	②	③	④
18	①	②	③	④
19	①	②	③	④
20	①	②	③	④

문번	1	2	3	4
21	①	②	③	④
22	①	②	③	④
23	①	②	③	④
24	①	②	③	④
25	①	②	③	④
26	①	②	③	④
27	①	②	③	④
28	①	②	③	④
29	①	②	③	④
30	①	②	③	④

언어추리

문번	1	2	3	4
1	①	②	③	④
2	①	②	③	④
3	①	②	③	④
4	①	②	③	④
5	①	②	③	④
6	①	②	③	④
7	①	②	③	④
8	①	②	③	④
9	①	②	③	④
10	①	②	③	④
11	①	②	③	④
12	①	②	③	④
13	①	②	③	④
14	①	②	③	④
15	①	②	③	④
16	①	②	③	④
17	①	②	③	④
18	①	②	③	④
19	①	②	③	④
20	①	②	③	④

문번	1	2	3	4
21	①	②	③	④
22	①	②	③	④
23	①	②	③	④
24	①	②	③	④
25	①	②	③	④

수 계산

문번	1	2	3	4
1	①	②	③	④
2	①	②	③	④
3	①	②	③	④
4	①	②	③	④
5	①	②	③	④
6	①	②	③	④
7	①	②	③	④
8	①	②	③	④
9	①	②	③	④
10	①	②	③	④
11	①	②	③	④
12	①	②	③	④
13	①	②	③	④
14	①	②	③	④
15	①	②	③	④

교시장

성명

수험번호

⓪	①	②	③	④	⑤	⑥	⑦	⑧	⑨
⓪	①	②	③	④	⑤	⑥	⑦	⑧	⑨
⓪	①	②	③	④	⑤	⑥	⑦	⑧	⑨
⓪	①	②	③	④	⑤	⑥	⑦	⑧	⑨
⓪	①	②	③	④	⑤	⑥	⑦	⑧	⑨
⓪	①	②	③	④	⑤	⑥	⑦	⑧	⑨
⓪	①	②	③	④	⑤	⑥	⑦	⑧	⑨

감독위원 확인

인

현대백화점그룹 적성검사 최종점검 모의고사 답안지

자료해석

문번	1	2	3	4
1	①	②	③	④
2	①	②	③	④
3	①	②	③	④
4	①	②	③	④
5	①	②	③	④
6	①	②	③	④
7	①	②	③	④
8	①	②	③	④
9	①	②	③	④
10	①	②	③	④

수열추리

문번	1	2	3	4
1	①	②	③	④
2	①	②	③	④
3	①	②	③	④
4	①	②	③	④
5	①	②	③	④
6	①	②	③	④
7	①	②	③	④
8	①	②	③	④
9	①	②	③	④
10	①	②	③	④
11	①	②	③	④
12	①	②	③	④
13	①	②	③	④
14	①	②	③	④
15	①	②	③	④
16	①	②	③	④
17	①	②	③	④
18	①	②	③	④
19	①	②	③	④
20	①	②	③	④

시각적주의집중력

문번	1	2	3	4
1	①	②	③	④
2	①	②	③	④
3	①	②	③	④
4	①	②	③	④
5	①	②	③	④
6	①	②	③	④
7	①	②	③	④
8	①	②	③	④
9	①	②	③	④
10	①	②	③	④
11	①	②	③	④
12	①	②	③	④
13	①	②	③	④
14	①	②	③	④
15	①	②	③	④
16	①	②	③	④
17	①	②	③	④
18	①	②	③	④
19	①	②	③	④
20	①	②	③	④

형태·공간지각

문번	1	2	3	4
1	①	②	③	④
2	①	②	③	④
3	①	②	③	④
4	①	②	③	④
5	①	②	③	④
6	①	②	③	④
7	①	②	③	④
8	①	②	③	④
9	①	②	③	④
10	①	②	③	④
11	①	②	③	④
12	①	②	③	④
13	①	②	③	④
14	①	②	③	④
15	①	②	③	④
16	①	②	③	④
17	①	②	③	④
18	①	②	③	④
19	①	②	③	④
20	①	②	③	④

공간·상징추리

문번	1	2	3	4
1	①	②	③	④
2	①	②	③	④
3	①	②	③	④
4	①	②	③	④
5	①	②	③	④
6	①	②	③	④
7	①	②	③	④
8	①	②	③	④
9	①	②	③	④
10	①	②	③	④
11	①	②	③	④
12	①	②	③	④
13	①	②	③	④
14	①	②	③	④
15	①	②	③	④
16	①	②	③	④
17	①	②	③	④
18	①	②	③	④
19	①	②	③	④
20	①	②	③	④

현대백화점그룹 적성검사 최종점검 모의고사 답안지

언어이해

문번	1	2	3	4
1	①	②	③	④
2	①	②	③	④
3	①	②	③	④
4	①	②	③	④
5	①	②	③	④
6	①	②	③	④
7	①	②	③	④
8	①	②	③	④
9	①	②	③	④
10	①	②	③	④
11	①	②	③	④
12	①	②	③	④
13	①	②	③	④
14	①	②	③	④
15	①	②	③	④
16	①	②	③	④
17	①	②	③	④
18	①	②	③	④
19	①	②	③	④
20	①	②	③	④

문번	1	2	3	4
21	①	②	③	④
22	①	②	③	④
23	①	②	③	④
24	①	②	③	④
25	①	②	③	④
26	①	②	③	④
27	①	②	③	④
28	①	②	③	④
29	①	②	③	④
30	①	②	③	④

언어추리

문번	1	2	3	4
1	①	②	③	④
2	①	②	③	④
3	①	②	③	④
4	①	②	③	④
5	①	②	③	④
6	①	②	③	④
7	①	②	③	④
8	①	②	③	④
9	①	②	③	④
10	①	②	③	④
11	①	②	③	④
12	①	②	③	④
13	①	②	③	④
14	①	②	③	④
15	①	②	③	④
16	①	②	③	④
17	①	②	③	④
18	①	②	③	④
19	①	②	③	④
20	①	②	③	④

문번	1	2	3	4
21	①	②	③	④
22	①	②	③	④
23	①	②	③	④
24	①	②	③	④
25	①	②	③	④

수 계산

문번	1	2	3	4
1	①	②	③	④
2	①	②	③	④
3	①	②	③	④
4	①	②	③	④
5	①	②	③	④
6	①	②	③	④
7	①	②	③	④
8	①	②	③	④
9	①	②	③	④
10	①	②	③	④
11	①	②	③	④
12	①	②	③	④
13	①	②	③	④
14	①	②	③	④
15	①	②	③	④

교사장

성명

수험번호

⓪	⓪	⓪	⓪	⓪	⓪	⓪
①	①	①	①	①	①	①
②	②	②	②	②	②	②
③	③	③	③	③	③	③
④	④	④	④	④	④	④
⑤	⑤	⑤	⑤	⑤	⑤	⑤
⑥	⑥	⑥	⑥	⑥	⑥	⑥
⑦	⑦	⑦	⑦	⑦	⑦	⑦
⑧	⑧	⑧	⑧	⑧	⑧	⑧
⑨	⑨	⑨	⑨	⑨	⑨	⑨

감독위원 확인

인

현대백화점그룹 직업검사 최종점검 모의고사 답안지

자료해석

문번	1	2	3	4
1	①	②	③	④
2	①	②	③	④
3	①	②	③	④
4	①	②	③	④
5	①	②	③	④
6	①	②	③	④
7	①	②	③	④
8	①	②	③	④
9	①	②	③	④
10	①	②	③	④

수열추리

문번	1	2	3	4
1	①	②	③	④
2	①	②	③	④
3	①	②	③	④
4	①	②	③	④
5	①	②	③	④
6	①	②	③	④
7	①	②	③	④
8	①	②	③	④
9	①	②	③	④
10	①	②	③	④
11	①	②	③	④
12	①	②	③	④
13	①	②	③	④
14	①	②	③	④
15	①	②	③	④
16	①	②	③	④
17	①	②	③	④
18	①	②	③	④
19	①	②	③	④
20	①	②	③	④

시각적주의집중력

문번	1	2	3	4
1	①	②	③	④
2	①	②	③	④
3	①	②	③	④
4	①	②	③	④
5	①	②	③	④
6	①	②	③	④
7	①	②	③	④
8	①	②	③	④
9	①	②	③	④
10	①	②	③	④
11	①	②	③	④
12	①	②	③	④
13	①	②	③	④
14	①	②	③	④
15	①	②	③	④
16	①	②	③	④
17	①	②	③	④
18	①	②	③	④
19	①	②	③	④
20	①	②	③	④

형태·공간지각

문번	1	2	3	4
1	①	②	③	④
2	①	②	③	④
3	①	②	③	④
4	①	②	③	④
5	①	②	③	④
6	①	②	③	④
7	①	②	③	④
8	①	②	③	④
9	①	②	③	④
10	①	②	③	④
11	①	②	③	④
12	①	②	③	④
13	①	②	③	④
14	①	②	③	④
15	①	②	③	④
16	①	②	③	④
17	①	②	③	④
18	①	②	③	④
19	①	②	③	④
20	①	②	③	④

공간·상징추리

문번	1	2	3	4
1	①	②	③	④
2	①	②	③	④
3	①	②	③	④
4	①	②	③	④
5	①	②	③	④
6	①	②	③	④
7	①	②	③	④
8	①	②	③	④
9	①	②	③	④
10	①	②	③	④
11	①	②	③	④
12	①	②	③	④
13	①	②	③	④
14	①	②	③	④
15	①	②	③	④
16	①	②	③	④
17	①	②	③	④
18	①	②	③	④
19	①	②	③	④
20	①	②	③	④

현대백화점그룹 적성검사 최종점검 모의교사 답안지

언어이해

문번	1	2	3	4		문번	1	2	3	4
1	①	②	③	④		21	①	②	③	④
2	①	②	③	④		22	①	②	③	④
3	①	②	③	④		23	①	②	③	④
4	①	②	③	④		24	①	②	③	④
5	①	②	③	④		25	①	②	③	④
6	①	②	③	④		26	①	②	③	④
7	①	②	③	④		27	①	②	③	④
8	①	②	③	④		28	①	②	③	④
9	①	②	③	④		29	①	②	③	④
10	①	②	③	④		30	①	②	③	④
11	①	②	③	④						
12	①	②	③	④						
13	①	②	③	④						
14	①	②	③	④						
15	①	②	③	④						
16	①	②	③	④						
17	①	②	③	④						
18	①	②	③	④						
19	①	②	③	④						
20	①	②	③	④						

언어추리

문번	1	2	3	4		문번	1	2	3	4
1	①	②	③	④		21	①	②	③	④
2	①	②	③	④		22	①	②	③	④
3	①	②	③	④		23	①	②	③	④
4	①	②	③	④		24	①	②	③	④
5	①	②	③	④		25	①	②	③	④
6	①	②	③	④						
7	①	②	③	④						
8	①	②	③	④						
9	①	②	③	④						
10	①	②	③	④						
11	①	②	③	④						
12	①	②	③	④						
13	①	②	③	④						
14	①	②	③	④						
15	①	②	③	④						
16	①	②	③	④						
17	①	②	③	④						
18	①	②	③	④						
19	①	②	③	④						
20	①	②	③	④						

수계산

문번	1	2	3	4
1	①	②	③	④
2	①	②	③	④
3	①	②	③	④
4	①	②	③	④
5	①	②	③	④
6	①	②	③	④
7	①	②	③	④
8	①	②	③	④
9	①	②	③	④
10	①	②	③	④
11	①	②	③	④
12	①	②	③	④
13	①	②	③	④
14	①	②	③	④
15	①	②	③	④

교사장

성명

수험번호

⓪	①	②	③	④	⑤	⑥	⑦	⑧	⑨
⓪	①	②	③	④	⑤	⑥	⑦	⑧	⑨
⓪	①	②	③	④	⑤	⑥	⑦	⑧	⑨
⓪	①	②	③	④	⑤	⑥	⑦	⑧	⑨
⓪	①	②	③	④	⑤	⑥	⑦	⑧	⑨
⓪	①	②	③	④	⑤	⑥	⑦	⑧	⑨
⓪	①	②	③	④	⑤	⑥	⑦	⑧	⑨

감독위원 확인

인

현대백화점그룹 직성검사 최종점검 모의고사 답안지

자료해석

문번	1	2	3	4
1	①	②	③	④
2	①	②	③	④
3	①	②	③	④
4	①	②	③	④
5	①	②	③	④
6	①	②	③	④
7	①	②	③	④
8	①	②	③	④
9	①	②	③	④
10	①	②	③	④

수열추리

문번	1	2	3	4
1	①	②	③	④
2	①	②	③	④
3	①	②	③	④
4	①	②	③	④
5	①	②	③	④
6	①	②	③	④
7	①	②	③	④
8	①	②	③	④
9	①	②	③	④
10	①	②	③	④
11	①	②	③	④
12	①	②	③	④
13	①	②	③	④
14	①	②	③	④
15	①	②	③	④
16	①	②	③	④
17	①	②	③	④
18	①	②	③	④
19	①	②	③	④
20	①	②	③	④

시각적주의집중력

문번	1	2	3	4
1	①	②	③	④
2	①	②	③	④
3	①	②	③	④
4	①	②	③	④
5	①	②	③	④
6	①	②	③	④
7	①	②	③	④
8	①	②	③	④
9	①	②	③	④
10	①	②	③	④
11	①	②	③	④
12	①	②	③	④
13	①	②	③	④
14	①	②	③	④
15	①	②	③	④
16	①	②	③	④
17	①	②	③	④
18	①	②	③	④
19	①	②	③	④
20	①	②	③	④

형태 · 공간지각

문번	1	2	3	4
1	①	②	③	④
2	①	②	③	④
3	①	②	③	④
4	①	②	③	④
5	①	②	③	④
6	①	②	③	④
7	①	②	③	④
8	①	②	③	④
9	①	②	③	④
10	①	②	③	④
11	①	②	③	④
12	①	②	③	④
13	①	②	③	④
14	①	②	③	④
15	①	②	③	④
16	①	②	③	④
17	①	②	③	④
18	①	②	③	④
19	①	②	③	④
20	①	②	③	④

공간 · 상징추리

문번	1	2	3	4
1	①	②	③	④
2	①	②	③	④
3	①	②	③	④
4	①	②	③	④
5	①	②	③	④
6	①	②	③	④
7	①	②	③	④
8	①	②	③	④
9	①	②	③	④
10	①	②	③	④
11	①	②	③	④
12	①	②	③	④
13	①	②	③	④
14	①	②	③	④
15	①	②	③	④
16	①	②	③	④
17	①	②	③	④
18	①	②	③	④
19	①	②	③	④
20	①	②	③	④

2023 최신판 현대백화점그룹
인적성검사 최신기출유형 + 모의고사 4회

개정7판1쇄 발행	2023년 05월 15일 (인쇄 2023년 04월 26일)
초 판 발 행	2017년 10월 25일 (인쇄 2017년 09월 21일)
발 행 인	박영일
책 임 편 집	이해욱
저 자	SD적성검사연구소
편 집 진 행	이근희 · 신주희
표지디자인	김도연
편집디자인	최미란 · 채경신 · 곽은슬
발 행 처	(주)시대고시기획
출 판 등 록	제10-1521호
주 소	서울시 마포구 큰우물로 75 [도화동 538 성지 B/D] 9F
전 화	1600-3600
홈 페 이 지	www.sdedu.co.kr
I S B N	979-11-383-5157-7 (13320)
정 가	23,000원

현대백화점그룹
인적성검사
정답 및 해설

SD에듀가 합격을 준비하는 당신에게 제안합니다.

성공의 기회! **SD에듀**를 잡으십시오.

성공의 Next Step!

결심하셨다면 지금 당장 실행하십시오.
SD에듀와 함께라면 문제없습니다.

기회란 포착되어 활용되기 전에는
기회인지조차 알 수 없는 것이다.

– 마크 트웨인 –